大型体育赛事助力城市
生态文明建设的研究

盛峰 著

九 州 出 版 社
JIUZHOUPRESS

图书在版编目（CIP）数据

大型体育赛事助力城市生态文明建设的研究 / 盛峰

著 . -- 北京：九州出版社，2024.5. --

ISBN 978-7 -5225-3045-1

Ⅰ . G812.2； X321.2

中国国家版本馆 CIP 数据核字第 20244147UL 号

大型体育赛事助力城市生态文明建设的研究

作　　者	盛　峰　著
责任编辑	李文君
出版发行	九州出版社
地　　址	北京市西城区阜外大街甲 35 号（100037）
发行电话	（010）68992190/3/5/6
网　　址	www.jiuzhoupress.com
印　　刷	河北文盛印刷有限公司
开　　本	787mm × 1092mm　　16 开
印　　张	11
字　　数	240 千字
版　　次	2024 年 5 月第 1 版
印　　次	2025 年 1 月第 1 次印刷
书　　号	ISBN　978-7-5225-3045-1
定　　价	48.00 元

前　言

　　近年来，我国体育产业持续快速发展，国家发展改革委的相关数据显示，2018年，体育产业增加值占据全国GDP的比重超过1%，体育消费近1万亿元人民币，体育产业机构数量同比增长超过20%，吸纳就业人数超过440万。体育产业由点到线、由线集面，聚集发展的趋势日益突显。2025年，我国体育产业总规模将超过5万亿元，从业人数超过800万。已有的资料表明，就国内目前体育产业的发展现状看，以赛事为龙头的城市体育赛事对于体育产业的开展发挥着龙头和带动作用，体育赛事在提升城市的社会影响力、美化城市形象、促进城市转型升级、打造旅游目的地、增加就业、吸引人才和资金、提升居民生活品质和凝聚力等方面的重要作用正不断被认可。这也从另一方面验证了各地方政府为什么热衷于出台配套政策、开展各项赛事活动。

　　时至今日，我们认为，以体育赛事为核心的体育产业已成为一个覆盖范围广、涉及行业多的产业链。通过对赛事产业链和城市发展关系的系统研究，本书将重点揭示两者耦合发展的机理，相信将有助于丰富赛事产业链促进城市发展的理论，对赛事促进城市协调发展和优化城市产业结构，也具有重要的理论和现实意义。

　　本书共分为七个章节，在梳理体育赛事、城市及体育营销等概念基础上对体育赛事与城市发展关系演进、体育赛事和城市发展相互之间的影响和作用进行，并将城市视为一个产品的集合体，将体育赛事视为城市传播的优质载体，并引入传媒这一介质，从经济、人文环境、战略、影响力四大方面，系统分析了体育赛事与城市在现代媒介技术爆炸的时代所产生的互动关系。同时，对体育赛事与城市互动发展提出建议，以期为城市管理者和体育产业从业者提供实践指导，为处在城市化快速发展阶段的城市提供切实可行的营销策略，为中国体育竞赛产业的发展提供理论依据，力求最终找出一条符合中国国情的，体育赛事、城市、协同发展的道路。本书还构建了赛事链和城市发展的动态耦合模型和综合评价指标，再通过北京、上海等地知名赛事案例的实证研究加以验证。最后，研究了大型场馆与城市发展的关系以及赛事与城市的互动关系。

　　随着我国城市赛事经济的迅猛发展，城市和赛事的关系也日益复杂，并随着城市社会经济和赛事的供求变化而处于不断的演变过程中。特别是近几年，我国的体育产业的发展变化可能超出了过去数十年的总和，因此笔者深切地认识到，现有对于城市与赛事关系的研究其实可能都非常肤浅，远未达到预期的探寻其内在规律的目标。但作为一个阶段性的研究，总要有一个小结，也就只能不断探索，将阶段性的成果尽量完善，讨教于方家，希望至少能起到抛砖引玉的作用。

　　本书由盛峰撰写，李兆臣、赵昊玥对整理本书书稿亦有贡献。

内容简介

　　随着经济全球化浪潮的广泛深入和我国经济发展的持续增长以及城市水平的快速推进，城市的活动已从区域、国内竞争扩展到国际竞争的领域，城市开始通过创新的理念以及系统的规划来拟定自身长期发展的战略，发展特色城市，构建城市品牌已成为当今城市经济发展和引进人才的源动力和大众关注的亮点。本书从经济、人文环境、战略、品跑影响力四大方面，系统分析体育赛事与城市在现代媒介技术爆炸的时代所产生的互动关系。在全面总结国外体育赛事与城市旅游互动发展的经验的基础上，构建了体育赛事与城市品牌建设耦合发展以及城市旅游业互动发展的理论基础，并分析了体育赛事与城市品牌建设、城市旅游互动的路径。同时，对体育赛事与城市互动发展提出建议，为处在城市化快速发展阶段的城市提供切实可行的营销策略，对体育赛事乃至区域的发展有一定的理论及实践意义。

目　录

第一章 体育赛事与城市发展的关系

随着城市营销时代的到来，体育赛事已经成为国内外各个国家和城市互相竞逐的对象，尤其是奥运会和足球世界杯等超大型赛事，竞争尤为激烈。究其原因其实很简单，各个国家和城市都希望通过举办体育赛事拉动或促进城市的飞速发展。在城市化进程不断加快的中国，体育赛事也被全国诸多城市所青睐，正逐渐成为城市名片上的重要字段、城市印象中的突出元素以及城市欲望的诉求之一。除了北京、上海、广州等国际大都市从促进城市发展的角度，纷纷提出打造"国际体育赛事之都"的目标，并竞相举办各类高级别的体育赛事以外，一些二线、三线城市（如深圳、宁波、柳州等）也开始蠢蠢欲动，试图利用体育赛事打造城市品牌，实现城市转型。甚至上海的每一个区都提出了打造"一区一品"的目标，也就是说，每一个区举办一个标志性的或具有一定品牌知名度的体育赛事。

第一节 体育赛事与城市发展的关系演进

著名哲学家康德曾说，认识事物要从起源开始考察。显然，这对常常忽视认识起点和历史过程的国内研究者来说是一个好的忠告。城市和体育赛事的发展与所处社会经济背景密切相关，在不同地域和时期呈现出不同特点。纵观体育赛事与城市发展的关系，尽管其产生的具体历史时间有所差别，但发展规律和阶段特征是比较类似的。其中，奥运会作为世界范围内规模最大、影响最广的大型体育赛事，探析奥运会与城市发展的关系最具有代表性，因而本章主要选取奥运会来探讨与城市发展的关系演进。

一、以"体育赛事举办主导"的发展时期

最初奥运会负载着较多的国际政治关系，其规模不大，主运动场的形制尚不

统一，逐届差异很大。其中1900年巴黎奥运会、1904年圣路易斯奥运会和1908年伦敦奥运会和世博会同时、同地举行，成为世博会的附庸。当时的奥运会建设也仅限于新建或改建建筑单体，甚至比世博会的关注力和影响力尚小。

鉴于当时的政治和经济危机，1896年雅典奥运会的举办采用募捐、私人赞助和发行奥运邮票的混合公共资金模式。在场馆和城市建设上，重建了帕纳辛奈科体育场和扎皮翁宫大楼，新修建了射击走廊和游泳馆的座位。虽然巴黎奥运会、圣路易斯奥运会和伦敦奥运会附属在世博会之下，但1908年伦敦奥运会第一次为奥运会修建了体育场馆白城体育场。尽管该体育馆受到了很大的争议，但标志着开启奥运会与城市发展的密切联系。1912年斯德哥尔摩奥运会到了一个相对较小的城市，因此，斯德哥尔摩组委会发现奥运会更容易融入城市。斯德哥尔摩在城市北部的郊区开发建设了一系列的体育场馆，中心是新古典主义风格的奥运体育场，红色的石头、精美的装饰与斯堪的那维亚的城市背景相应得极为和谐，因而得到了国际奥委会领导人的高度赞赏，斯德哥尔摩的单场馆模式开始被后来的举办城市效仿。

在奥运会举办初期，虽然奥运会与城市发展的密切程度较弱，但在此期间出现了诸多体现城市文化多样性的体育场。例如，1908年的白城体育场通过遒劲的钢筋结构凸显工业化建筑风格；1912年的科罗列夫大体育场彰显哥特式的复兴；按照林奇的城市意象理论，奥运场馆标记了奥运会在人们心目中的地理位置，为举办城市创造了新的可辨识的城市意象。

随后的巴黎奥运会（1924年）和阿姆斯特丹奥运会（1928年）出现了大众媒介，包括广播、报纸同时吸引了1000名记者。1932年洛杉矶奥运会进一步加深了与城市发展的关联。除了室内赛事在城市礼堂中举行，其他场馆都建在奥林匹克公园。不仅建造了规模超以前任何一届奥运会、可容纳10.5万人观看的纪念性竞技场，而且建造了为运动员服务的公共设施奥运村，占地101公顷。直到2000年悉尼奥运会，奥林匹克体育馆一直是最大的奥运会主体育场。尽管本届奥运会遭到银根紧缩，但奥运会还是获得了剩余，在16天里，125万人花费了150万美元进行观赛。旅游机构也把奥运会作为吸引物来吸引南加利福尼亚人参观旅游，奥运会取得的好处使洛杉矶还想再次举办奥运会。

同样，1936年柏林奥运会也是一个奢侈的和壮观的体育赛事。为了宣扬纳粹主义，奥运会的形式主义进一步加强了。奥运火炬第一次从奥林匹亚传递到主办城市，同时进行了试验性的电视直播。许多新建筑对城市结构的影响远超以往任何赛事。在柏林西部的格鲁内瓦尔德130公顷的土地上建立了奥林匹克中心。中心设置了包括11万个座位的体育场、一个有18000座位的游泳和跳水中心、一个体育广场、一个露天圆形竞技场，以及大量的场地和公务建筑。正是如此大手笔，很快使该区域为实际上最大、最复杂的体育场地设施系统。尽管柏林奥运会充斥着浓厚的纳粹主义色彩，但奥运会与城市发展的耦合程度是其他城市在相当时期内难以媲美的。

因此，在西方工业社会时期，随着欧洲殖民的全球扩张和交通、通信等技术的进步，以奥运会为代表的体育赛事开始从区域走向世界的舞台。在奥运会举办规模尚小、对城市发展影响较小的阶段，场馆、交通、服务等相关配套设施建设，通常以奥运会的成功举办为主要目标和动力，这一时期的建设和策略核心是"以奥运会顺利举办为主导"。工业社会时期都具有这一时期的特征。不过值得注意的是，奥运会选择的举办城市一般是欧洲城市化水平较高的城市，同时也是国家的首都。这在某种程度上表明了现代体育赛事初期明显受到城市经济、政治的影响。当然也要辩证地看到，在工业社会后期，许多举办城市开始利用奥运会对城市经济、旅游、政治、文化等方面的影响。

二、以"城市发展为主导"的发展时期

从20世纪50年代起，在若干最发达的资本主义国家，工业化时代已经结束，经济转向以信息服务业为主的阶段。与此同时，经济全球化的浪潮也开始席卷全球。经济全球化和信息时代的兴起引起并加剧了地区、国家甚至有时是国际范围上的城镇竞争。此时，体育赛事成为吸引全球目光、提升城市竞争力的有力战略性工具，甚至是"特效药、强心剂"。

1948年，伦敦奥运会囿于财政，只能依靠原有的场馆设施，没有新建设施，因而对城市发展的影响极为微弱。随后，1952年赫尔辛基奥运会和1956年墨尔本奥运会因为新建了许多场馆设施，开始初步融入城市规划发展中。赫尔辛基奥运会在绿荫环绕的森林地块建造了一个大型体育建筑群，形成以供休憩、比赛、娱乐和住宿为一体的田园式的奥林匹克公园。以奥运建筑嵌入城市空间，使得赫尔辛基市面貌焕然一新，环境得到极大改善，居民回到自然，以至于后来的奥运会大多沿着这条路线寻求奥运会与城市发展的有机结合。同样，墨尔本在距离市中心1.6公里的雅拉河畔建起了占地22.5公顷的奥林匹克公园。遗憾的是，耗资125万英镑修建的奥林匹克公园，几个主要场馆却在赛后遭到销毁或重建，一时流言蜚语不断。但是，该公园集结了城市的主要体育场所，作为物质性遗产凝结在城市历史的长河中了。

进入到20世纪60年代，随着世界经济的复苏和技术的进步，奥运会的规模和影响得到了全面的提升。世界主要城市也得到了极大的发展，奥运会走出了传统的欧美发达国家的大城市，走向发展中的城市。而在这一时期，传统的建筑主义和功能主义的城市规划理论开始转向系统规划。因此，在城市规划方面，如何理

性地看待奥运会这一庞大的系统，及如何更好地把奥运会小系统融入城市大系统则成为城市政府关注的焦点问题之一。在具体措施上，奥运组织者打破了功能主义体育场馆设施集中布局的传统，刻意分散了相关设施，均衡带动城市空间的发展。1960年，罗马奥运会的主要场馆属于多中心分布格局，一是一条奥林匹克大道连接城市南北两端的三个体育设施群（北部两个，南部一个）。除了体育设施，还对花费巨资对城市交通、供水设施、街道照明、城市景观、机场、旅馆等进行了升级换代。其中，花费最多的还是奥林匹克大道工程，所涉土地面积占奥运会整体土地规划的75%。同时，赛事组委会利用巴西利卡和卡拉卡拉大浴场这两项世界文化遗产，实现了遗址与赛址完美的时空转换，找到了奥运会与城市文明有效对接的平台。因而，罗马被誉为第一个"以奥运作为城市发展的催化剂"的典范。事实上，1964年东京奥运会对东京城市发展的推动作用更为显著。组委会把奥运会举办所涉及的城市规划与东京城市10年发展规划结合起来，修缮了战后城市破旧的城市基础设施。具体规划上，规划师龟仓雄策将城市作为一个系统进行整体包装，使用标识和色彩等视角符号，实现了体育设施与城市古迹、服务设施的巧妙对接。

为了迎接奥运会，东京市建起了三个规划合理、衔接得当、功能齐全的体育建筑群，建筑群之间的距离在10~15公里。在奥运会的规划中，相关场馆设施采取分散布局的模式，分别设置在代代木、神宫外苑、驹泽、马事公苑、武道馆、后乐园、早稻田大学、朝霞、户田等地；因此，这些场馆设施之间的交通联系和道路网建设成为规划的重要内容。值得注意的是，东京奥运会花费将近27亿美元（占东京1965年国民生产总值的3.2%），而投资于比赛相关的奥运设施的资金不到3%，大部分资金用于城市路网改造、旅游设施、住房、港口扩建及城市废物处理和污水排放系统的更新改建。这些项目设施要求和建设水平之高，在当时的日本也是前所未有的，这不仅对于改善城市基础设施能力的量的不足，同时对于城市设计规划水平、城市环境水平的质的提高也起到了非常积极的推动作用。因此，国际奥委会视察团在视察了东京的筹备工作后，发出了"城市变化恍如隔世"的感叹。不过，罗马和东京为奥运会花费过高，以至于一度要求取消举行。为了应对经济萧条，1968年墨西哥奥运会选择了对已有体育场馆设施进行改造以满足奥运需要，投资主要用于主体育场、露天体育场和奥运村。但由于体育场馆设施之间的距离过大，致使城市承受较大的交通压力，为此，政府专门修筑了一条长12公里的地铁线，但直到奥运会结束后的第二年才正式开通。不过，这种分散的场馆规划模式使得市内一些地区迅速进入战略机遇期。20世纪70年初期，德国慕尼黑处于经济和人口剧变期，经历了二战战败和德国分裂的剧痛，政府及民众都把奥运会作为德意志复兴的契机。慕尼黑奥运会比赛场馆和奥运村位于市中心以北4

公里处的奥博为森，1963年的城市发展规划拟将该区规划为城市未来的运动休闲中心，奥运会加速了这一计划。奥运场馆布局采取集中规划的模式，表现为土地利用的合理化和城市更新上。除了修建奥林匹克公园，还修建了综合性的大型购物中心，改善了城市公共交通设施。

由于受到当时政治、社会、经济等多方面因素的影响及组织者对无规划的人性风格的迷恋，1976年慕尼黑也采用集中规划的奥运城市发展模式，并斥资建设了大规模的奥林匹克中心。此外，奥运城市规划还包括地铁延长线、候机楼及城市道路改建，但大规模奥运规划带来的经济压力逐渐使奥林匹克运动陷入危机。由天才设计师罗伯特设计的室内奥林匹克中心，占地750亩，耗资125亿美元。但由于结构奢华、采用新技术、新材料，加之全球通货膨胀、项目管理混乱、劳资争议，导致该项目赤字15亿加元。类似的问题也出现在奥运村的建设之中。尽管奥运会最后如期在蒙特利尔举行，城市也因此增添了不少体育场馆和设施，但从整体上看，其对城市的发展并未起到积极的推动作用。相反，蒙特利尔将近10亿美元的赤字，直到30年后才还清，惨痛的教训为后来的城市敲响了警钟。

莫斯科（1980年）和洛杉矶（1984年）汲取了蒙特利尔奥运会的教训，在奥运城市规划上都尽量避免过于庞大的项目。在奥运城市规划方面，莫斯科的规划思想受到卫星城理论的影响，将全市划分为八个区，每个区都有一个经济、娱乐和社会文化中心，提出"到1990年城市体育设施要有相当数量的增长"。而奥运会作为莫斯科第10个国民经济5年发展规划项目，为了充分利用现有土地，奥运场地设施被分散卫星城市的5个区域中。由于奥运村土地原本作为居民用地，占地107公顷的奥运村就按照居民小区的建设方案修建，奥运会结束后改建成公寓租给市民，如今已成为容纳15000人的住宅区。总的看来，奥运会加速了综合与单项体育场馆设施的建设，同时也推动了城市住宅、娱乐、通信、宾馆业的发展。由于当地居民的强烈反对和政府的不支持，洛杉矶奥运会（1984年）完全由私人赞助举办，并尽量利用原有设施，主体育场是经过翻新修正的洛杉矶纪念体育场，大学宿舍摇身变为奥运村。尽管设施分散，但对现有设施和临时设施的广泛使用有效地控制了办赛成本。虽然洛杉矶奥运会几乎没有对城市空间结构带来什么影响，但通过商业化的运作获得了2.5亿美元的利润，使其成为奥运会成功举办的典范。

20世纪80年代后期，西方工业城市开始利用郊区化来推动衰退地区的发展，而奥运会则成为城市更新的契机。如1988年首尔奥运会组委会在汉江南岸洪水多发地带的贫民窟和环境污染区，建造了占地40万平方米的首尔综合运动场、55.2万平方米的奥运村和167万平方米的奥林匹克公园。一系列奥运设施开发被嵌入到城市的长远发展之中，城市整体结构开始向南延伸。此外，首尔借助奥运会实施了"环境美化计划",通过整修街面、整饬城市空间、治理汉江等措施使城市面貌焕然一新。城市交通网络通过轻轨的扩建、公交专用车道及单行线系统的建设得到极大的提升。1992年的奥运会成为巴塞罗那历史上的转折点,奥运会在巴塞罗那从一个工业港口城市向一个富有魅力的服务导向型的转变过程中起着举足轻重的作用。1987年申办成功后,巴塞罗那制订了一项战略计划,通过增加城市魅力来巩固城市作为欧洲大都市的形象。在奥运会比赛场址的选择上,城市设计者们力图借此机会在快速增长的西南部和某种程度上滞后的东北部之间寻求更好的平衡。在与奥运会相关的投资中,对体育场馆的投资仅占9%。因此,巴塞罗那堪称是运用体育赛事进行城市营销的典范。

相较之下,1996年亚特兰大奥运会遵循洛杉矶奥运会的模式,对城市基础设施较少投资,主要对奥运场馆进行投资。由于许多新的、再利用场馆和奥运村大多建在校园内,因而总的来说,奥运会对亚特兰大的城市空间结构的影响较小。不过,该届奥运会纯粹是由私人经济支持的,在没有政府财政支持的情况下,为当地带来了超过50亿美元的经济收益。

进入新世纪后,随着城市可持续发展理念的正式提出,可持续发展观就成为城市建设和发展中普遍关注的问题,而奥运城市规划也开始强调可持续发展。如果说在这之前的阶段称之为奥运会(体育赛事)融入城市整体发展的阶段,那么2000年后则可称之为奥运会(体育赛事)以实现城市的可持续发展为指引,城市发展已经成为奥运(体育赛事)规划的主导因素。

2000年悉尼奥运会是基于国际奥委会绿色环保政策的推行,悉尼奥运场馆的选址、设计、建设和维护均遵循着可持续发展理念,同时也促进悉尼整体生态环境的改善。这给悉尼旅游业和会展业带来了繁荣。2004年实现了奥运回家的凤愿。鉴于奥运会对希腊的特殊意义,当地社区积极响应组织者,力图把希腊打造为世界上著名的后现代城市。雅典将奥运场馆散布全城,打造雅典奥林匹克中心和法列罗综合体育馆两个标志性城市化建筑,并由新建的地铁和火车路线构筑的奥运环路体系相连,尽管在资金的投入上是规划时的5倍多,但赛后的场馆闲置问题却不能妥善解决,一时激起民众强烈的不满。

2008年,北京奥运会的举办目的在于提升北京国际知名,改善城市环境和建设世界城市。大部分场馆建设在北京中轴线北端1159公顷的奥林匹克公园里,奥林匹克公园与亚运公园相接,意在赛时充分利用亚运会的体育设施,赛后关注城市长远发展和市民物质文化生活提升的需要,形成一个集体育赛事、会议展览、文化娱乐和休闲于一体的多功能公共活动中心。

2012年,伦敦奥运会的规划策略同样体现了与城市可持续发展策略的融合。伦敦奥运会的奥林匹克公园是奥运建设与规划的重点,位于伦敦东部的下里亚谷,其选址与伦敦长期的城市更新计划息息相关。由于历史原因，伦敦西区开发较早，是全市经济文化和政治活动的中心；而伦敦东区则是在工业革命时期逐步发展起来的工业区和码头区，环境相对恶劣，居民大多为下层平民和体力劳动者。近几十年来，受西方经济转型的影响，英国制造业逐渐衰落，伦敦东区发展停滞，社会问题丛生。为了缩减东西城的差距，促使城市发展中心自西向东转移，自20世纪80年代以来，伦敦东区开始有计划地实施改造和复兴计划。2003年伦敦申办奥运会，伦敦市政府希望伦敦东部通过举办奥运会加快地区更新和发展，并制定了下里亚谷地区重建总体规划。规划不仅详述了伦敦如何举办2012奥运会，更为重要的是为奥运会结束后该区转变为伦敦城市新区做出指引，为该区留下可持续发展的触媒。总体规划方案提供了9100间新住所、数千个长期工作岗位以及亚里河畔的一大片公用场地，该场地将连接海克尼沼泽球场和泰晤士河；新的园林绿地系统将产生128hm²的公用开放空间，比原来增加了66%；许多比赛场地，包括主场馆、室内场馆及水上项目中心都将保留下来作为重要资源。伦敦市政府也一直强调"奥运会是奥林匹克公园所在地的更新和发展的重要触媒源"；另外，有17亿英镑已经投入城市公共交通系统中。伦敦奥运会的规划及实践充分表明奥运与城市的发展已经相互融合，并相互促进和发展。从奥运会与城市发展的历史看来，不同时期、不同城市受奥运会的影响和深度各不相同，但却是连贯的，有着同样的主题，即奥林匹克文化。尤其是奥林匹克场馆更是深深地为城市发展打下了烙印。

从"以体育赛事成功举办"为主导的城市发展阶段转向"以城市发展"为主导的关系阶段，即以体育赛事成功举办转向以体育赛事带动城市发展，体育赛事从负载国家政治向地方或城市治理、推动城市经济、社会方向演变。这显然代表着城市举办体育赛事的思路的转换，即体育赛事负载的国家政治任务转向为地方或者城市治理的工具，这无疑为中国城市举办体育赛事提供参考。

第二节　全球化背景下的城市竞争与体育赛事

经济全球化是指商品、服务、生产要素与信息的跨国界流动的规模和形式不断增加，通过国际分工，在世界市场范围内提高资源配置效率，从而使各国间经济相互依赖程度日益加深的趋势。在此背景下，市场经济体制和城市中强有力的政府体制决定着城市发展的方向，对城市发展产生显著而又深远的影响。越来越多的城市举办（大型）体育赛事实际上已成为所在城市政府实践执政目标的有力工具，而强力的政府则是城市举办体育赛事的必要条件。因此，体育赛事和城市发展不可避免受到经济全球化带来的影响。

一、全球化背景下的城市体系与城市竞争

无论是赞成抑或是反对，经济全球化已汇成一股不可阻挡的洪流，成为改变城市格局的最强大的力量之一。经济活动和生产要素是由信息技术的发展而在全球范围内重新组织，超国界的生产体系和市场体系加速形成。在这一进程中，城市的功能开始走向国际化。在经济全球化的进程中，伴随着生产技术的不断进步和消费层次的不断提升，产品从低到高的纵向层次也开始在增多，进而影响国际分工更为精细和关联更为密切。与此同时，由于地区间生产成本的高低差异，使产品生产环节基于比较优势在全球范围重新分工，并是由信息技术的发展将分布在世界各地的生产基地和市场有机联系起来。不言而喻，原本相对的封闭的国际市场在经济全球化的推波助澜之下迅速地与世界市场联系在一起了。

在国内市场与世界市场进行对接的过程中，原本是国内经济中心的城市，或主动或被动地嵌入到国际合作与竞争之中。国家对外开放、自由贸易及跨国组织对高额利润的追求，是区域经济中心城市成为国际性城市的主要驱动力。在经济全球化的驱动之下，尤其是发展中国家的新兴城市在新的一轮国际分工中开始明确其城市的国际功能定位，简单地说，就是建设高能极的国际性城市。遗憾的是，与许多城市预期目标有很大差距的是仅有少数发达国家的少数城市成为真正意义上的国际性大都市。学界称其为"世界城市"。彼得·霍尔（Peter Hall）认为，世界城市就是国家的心脏，是政府机构、贸易部门及各类人才汇聚的中心，代表性的城市如纽约、伦敦、巴黎、香港、东京等8个城市。

而暂时没有机会成为世界城市的大多数城市经过漫长而激烈的竞争后，成为全球价值链下的某一个环节，或者是区域的国际经济贸易中心。发展中国家的此类城市，随着经济实力的增强将可能成为主导本国经济、连接国内外市场的窗口性国际城市。

实质上，城市功能的国际化就是城市功能在全球城市网络化体系中的组织定位。城市依托人流、物流、信息流及资金流构成的网络化世界经济格局，成为空间上紧密相连的实现不同功能的全球信息网络节点，但是全球并未就此形成一个"大同世界"，相反在非对称的世界城市体系中，一个更加极化的世界正在形成。城市之间的竞争使全球城市体系出现了新等级城市体系结构，如世界城市、跨国级城市、区域级城市和地方级城市。

传统社会，城市竞争力的大小取决于城市的规模，城市的规模决定了该城市在中心地等级结构的层次。而在经济全球化背景下，城市竞争力却并不完全取决于城市规模大小，很大程度上取决于该城市在全球城市体系中与其他城市相互作用的强度和协同作用的程度。无论是高等级、还是低等级的城市，都可以利用相

互作用和相互协作，依靠比较优势取得专业化优势进而在全球城市竞争中获得发展。

考察泰勒和于涛方研究划分的世界城市体系，可以发现这样一种现象，服务于促进城市经济增长、改善城市形象、扩大城市影响力的大型体育赛事（奥运会）也常常与等级高的世界城市联姻。以至于德国学者豪格·普鲁斯这样说道，世界城市是全球的经济中心，对某些城市而言，举办奥运会这样的体育赛事无疑是重获新生的机会，通过奥运会加速了全球城市的进程。城市如果想成为世界城市体系中的一分子，并进入到等级高的行列之中，参与国际性大型体育赛事（如奥运会）是极为重要的必要条件。按此逻辑，北京奥运会的重要现实意义之一就是为城市跻身于高层级的世界城市网络的"垫脚石"。广州举办亚运会也是为了提升广州的区域中心的核心地位及世界城市体系中的等级。

二、城市竞争、城市问题与体育赛事

城市是一个国家或地区经济活动与社会活动的中心，城市经济也是全球经济的主要战场。全球化的发展趋势从根本上改变了城市原有的基本格局和经济发展模式，加剧了城市之间的竞争，引起城市内外部环境的剧烈变迁，迫使政府采取更为积极的战略手段来刺激和推动城市发展。从欧美城市的实际发展历程来看，这些环境的变化包括：

1.产业环境的变化

随着越来越多的城市开始享有全球化带来的其他条件的改善和产业部门自身的发展要求，许多学者注意到从20世纪70年代中期开始，在全球范围内出现了产业从发达城市向欠发达城市甚至不发达城市进行转移的趋势企业不断流失，而城市新增的服务业远不能弥补就业机会，造成失业、贫穷和犯罪等社会问题的困扰。传统优势工业城市开始面临"发展困境"，全球城市进入买方市场并有着激烈的竞争。不仅美国的工业城市底特律和布法罗也面临了窘境，而且经济基础比较雄厚的洛杉矶、纽约和芝加哥也面临着窘境。

2.生活环境的变化

城市物质生活的过度膨胀、失业率增加、犯罪率提高等社会问题丛生，造成城市生活质量下降。加之城市规划失当及中高收入居民大量迁往郊区居住，城市中心景观渐趋衰败，导致城市"空心化"现象产生并且日趋严重。

3.经济环境的变化

西方城市经济学者的一个普遍的认知就是在任何时候都有大量的城市，也包括国家、区域层面的空间，都面临着严重的危机。美国城市政府以企业化的方法将城市视作为产品进行营销的主要原因在于联邦政府财政资助的减少以及众多城市发展对有限资源的争夺。其经济上的自主性决定了每个城市都必须自己寻找财源以支撑城市发展。美国50个洲约5000多个城市都在遭遇财政危机，这种收支上的失衡导致了城市经济的衰退。1975年的纽约就濒临财政破产的边缘，后来则是凭借联邦政府的支持和严格的治理措施，才在20世纪80年代恢复生机，但此后不久纽约城还是面临企业外迁、工人和居民流失、犯罪率和失业率上升的难题。其他较为突出的城市，如1978年的克利夫兰、1990年的费城等都出现了财政危机。欧洲作为现代工业文明的发源地，其城市问题的出现更具有普遍性，英国的北部、法国的西部、意大利南部的很多城市都出现了危机，造成了整个区域经济的衰退。

经济全球化背景下，城市环境的恶化迫使政府反思城市发展的战略思想。为了在城市争夺人才、投资等"流"要素方面的竞争中能胜出，以及嵌入国际分工体系之中，城市必须推动城市经济增长，提高城市在国内国际的关注度和知名度，扩大城市的国际影响力，以实现城市功能的提升。

城市发展战略的反思，直接影响了各国的经济和城市政策的重新制定。一方面，全球化以及激烈的城市竞争推动了一个以市场为主导的新自由主义战略的形成，国家不再是利益的代言人和保护者的角色，不再干涉城市之间的竞争。而这一战略直接导致城市经济的持续重构，如国家对经济干预减少、私人化的增加、空间日趋分散；另一方面，城市政府面对全球化不得不制定新的城市政策以适应全球化背景下的重构进程。新的城市政策从原来的计划型经济向追求经济增长和提升城市竞争力转变。城市竞争力在强调硬实力的基础上，增加了注重政策环境、社会文化、公共服务等软实力方面的内容。传统的凯恩斯的政府干预思想逐渐被企业化、治理化的方式所取代，目的是寻求更多的投资、活动，提升城市竞争力。

传统的贸易战、资源战、贸易壁垒战等各类竞争手段多已证明，在当前经济环境下难以奏效，城市政府迫切需要新的竞争手段，对外改善城市形象，对内刺激城市良性增长与发展。

城市营销战略常常被誉为一个改变城市区域内经济层级和城市功能提升的战略机遇，不仅有利于促进经济增长，创造新的工作岗位，而且也能巩固甚至提升城市在世界城市网络中的能级。因此，城市营销战略成为许多城市选择积极推进的主要策略。体育赛事具有广泛的影响力，并能在数年内产生相对稳定的吸引力，并在举办过程中全程体现了政府的控制力，与此同时，伴随体育赛事的是巨量的投资及各类高端活动和交流，为各类"流"要素的进入增强信心。从这个角度上讲，举办体育赛事就是全球化背景下城市采取的城市发展战略，承担着促进经济发展、改善城市形象、优化空间结构，提升城市整体竞争力的重任。

三、中国城市发展转型与体育赛事营销

（一）转型的认识与中国城市发展转型

社会发展是一个长期动态演变的过程，当常规的社会发展在历史的积淀中由"量变"累积到"质变"的过程，可以称之为社会转型。对于转型的理解，可谓是仁者见仁智者见智，但比较有包容性的观点是1996年由世界银行发展报告中提出来的，建立长期能够使生活水平得到提高的市场经济，并且是一种深入到规范行为和引导管理的体制转型，既有经济方面的转型，也有社会方面的转型。也有许多国内学者结合我国基本国情，将当前中国经济社会转型理解为体制转型和结构转型。实际上，转型的本质是制度创新或制度变迁。与欧美发达国家相比，中国经历的转型背景更为复杂，任务更为艰巨，多重转换在同一时空并存，势必会产生与其他国家难以理解的一系列问题和矛盾。

1.分权化的影响

自实行改革开放政策以来，中国的经济和政治体制改革可以看作中央政府通过采取一系列措施来扩大地方政府权利的不断分权过程，改变了过去计划经济时期的集权管理模式，给予了地方政府更多相对独立的权益，并强化了地方政府管理经济的职能，以促进地方政府推动城市发展的热情和应对竞争激烈的外部市场环境。分权化最显著的结果就是赋予地方政府经济调控主体和经济利益主体的双重身份，使得地方政府在尽力完成中央政府下达的各项经济指标的同时，也在不断追求自身的经济和政治利益最大化，如促进就业的投资、通过争夺发展机遇、塑造政绩工程，博取政治资本等。

2.市场化的影响

中国的市场化改革的主要内容之一就是企业与所有制的改革，通过改革确立了企业的市场主体地位，政府退出所有者身份。显然，市场化改革使地方政府从原来的直接控制转变为间接调控，极大地改变了调控社会经济活动的手段。地方政府为了获得行动能力，必须借助企业的力量，而企业为了谋取利润和得到保护也期望成为地方政府的"合作者"。于是掌权的地方政府和掌钱的企业集团在城市发展过程中往往结成"增长联盟"，共同推动城市经济的快速运行。在这个联盟中，企业支持政府提供就业机会、增加税收、塑造城市品牌等行为，而政府则为企业提供像减免税收、改善基础设施等优惠条件。不过增长联盟对政府行为的影响也是明显的，一方面企业和政府共同推动城市经济发展，另一方面势必会导致企业寻租和政府干预市场的行为，最典型的如风靡一时的"经营城市"。

3.全球化的影响

巧合的是，中国的对外开放几乎与经济全球化进程是同步发生的，全球化的浪潮对我国地方政府的行为及其行动模式产生了显著影响。在分权化改革中，使中央政府对地方政府的投资减少了，而市场化改革又使地方政府对许多经济资源失去了控制，因此政府希望借助外来资本，特别是国际资本，来增加财政税收、促进城市经济增长、改善城市面貌。然而，在一个区域内的资本是有限的，这必然引发地方政府对资本的激烈争夺。为此，政府纷纷采取各种城市营销战略，如举办大型体育赛事。与此同时，全球化对中国城市的影响从经济领域发展至文化、政治领域，并深刻地影响着城市治理方式的变化。

（二）体育赛事成为城市营销的战略工具

伴随着经济全球化的进程，资本、信息、人才和技术等发展要素在全球城市网络中共同构筑了一个"流"空间。一个国家或城市为了获得更多的发展机会，必须在不可流动的"场所空间"中不断地捕获那些"流动"的资本。因此，在全球化竞争日趋激烈的背景下，许多城市由内生性经济发展模式向以"注意力经济"为主体的外生性发展模式转变。为了获得更多的注意力，迫使城市政府开始采取各种主动的战略手段，改善城市环境，提升城市形象，通过类似企业化的治理方式来包装和推销城市，尤其是通过举办重大事件（如奥运会、世博会）以获得潜在城市顾客的青睐。从伦敦和巴黎曾争夺2012年奥运会举办权，到我国北京、广州、深圳分别利用奥运会、亚运会、大运会进行全方位的城市营销，再到青岛借2008年北京奥运会帆船赛基地打造"帆船之都"，可以清楚看出，无论是发达国家还是发展中国家的城市，无一不是倾注了极大的热情借助体育赛事进行城市营销。

体育赛事在社会中扮演着越来越重要的角色，完善举办城市基础设施建设，推动城市经济的发展，促进城市文化和精神文明建设，推进全民健身活动的开展，提升城市的品牌形象。举办体育赛事能加速城市化进程，实现城市的跨越式发展。例如，巴塞罗那通过举办奥运会催化了其城市中心的复兴；曼彻斯特举办的英联邦运动会提高了城市吸引力、促进了城市融合；鹿特丹以举办体育赛事而获得体育城市的地位，把体育作为增强城市魅力的主要手段；都灵通过举办冬奥会增加了城市吸引力，改善了城市形象。近几年，北京、上海等地都把体育赛事的申办、举办视为城市营销的手段之一，把体育赛事作为城市改造的催化剂，推动城市的快速发展。很多中小城市也以举办体育赛事为契机，逐步实现向较大城市、大城市迈进的目标。城市结合其发展规划、发展目标合理选择体育赛事，以实现体育赛事效益的最大化。

简而言之，体育赛事能够塑造城市国际国内形象，提升城市知名度，带动城市经济发展，推动所在城市地区的开发和更新，推动城市基础设施和公共设施建设，拓展城市发展所需的社会资本，被喻为"可与19世纪工业革命媲美的发动机"。不言而喻，城市借助体育赛事进行营销的意义已超出了体育赛事活动内容本身，而成为全球化竞争时代城市政府对城市营销的有力政治经济工具。

四、城市对体育赛事的作用及制约

（一）城市对体育赛事的作用过程

按照现代系统研究的开创者贝塔朗菲的定义，系统是"相互作用的多元素的复合体"。体育赛事则是以体育比赛核心，通过系统主体——人与系统客体——场馆之间的相互作用、相互联系，形成互动，构成了体育赛事的整个系统。系统的输入是指各种人力、物力、财力的投入，系统的输出是世界级水平的、观赏性极强的竞赛以及赛后遗产。

现代体育赛事整个系统从开始阶段的逐步演化，到赛事运转，再到最后的遗产运营，都必须以举办城市的城市系统为依托。体育赛事在筹办阶段，需要建设体育场馆、奥运村等相关工程项目，同时还要改善基础设施，如道路交通、通信设施的水平。这些新建、改建、扩建的工程项目的投资巨大，建设周期长，涉及的产业门类繁多，因此，这些项目远非一个大型体育赛事所能包容、完成的，它必须依托城市提供资金、物资及相应的人力，才能按时、保质保量地完成这些工程项目。

举办体育赛事，其核心任务是保证赛事参与者及相关人员在规定的时间、地点安全完成比赛、转播、采访、考察和旅游等预定任务。为此，举办城市的组委会在赛时要有能力为这些人员提供相应的场馆、安保、住宿、餐饮、交通、通信等一系列服务。在这些服务中，有些是可以由体育赛事系统完成。但是，当参赛者走出奥运村或比赛场馆，观光一下城市的风貌或进行购物，就必须走出体育赛事系统，进入到城市系统，并依靠城市系统的交通、商服等分系统提供的服务来完成他们的行动目标。与此同时，像潮水般从世界各地涌来的观众、游客，通过城市系统的交通等分系统来到举办城市。如果观看比赛，则必须进入到比赛场馆，即进入体育赛事的系统。因此，在赛时，体育赛事系统与城市系统有着严格的界限，但又相互联系。赛后，体育赛事系统只剩下它的遗产和留在人们心中美好的回忆。赛会遗产将融入城市系统，成为城市系统的有机组成部分。

（二）城市政府对体育赛事的制约

1.政府决定体育赛事的选择

当前，越来越多的城市争相举办城市事件，城市事件，尤其是大型体育赛事的实质已成为城市发展战略的一部分。然而，体育赛事能否在某一特定城市举办，政府的决策起着决定性作用，可以说，体育赛事如果离开政府平台进行独立运作是几乎不可能的。如果政府外的利益集团想让体育赛事在城市中发生，则还是需要借助政府的力量。体育赛事的筹办期一般长达数年，而且需要大量投资，中间不确定因素难以预料，尤其是资金缺口，加之宏观环境的迅速变化必须要政府的支持作为保障。城市发展战略为城市未来发展提供了美好愿景，为了落实战略措施，并使市场和民众接受并认同，使他们与政府一起来实现发展目标，政府需要借助一些具体的和示范性的工程项目，如体育赛事，主动影响市场运行和社会生活。举办体育赛事所产生的巨大需求则为城市政府投入决策提供借口。政府是城市的管理者，通过对是否举办体育赛事的决策与城市发展战略的联系，可以清晰地看出政府的执政思路。具体到体育赛事的决策，政府在主观上一般都会选择与城市发展战略相契合的赛事，作为实现任期内执政目标和政治晋升的战术手段。当体育赛事与城市发展战略和城市规划相冲突的时候，特别是影响城市整体发展的赛事，政府会选择审慎的态度予以对待。如果没有上级政府部门的干预，或是强势集团的背后操纵，政府是绝不会决策与城市发展战略相悖的体育赛事。

事实上，通常经济因素是城市政府决策举办体育赛事的首要因素，社会因素、环境因素常常被忽视；其次，城市政府的企业化倾向使得在未评估的情况下，往往夸大体育赛事的积极效应和重要性，做出逆向选择。

2.政府在体育赛事中的角色

政府在对选择体育赛事做出决策后，目标性强的特征使得政府会以非常积极的态度加以资源投入，保证良性运行。在对体育赛事运作的过程中，不同类型的政府会扮演不同的和角色，而政府的角色定位又决定了参与体育赛事运作的利益群体，如市场、市民。一般来讲，政府所扮演的角色有两种类型：一是干预性政府。它强调社会经济主体在发展机会方面的均等性。政府作为城市内各利益主体的维护者和平衡者，会对城市的发展进行必要干预。干预性政府也会主办一些体育赛事，其目的就是为城市各利益主体划定共同目标，引导社会资源为城市的发展和公共利益做贡献。政府的角色就是通过一些激励政策和措施，把市场和社会培育成城市事件的主角。二是主导型政府。正好与干预性政府相反，它是城市资源的绝对支配者，习惯于积极主动的执政思维。作为强势政府，它掌控着城市的发展方向和经济命脉，在实施执政目标时需要寻找一个平台或支点，以保证各项政令得到准确、高效的落实，进而确保政府的绝对权威。区别于干预性政府，主导型政府对城市事务亲力亲为，为实现自己作为经济人的利益，而要求市场力、社会力与政府一起协调合作，共同举办体育赛事。结果就是，政府可以迅速集中最大的资源，在短期内实现城市发展的目标。形象地比喻，干预型政府就像赛场上的裁判员，而主导型政府则既当裁判员，又当运动员，而且是实力最为强悍的运动员。

虽然两种不同类型的城市政府参与体育赛事的深度和投入模式不同，但是政府都是体育赛事与城市其他利益群体的联系纽带。其实，不同类型的政府在体育赛事的投资模式上存在相似性。由于城市举办体育赛事涉及大量的赛事投资、直接工程和间接工程，在投资模式上主要有政府投资和政府与私人合作投资两种模式，并且随着城市发展战略目标的不同比例有所变化。1972年以来历届奥运会的投资组成各不相同，仅有1984年洛杉矶奥运会完全由私人投资举办，政府没有介入其中的原因就是1976年蒙特利尔奥运会政府投资过多而出现财政赤字，影响了城市民生建设，招致民众的不满。洛杉矶政府汲取了这个教训，但政府几乎没有投资从而使本届奥运会成为对城市发展影响作用最小的一届奥运会。虽然1976年奥运会被称之为"蒙特利尔陷阱"，但由于城市规划得当，采用内置单中心配置聚合模式来应对蒙特利尔市中心衰退、郊区化和扩张，对城市空间结构却产生积极的影响。

（三）城市综合实力对体育赛事的制约

主办主要体育赛事，尤其是奥运会，被看作是财务重担，直到尤伯罗斯领导的那些比赛获得前所未有的盈余收入，局面才扭转过来。从此日历上排满了需要各主办城市申办的赛事，而且不仅仅是高端赛事。现在，国家赛事如世界杯、欧洲杯、世界羽毛球锦标赛等，甚至许多全国赛事的主办权，都成了激烈追逐的对象。然而，举办体育赛事需要对赛事运行、场馆建设及城市建设进行巨量投资，同时还包括因赛事给城市带来的负外部，这些赛事成本并非每个城市都可以负担。城市的综合实力制约了城市对体育赛事的选择。参照城市竞争力理论，城市综合实力又可以分为城市硬实力和软实力。硬实力一般包括劳动力、资本力、设施力、区位力、环境力、聚集力，而软实力则包括秩序力、文化力、制度力、管理力、开放力。结合奥运会申办城市的评价指标，可以进一步把城市综合实力划分为经济技术实力和人文实力。

1.城市硬实力对体育赛事的制约

经济因素是城市选择体育赛事的核心和原动力，也是城市选择体育赛事的必要条件。之所优先考虑经济因素就是因为城市要有化解体育赛事带来不利影响的能力，这些矛盾就是赛前城市基础设施需求与供给的矛盾、赛中旅游服务业的需求与供给的矛盾、赛后赛事遗产与城市的需求与供给之间的矛盾。这种消化能力就是城市系统的承载力，而城市承载力又由城市容量所决定。所以城市经济的硬实力（城市经济基础、城市容量和产业结构）对城市选择赛事起着决定性作用。

（1）城市经济基础与体育赛事。经济基础指的就是经济发展的状况，一般用城市人均GDP、第三产业比重、城市人口数量等指标加以反映。城市经济基础的好坏直接决定了城市举办体育赛事时的投入程度。经济基础对于城市选择体育赛事的意义就在于，只有那些经济基础好的城市才有能力去举办体育赛事，如果违背这一规律必然会给城市带来沉重的负担，雅典就是一个活生生的例证。奥运会作为全球体育赛事的典型代表就能很能说明这个问题。

如果说奥运会赛事的举办是一种特殊，我们还可以从其他赛事举办中看到经济实力的重要性。如广州亚运会的财政安排是赛事运行76亿元，场馆设施建设与维护63亿元，与亚运相关的城市建设资金投入1090亿元。上海市政府为举办F1，投资26亿元建设国际赛车场，10亿元建设模拟公路和天气的安乐驾园，用于配套服务（道路、通信、给排水等）建设的资金7亿元。花费远远不止这些，上海还需每年向F1汽车联合会缴纳不少于2000万美元的承办费。显然，举办体育赛事考验着城市经济实力。

体育赛事活动的产生需要一定的社会经济条件，从根本上说，大型体育赛事的出现是生产力和经济发展的结果。体育赛事活动是一种自我发展层次的需求，在经济水平落后的情况下，人们只能为生存去从事一些活动，没有闲暇时间进行体育赛事活动。只有当人们的经济生活条件到达了一定的水平以后，对于体育赛事的消费才应运而生。发展经济学认为："当人均GDP达到3000美元时居民不再仅仅满足于娱乐性的旅游，开始追求更高层次的休闲生态旅游，此时旅游的主要目的则是休闲，目的地主要自然山水风光、城市周边的生态旅游度假村等，甚至出现国际旅游的现象；当人均GDP达到5000美元时居民开始追求成熟的度假旅游，旅游形态转变为一地滞留型和第二家园式的休闲度假日，注重旅游对生活品位的影响，更加注意旅游地人文地理环境和旅游基础设施的品位，单次旅游的时间也大大增加。"近年来，休闲旅游和度假旅游越来越多地融入了体育元素，以体育活动为主要内容的主题旅游变得越来越受欢迎。体育主题旅游包括赛事"观战旅游"和运动体验旅游。到目的地城市观看奥运会、各类世锦赛等属于赛事"观战旅游"；而亲身去体验体育赛事，如国内冬季去哈尔滨参与滑雪、到瑞士参加滑雪、到沙漠地区参加汽车越野比赛等都是运动体验型旅游。因此，城市应在认定自身地理位置、文化底蕴、环境、气候、风土民情的基础上准确定位自己的发展规划，将体育赛事与休闲、生态旅游相结合，打造属于自己的城市品牌和形象以吸引更多游客的到来。这一城市发展形势也逐渐成为后工业化时代诸多城市的共同选择。

一场大型体育赛事的举办需要城市的各个部分协作联动共同完成，更需要新的场馆、食宿交通等行业的支持，需要城市在原有的基础上兴建新的基础服务设施。城市在体育赛事举办前期必须投入大量资金建设各类公共基础设施。当然这需要城市自身已达到一定的发展阶段，有雄厚的经济实力支撑体育赛事的举办。因此，大型体育赛事的举办需要城市注入大量的资金支持，才能保证赛事能够顺利进行。

（2）城市产业结构与体育赛事。城市产业结构反映了城市各行业间的比例状况，城市不同的发展阶段必然呈现与该阶段相适应的特征和规律。根据历史经验可以知悉，国际性体育大赛一般都在工业化成熟期或者后工业时期的城市举办，体育赛事与城市的产业结构有着高度的关联。体育赛事的举办要求城市有比较发达的服务业基础，第三产业较发达的城市能为体育赛事提供强有力的支撑，同时，体育赛事又能推动城市的第三产业进一步发展。根据历届奥运会举办城市的统计数据，截至目前已举办奥运会的29个城市中，26个来自后工业化国家的城市，占所有举办城市的89.7%，这些城市在举办奥运会的时候第三产业的比重已超过50%。按此标准，我国许多城市并不适合举办体育赛事。目前，我国大多数城市正处于工业化时期，其特点就是第三产业发展滞后。如果没有一个稳定服务业作为支撑，举办体育赛事也难以在城市中形成聚集效应，自然难以对城市发展起到真正的推动作用。长期以来，我国城市不分大小、经济水平不分高低，盲目地争夺体育赛事的举办权，结果使许多城市背上沉重的负担，有损于城市发展。

体育赛事的成功举办需要举办城市提供多方面的支持，包括财政投资、政策扶持等。举办城市在为体育赛事提供支持的同时，也为当地赛事产业的发展提供了良好的环境。首先，大型体育赛事的举办需要相关配套产业的支持，从而产生了对赛事产品的需求，促进赛事产业的发展。其次，政府为举办体育赛事，需要提高相关的政策支持，包括税收优惠计划、减少审批项目数等措施，使得当地的赛事产业有着更有利的发展环境。再次，赛事能够通过赞助体育赛事、提高赛事商品等形式宣传赛事产业，进而提升当地赛事产业的知名度。城市经济社会快速的发展使城市拥有雄厚的财力、卓越的人才队伍等都有利于体育赛事的举办，如果政府更重视赛事，为赛事提供更多的资本支撑和政策扶植，能够使体育赛事向产业化迈进并在此领域树立优势地位。城市的发展能使得政府能够拥有更多的资源为体育赛事提供支持，包括环境的治理、交通设施的改善等体育赛事成功举办的必备条件。有了更好的城市条件配合作为支撑，必将提高体育赛事的整体层次，形成赛事产业的区位竞争优势。

（3）城市人口与体育赛事。城市人口容量的大小直接决定着城市对体育赛事所带来影响的消化能力，一般来讲，城市人口容量要与体育赛事相适应。从历届奥运会举办城市经济数据可以看出，大多数的举办城市人口超过300万。例如举办城市人口较少的雅典，尽管人均GDP高达2.5万美元，但对奥运会的投资分摊每个市民头上却高达10.4万美元，给雅典带来沉重的负担。在雅典奥运会结束的当年，奥运会让雅典的财政赤字达到全国的5%，引起雅典市民的普遍不满。

（4）其他辅助性行业和条件。此外，举办体育赛事要求城市具备一定数量和质量的体育场馆和相关基础设施，有较好的建筑业、餐饮业、交通运输业、安保、通信等相关行业作支撑。比如，在赛前，场馆建设的大规模展开，基础设施项目的相继上马，都需要像建筑业、房地产业、交通运输业、金融业、新闻出版业、信息传输、计算机服务等产业的"支撑"。在赛时，体育赛事系统的高效运转还需要新闻宣传、媒体运行、安保、交通、住宿、物流、旅游等城市产业加入进来。在赛后，城市还需要对赛事遗产进行有效利用，这又涉及体育与娱乐业、竞赛表演业、房地产业等。

与此同时，体育赛事的举办还需要城市具备一些自然环境条件。由于大多数体育赛事都是在室外进行的，清洁、舒适、宜人的自然环境，是保证运动员安全参赛的重要条件。一些特殊项目，如冰雪项目、海上项目对自然地理也有严格的要求。

2.城市软实力对体育赛事的制约

在奥运会申办评价指标中有一部分专门提到了城市的人文指标，也即城市的软实力，如城市文化、社会因素、政府的支持、以往赛事的经验等。政府的支持在上文中已专门作了论述，不再赘述。

城市文化是城市社会成员在特定的城市区域内，在社会实践中创造出来的为该城市社会成员所共有的物质财富和精神财富的总和。它是城市个性的一种体现。城市社会的群体行为表象，是城市文化的一种行为表现。每一座城市，都具有自身的群体行为文化，这从市民的生活方式中可以得到体现。例如，法国、意大利、西班牙等国家职业足球联赛非常发达，民众也对足球有着难以理解的狂热，因而分别在1998年、1990年、1982年举办了足球世界杯赛事。亚洲国家日本和韩国的足球水平在亚洲地区首屈一指，也有着良好的足球氛围，因而在2002年联合举办了足球世界杯赛。可见，生活方式越接近体育，体育休闲娱乐就会在生活中的所占比重越大，城市对体育赛事的需求就越强烈。另外，像我国的哈尔滨，对冰雪运动就有着强烈的偏好。显然，当城市文化与体育赛事相近，或者很容易对赛事文化产生认同时，无疑会为城市的申办、筹备和举办提供良好的社会氛围。

此外，国际奥委会对奥运会申办城市进行首轮评比时，就专门对申办城市的大赛经验进行了评估。举办过大型体育赛事就说明这个城市有经验并有能力举办类似的体育赛事。有举办经验的城市有着较好的场馆设施条件，有充分的管理和运作经验，有丰富实战经验的人才，这显然是对下一轮的赛事举办提供了保证。

五、体育赛事对城市发展的作用与影响

根据事件理论及结合文献综述，体育赛事对城市各方面的影响是深远的，包括政治、经济、文化、教育、体育、交通、城市形象、城市空间等。限于研究目的，我们不必纠缠体育赛事对城市发展影响的每一个细节指标，而是要抓住其中几个核心的要素来进行深入分析，就像城市触媒体所蕴含的意义一样，通过核心要素来认识体育赛事对城市发展的影响。

（一）体育赛事对城市影响的基本特征

体育赛事是围绕一系列目标而进行的复杂活动，需要在一定时间节点内投相应的资源，是一种客观经济社会活动与人为组织干预的复合体。体育赛事影响的产生不仅和它本身所具有的特征有关，也与赛事的组织过程有密切的联系，具有以下几个方面的特征：

第一，体育赛事的影响受赛事本身的限制。体育赛事本身的类型、规模等是其影响效果产生的先决条件，不同层次，不同类型的体育赛事所需投入的资源不同，其吸引力也不同，对举办地产生的影响必然有所差异。规格越高，规模越大的体育赛事对举办城市就可能产生越大的影响，国际性体育赛事产生更重影响的概率要大得多。如奥运会的影响力也显然大于亚运会、全运会。

第二，体育赛事的影响很大程度上受主办地对赛事的组织与投入方式的决定。作为有组织的人为活动，体育赛事必然受到人为干预的控制，同时，也必然受到主办地经济、社会环境因素的影响。同类型同级别的赛事由于举办地不同、组织投入方式不同，所产生的影响也不尽相同。如果举办地各方面条件较好，举办地不必投入较多资源，比如不需要新建场馆、城市基础设施方面进行大规模投资，或者，举办地受当地经济社会条件限制，无法投入更多的资源，那么赛事所产生的影响通常就会小，反之体育赛事所产生的影响就会大。

第三，体育赛事的影响具有阶段性特征。体育赛事包括了赛事的申办、筹备、发生、结束的过程。在此过程中，赛事的影响也隐含着一条随时间变化而变化的线索。根据斯帕罗对事件影响阶段的划分，可以将体育赛事的影响分为赛前、赛事举办期间、赛事后三个阶段。城市在获得大型体育赛事主办权之前的时段，城市处于一种然的发展状态，按照原有的节奏运行。在获得主办权之后，由于赛事将会发生的预期出现，赛事影响开始显现，而围绕赛事所进行的规划与策划也开始运作。随着围绕体育赛事的各种经济社会过程的不断推进，其影响也逐渐上升，各种投资、城市建设的高峰出现赛事预期发生到正式发生之间的筹备期内。在体育赛事举办期间，举办城市吸引了区域内外乃至全球的目光，世界各地的人蜂拥

而至，在参与事件的过程中，吃、穿、住、行、娱等消费因素继续推动主办地国民经济发展。赛后，"低谷效应"也可能随之发生，但各举办城市会利用赛事余热吸引类似经济活动的开展，继续刺激投资与消费，保持经济的快速发展，余热过后，随着消费能力的恢复，"低谷效应"逐渐消失。

第四，体育赛事的影响具有多位性特征。作为一系列活动的综合体，体育赛事对于主办城市的影响无疑是多维的。用"多维影响"概括体育赛事影响的特征，列出所有可能发生的潜在影响，包括财政收入、经济影响、旅游和国际市场营销、基础设施、城市土地利用结构、环境影响、科技发展、人力资本、制度创新、政治资本、社会结构、文化与心理变化以及其他无形影响等。这些影响涉及城市经济、社会、政治、物质环境等多个方面。同时，从影响方式上，大型赛事的影响可分为直接影响和间接影响两方面；从影响时间上，可分为短期影响和长期影响；从影响性质上，可分为正面影响和负面影响；而从其影响的表现形式上，又可分为有形影响和无形影响。这些多样化的影响相互交织，作用于城市经济、社会、政治的时空过程之中，并构成城市物质环境的外在表现，反映到城市空间发展上。

（二）体育赛事对城市发展的影响

1.体育赛事对城市经济的影响

从传统的宏观主义经济学理论来看，促进城市经济增长主要涉及总供给和总需求两个方面。而体育赛事的经济影响主要是一种需求上的冲击，也就是说体育赛事涉及基础设施建设投资、场馆建设投资、旅游出口、商业服务贸易等需求的变化，通过直接效应和乘数效应来影响举办城市的经济产出。许多学者对体育赛事对城市经济的影响机理做了大量研究，提出了如城市经济增长效应、产业结构效应和城市品牌效应，关联效应、乘数效应、旅游效应等，其实质就是经济增长。为此，本文主要从以下方面探讨体育赛事对城市经济发展的影响途径。

（1）体育赛事对城市投资的影响。举办任何体育赛事都需要相关场馆设施、基础设施、道路交通、通信等服务予以配套保障，并达到特定标准。根据国际体育组织对奥运会申办城市的评价标准，必须满足以下11个方面的条件，分别是：①政府的支持和公众观点；②基础设施；③竞赛场馆；④奥运村；⑤环境条件；⑥住宿；⑦交通；⑧安全；⑨以往赛事经验；⑩财政预算；⑪概念设计。这些评价指标中对城市的基础设施、场馆、交通、环境等方面提出了明确要求。显然，这对没有举办赛事经验的城市来说，就需要投入大笔的资金去兴建和完善相关设施，以满足举办条件。从体育赛事投资项目的属性对这些投资进行归类，我们可以把体育赛事举办所必需的场馆设施投入称之为赛事直接投资，而把因体育赛事举办对城市的基础设施、道路交通、环境改善等方面的资金城市为赛事间接投资。

不过近年来出现了一种明显的趋向，就是城市借助体育赛事举办之机，对城市的基础设施和环境改善等进行大规模投资。这种现象被称为"催化剂综合效应"。所谓"催化剂综合效应"就是指"举办城市把举办体育赛事的机会作为自身发展、恢复发展或是建设并不是赛事所必需的城市基本设施建设的催化剂，或称之为触媒"。

由于体育赛事筹办的需要和城市催化剂综合效应的存在，体育赛事举办城市的投资需求，尤其是与赛事相关的间接投资出现大幅度的增长。从1972年至2020年历届奥运会所涉投资情况来看，在这12届奥运会里，除了1984年洛杉矶奥运会，其他奥运会的直接投资和间接投资都超过了10亿美元，巴塞罗那奥运会投资最大高达91亿美元。

一般来说，体育赛事的等级越高、规模越大，所激发的投资需求就越大。正如经济学中的大推进理论所阐明的，如果投资是分散，且一点一点地进行，它难以对经济增长产生明显的影响。而一旦投资规模较大，且较为集中，就能够实现经济增长的持续目标。显然，至少从奥运会举办城市的投资来看，都是集中且大规模的，这自然会对举办城市经济产生推动作用。

（2）城市旅游消费的增加。一般来说，体育赛事举办期间消费增加的部分主要由赛事旅游者贡献的。体育相关旅游者的到来，扩大对城市住宿、交通、娱乐、购物等方面的需求，这种引起城市消费增加的现象称之为体育赛事旅游效应。体育赛事在城市发展中扮演着极为重要的角色，如吸引物、形象塑造者。对体育赛事来说，像大型体育场馆、购物中心、主题公园等静态的物理环境是不能缺少的，但体育赛事的吸引力并不必然依赖这些物理环境，体育赛事的产品质量、服务态度和娱乐氛围也是很重要的因素。而且，在时间和空间上，体育赛事可以将城市的其他旅游吸引物集聚起来，或者与其他旅游吸引物相结合，共同呈现在旅游者面前，可以提高城市的整体吸引力。

体育赛事必然伴随着赛事的旅游。赛事旅游者大致可以分为两类，一类是由运动员、教练员、组委会成员、媒体记者、裁判员等组成的群体，体育比赛的性质决定了他们是非参与不可的正常旅游者，而体育赛事的大规模决定了大多数旅游参与者来自城市以外的地方或国家，因而这类群体的旅游消费是刚性。另一类是感受到赛事的魅力、运动员的魅力或借赛事之名来欣赏城市风景的旅游者，我们称之为引致的赛事旅游者，因而这类群体的旅游消费是具有弹性的。赛事旅游者群体的大小直接决定了旅游消费的多少。因此，举办城市要想通过体育赛事扩大城市旅游消费，则必须通过各种营销手段，来吸引这些具有弹性的旅游者。

（3）城市产业结构的优化。产业结构作为以往的经济增长的结果和未来经济增长的基础，对城市的经济发展和竞争力提升起着至关重要的作用。配第—克拉克定理清晰地阐明：随着经济的发展，第一产业的就业人口比重不断降低，随着第二、第三产业就业人口不断增加，也就是劳动人口从第一产业向第二产业、第三产业不断转移。在当前各经济部门中，存在着前向、后相联系，并由经济技术联系而形成的一系列的连锁过程。产业波及是国民经济体系中，按照不同产业关联方式，产业部门引起直接相关的其他部门的变化，然后再进一步导致与直接或间接相关的其他部门的变化，直至影响力的消解过程。产业波及是体育赛事对城市产业结构影响的直接原因。

由于体育赛事具有广泛的产业关联性，且相关联的产业在国民经济中都是第二、特别是第三产业的，因而，体育赛事对城市产业结构的优化升级具有一定的推动作用。从内部看，体育赛事的举办可以促进城市体育产业内部结构的优化升级；从外部来看，体育赛事对相关产业的关联和波及可以推动城市产业结构的优化升级。鉴于体育产业也包括在国民经济行业中，因而本研究重点关注体育赛事的外部结构效应。

从外部结构效应来看，体育赛事产业与城市的三次产业都有广泛的关联关系。与体育赛事相关的商业服务、金融业、旅游业、文化产业等许多产业都属于现代服务业的范畴。因此，体育赛事的产业关联和波及效应既可以促进城市第三产业的发展，也可以促进第三产业的内部结构优化。同样，体育赛事举办过程中，需要场馆及基本设施建设，竞技场凝聚着现代科技的智慧，体育服务、体育器材、信息系统等都对科技有着很高的要求，体育赛事无疑会对第二产业尤其是科技含量较高的制造业也有明显的推动作用。相对于第二产业、第三产业的影响，体育赛事对第一产业的影响主要表现为加速城市化进程，降低农业就业人口的比重。体育赛事所需的场馆数量众多，考虑到土地的级差地租和城市发展的整体规划，许多场馆设施都兴建于城市郊区，甚至偏远农村地区，随之农村城市化，农村剩余劳动力向第二、第三产业出现转移。

从产业关联的方式来看，体育赛事通过前向、后向和横向关联与城市其他产业形成广泛的联系和波及效应。体育赛事的前向关联是指体育赛事作为中间产品的形式提供给下游产业，涉及媒体产业、娱乐业、出版业等行业；体育赛事的后相关联是指向体育赛事提供投入品的产业，包括体育场馆建筑业、体育器材、体育服装制造业，为赛事提供服务的经纪业、教育服务业等。体育赛事的横向关联指不与体育赛事直接发生联系，但又能支持体育赛事正常运行的行业，包括旅游业、宾馆业、交通运输业等行业。

体育赛事能对优化城市产业结构，这点在许多赛事中得到过证实。如2012年伦敦奥运会为伦敦的产业带来了很大影响，对就业影响最大的几个产业分别是：体育设施业、宾馆业、商业服务业、饭店业、建筑业等；对总产出影响最大的几个产业分别是：商业服务业、体育设施业、物流业、建筑业等。尽管这些产业和我国产业的名称不是一一对应，但从我国产业结构的划分标准来看，2012伦敦奥运会对第二、第三产业的影响，特别是第三产业的影响是最大的。更本质地讲，体育赛事产业本身就是属于第三产业的范畴，体育赛事产业的繁荣必然会增加第三产业在城市经济中的份额。

通过以上分析可知，体育赛事因其具有高度的产业关联和波及效应，能够推动城市经济的发展，但也必须认识到能够举办体育赛事的城市是需要具备相应的产业条件的。没有不能清楚地认识到这一点，城市选择体育赛事很有可能带来则是负面效应。

（4）带动相关产业的发展。体育赛事产业与超过30个行业相关，作为综合性的产业具有很强的关联带动作用。体育赛事的发展对其他产业的发展也有一定的推动作用，同时还能够优化城市产业结构：①体育赛事产业能够直接促进旅游住宿业及餐饮业的发展。②体育赛事产业还可以促进交通运输业的发展，通过刺激旅游业的兴起，进而增加了交通运输业的需求量，也对交通运输业的技术提出了更高的要求。③体育赛事产业对建筑工程及其相关行业具有促进作用。举办体育赛事的前期准备工作，需要兴建体育场馆、扩建道路或者机场等配套工程，这些对建筑业及其相关产业的发展提供了大量的机会。④体育赛事产业对城市艺术品生产工艺、博物馆等展览业、农副业等的发展具有带动作用。体育赛事需要大量的消费活动，包括农副业如食品、果品及饮料等的消费；而另一方面，观众对当地特产及纪念品的需求，可以促进工艺、美术及商业的发展。

2.体育赛事对城市社会的影响

（1）城市文化与城市形象。作为具有多个层面内容的人文事件，体育赛事无疑对城市具有重要的社会文化价值，主要表现在城市文化、城市形象两个方面。城市文化是指城市居民在城市发展过程中形成的意识形态和与之相适应的制度和组织结构，以及意识形态、制度和组织结构影响下的物质财富。概括地讲说就是城市精神文化、城市制度文化、城市物质文化。而体育赛事对城市文化的三个方面均有影响，分别表现在城市体育建筑文化、城市居民生活方式、城市竞争精神文化。体育建筑是体育赛事对城市文化影响最直观的方面，也是最基础的物质文化形态。体育场馆通常以各种独特的艺术造型和色彩来诠释体育运动精神，渗透出的体育竞争精神，与社会文化心理共同形成了一种复合的文化形态。

在经济全球化背景下，城市之间面临着竞争与合作，而竞技运动所蕴含的竞争精神就是竞争与合作，这与现代城市发展理念是非常契合的。体育竞技中体现出的"团队合作""顽强拼搏""永不放弃""公平竞争"等运动精神，既有利于城市人才的培养和塑造，也能在城市内营造一种积极向上的行事规范和道德准则。

体育赛事的举办也让市民们不仅从精彩的赛事中欣赏到竞技的本体美，还能让市民们深刻地理解体育的内涵和健康的宝贵。当体育成为市民的一种生活方式的时候，既能丰富他们的精神生活，也能改变人们的价值观念。

城市形象是城市景观、市民形象、政府形象的整体反映，包括视觉形象和感知形象。体育赛事的成功举办，能够为城市树立良好的形象，提高城市知名度和影响力。

视觉形象是指能够直观看到的城市物化形象，比如城市基础设施、道路、交通、住宅、商业区等。体育赛事的举办需要兴建大量的体育场馆和城市基础设施，这势必为城市营造一种"体育"的视觉冲击。而体育作为一种积极向上的文化形式，必将给城市视觉形象带来正面冲击。此外，体育场馆的规划选址及配套设施的建设能改善周边的环境，提升区域功能，进而改善城市形象。

感知形象是城市的内涵和特质，包括社会秩序、生活水平、经济环境、文化素养等。正所谓"知行合一"，感知形象的外在表现形式就是行为形象。在体育赛事的筹办和举办期间，城市政府为了保证赛事的顺利进行，充分展示城市的美好形象，都要求政府提高业务素质，全身心投入赛事筹备中。赛事的举办也要求广大市民参与进来，发挥志愿者精神，这无疑会让居民形成积极的态度、文明的社会风貌、良好的公共秩序和浓厚的体育氛围。

此外，体育赛事对城市形象的影响还表现在扩大城市影响力，塑造城市品牌上。主要通过四个途径：首先，在全媒体的时代，大量的媒体对体育赛事的追逐报道自然把城市展现在聚光灯下；其次，直接旅游者的口碑效应。大量的游客来观赛、感受赛事的时候自然会体验到城市的方方面面，他们的口碑效应对城市形象提升有着重要意义；再次，城市的广告和促销。在赛事筹备期间，政府还会组织一系列活动对城市进行推介；最后，间接形象传播。有许多人尽管没有来到城市，但是通过媒介资讯了解了城市，并向其他人传播。

（2）城市的影响力。影响力简单地说就是指影响的能力。对于城市而言，要想提升自身影响力，传播内容和传播渠道同样重要，两者关系密不可分，只有两者合作才能取得最大效应。城市既要顺应全媒体时代的传播趋势，整合资源进行全方位的曝光，也要创造积极的事件作为传播的内容。前国际奥委会主席萨马兰奇先生所说："世界上通用的语言有金钱、战争、艺术、性和体育，而唯有体育能把前面四者融合起来。"体育作为一种文化现象，突破了肤色、宗教、民族、疆界、性别、年龄等方面的限制，而被人称之为"现代宗教"。体育赛事是人类物质文明和精神文明的成果，能够被人类共同接受，以至于国际奥委会成果的数量超过了联合国的数量。可以说体育赛事是一门世界通用的语言。它现已成为城市竞争争夺发展机会的重要手段。

当体育赛事在城市发生的时候，任何媒体为了争得更多民众的关注而无法忽视体育赛事在城市中的存在。体育赛事能提升城市影响力的原因就在于，首先是体育赛事本身就是一件具有营销价值的事件，能受到传统媒体和新媒体的广泛关注；其次，体育赛事的高观赏性、高娱乐性能够吸引民众通过新媒体如互联网自发地对其关注，也能通过传统媒体的传播，塑造城市品牌，进而提升城市影响力。

（3）提升城市知名度和国际影响力。随着各国间国际交流的增加和居民文化娱乐交流需求的剧增，大型国际体育赛事的举办日益增多，国际上各大城市也争相举办国际赛事，四年一度的奥运会举办就是最好的实例。城市通过奥运会的举办可以向全世界充分展示自己的优势和魅力，提升城市的国际知名度和产生一定的品牌效应，其他国际体育赛事同样有此功能，使全世界居民对举办城市有了全新的认识，国际影响力迅速扩大，城市的文化价值也得到提升。同时各个城市之间为了向全世界展示最完美的自己，必然会对城市进行整改修缮，如改善城市的交通条件、完善城市的公共基础服务设施、大力宣扬城市的文化底蕴、加大对城市古建筑和历史文化遗产的保护和管理、提高城市居民的整体素质等措施充分地将自己推销出去。同时城市在逐渐完善自我的同时也为自己争取其他国际赛事的举办权增添了筹码，城市发展和国际体育赛事的举办相互促进共同发展。

3.体育赛事对城市空间的影响

（1）实体形态：场馆及配套设施建设。体育赛事对城市空间的影响，首先表现在赛事顺利举办所需的大量场馆及配套设施的建设上。以奥运会为例，根据《2012年伦敦奥运会申办手册》的要求，夏季奥运会的举办必须提高的设施包括：为28个大类300多项比赛提供40个左右的正式比赛场馆和近百个配套训练场地；为超过1.5万名参赛人员提供多功能服务的奥运村；为至少1.5万名媒体记者提供信息服务的广播中心和记者村；还需要为世界各大体育组织和观众提供至少4万套旅馆住房。此外，还要能保证城市在交通、能源、通信、后勤和娱乐设施上有足够的容量来满足多达10万名的奥运会旅游者的需求。这对于任何一个城市而言，在短短几年内系统性地规划建设上百公顷的城市用地，其影响是不容忽视。

与此同时，城市还需要对城市道路交通、电力、给排水、通信及各类服务设施进行更新升级以满足赛事需求。例如，汉城（现为首尔）为举办亚运会、奥运会，其城市基础设施建设的投资比重超过了场馆设施的投资。汉城扩建了金浦航空港，并新建了8.2万的第二空港大厦；地铁也由1条扩建到4条，线路总长度达到116.5km；并对汉江周边进行了优化改造，建设了娱乐设施、公园和绿化带等。

城市的发展水平和竞争力取决于城市的基础设施水平，而城市基础设施的供给又取决于城市的有效需求。一般来说，城市对基础设施的需求是随着城市经济发展水平的提升而不断增加的。如果一个城市的基础设施投资慢于城市需求，就会拖累城市经济发展，从而丧失发展机会；如果城市基础设施供给超过了城市的有效需求，就会导致各类经济问题，甚至导致财政破产。而大型体育赛事的优势就在于能够提供一个巨大的外部需求，使超前的场馆及配套设施的部分建设成本能够迅速地回收，从而带动城市竞争力的迅速提升。

（2）空间形态：城市空间结构。当城市发展到一定阶段的时候，城市经济已经有了较高的程度，城市空间结构急需调整的时候，体育赛事所带动的相关建设为城市发展提供了平台。体育赛事的良性触媒作用能给城市建设带来积极的影响，包括新城建设和旧区更新。例如，巴塞罗那在承办奥运会期间将城市更新作为干预城市空间发展的主要战略，将80%的奥运会场馆集中于原有市区范围的四个赛区内场馆，绝大部分是在原有场馆的基础上改建而成，奥运村、博物馆、酒店等服务设施的建设也主要与旧城更新结合进行。"1+1"模式，是指城市跳出原有城市空间，结合设施建设开辟城市新区，城市空间进行整体重塑，并由此推动城市空间发展。例如，悉尼在承办奥运会期间在距离市区14千米的霍姆布什湾兴建了奥林匹克公园并使其成为城市新区；汉城也是选择"1+1"模式。汉城自20世纪60年代起就进入快速工业化时期，城市旧区拥堵、环境质量日益加剧。为了重新规划城市功能，同时由于首尔没有支撑国际性体育赛事的场馆设施条件，首尔跳出了汉江北部的旧城市空间，将大量体育场馆设施建设在汉江南部，并配套亚运村、新闻中心及公寓等。此后，汉江以南地区发展为商业繁华、环境优美的城市新区。

对于许多城市而言，通过体育赛事的相关建设来调整城市空间结构，往往会同时具有这两种模式的特征。至于该选择哪一种模式为主，这与城市的地理环境、发展阶段、经济条件有关，由城市特征的综合因素来决定的。

第二章 体育赛事与城市经济发展

　　我国著名系统学家钱学森院士认为，城市是以人为主体，以空间和自然环境的合理利用为前提，以积聚经济效益和社会效益为目的，集约人口、经济、科技、文化的空间地域大系统。与之相呼应，谢文蕙、邓卫在《城市经济学》一书中认为，城市经济是城市大系统中的一个子系统，它可划分为若干个部门（如生产部门、流通部门、服务部门等），每个部门又可再细分为多个行业（如工业、农业、建筑业等），如此层层分解，直至最基本的微观经济活动主体——企业。可以说，企业是城市经济的核心力量，也是城市竞争优势的基本体现。英国经济学家刘易斯（A.Lewis）提出的著名区域经济理论——二元经济结构理论认为，发展中国家并存着传统的自给自足的农业经济体系和以社会化生产为特点的城市经济体系两种不同的经济体系。相对于农业经济体系，城市经济以现代化的大工业生产为主，聚集着劳动生产率和工资率较高的工业部门，基础设施发达，人均消费水平较高。

　　究其本质来说，城市经济的本质特征在于其空间集聚性。城市因空间集聚而产生，因空间集聚而发展、壮大；城市的物质、经济结构既是空间集聚的结果，也是城市集聚的基础。空间的集聚自然带来了存在于空间内部各要素的集聚，最终由聚集的企业产生规模经济。

　　此外，在经济社会发展的不同阶段，城市经济有着不同的内容：在工业化阶段，城市经济是以现代工业为主要内容的经济；在信息化阶段，城市经济则是一种工业比重相对下降，而金融、贸易等第三产业迅速发展的经济。

　　综上所述，城市经济并不是一个严格意义上的专业概念，而是对伴随人类社会的发展而产生的生产关系和社会结构变化的一种表述。可以说，城市经济既带有时间属性又带有空间属性，它体现了生产要素高度聚集，工商业繁荣发展的时代特色；代表着由特定地域和特定人群构成的现代化的生活方式。

　　在芒福德对城市发展的描述中，也可窥见城市经济的特点。他在谈到从市场到市场经济时便认为，城市的发展总是与商业和工业发展密切联系着的，他说道，在巴洛克规划中表现出政治上中央集权的最高专制形式之前，经济力量已悄然地移到了重心位置。……17世纪时，资本主义已改变了整个力量的平衡。城市扩张的动力主要来自商人、财政金融和为他们服务的地主们。……只有到了19世纪时，城市扩张的力量，由于机器的发明和大规模的工业生产，才大大增强。

同时，芒福德也认为正是因为现代工业的机械化程度不断提高，有机体的自然生长被渐渐剥夺，机体逐渐变得越来越脆弱。在这样的环境下，以游戏和娱乐形式存在的体育便应运而生。然而，在一个重商主义时代，商人自然不会错过一切赚钱的可能，体育赛事便逐渐从游戏发展到适应商业与工业高度相容的社会产品，从单一娱乐性的俱乐部发展成为具有商业价值的竞赛产业的一个组成部分，如美国的四大职业联赛、英超及各个俱乐部等。体育竞赛产业及产品便随着城市化的进程发展起来。

在城市间的竞争不断升级的环境下，体育赛事在当今社会已经成为一个城市的商品存在着，同时还具有传播载体的功能，特别是由于传媒技术的发展，体育赛事与城市经济相互间产生着不可替代的作用。经济学中的总供给一总需求模型便可以证明这种作用真实存在且随着时代的发展越发显著。

讨论经济学问题时，供给曲线和需求曲线是最重要的分析工具之一。相应地，考察一个经济体的宏观经济状况时，总供给曲线和总需求曲线是宏观经济学重要的分析工具，也是理解宏观经济学中的一些重大问题的基础。总供给一总需求模型以总供给曲线和总需求曲线为基础对经济状况加以解释，是研究产出波动以及决定价格水平与通货膨胀率的基本宏观经济工具。在总供给一总需求模型中，总需求是经济社会对产品和劳务的需求总量，由消费需求、投资需求、和净出口构成，其中消费需求包括居民消费和政府消费；总供给是经济社会所提供的总产量，即经济社会投入的基本资源所生产的产量，其中，基本资源主要包括劳动力、生产型资本存量和技术。总需求曲线表示产品市场和货币市场同时达到均衡，使得价格水平与产出水平的组合是一条向右下倾斜的曲线。

体育赛事产品作为城市产品集合中的一类，其供需变化以及价格水平受到城市经济的影响和制约。

第一节　城市经济水平为体育竞赛产业发展奠定基础

体育赛事与城市关系的产生和演变是城市生产关系变革的结果，是城市自身发展在特定领域的缩影，也是不同历史时期城市内部与外部供求变化的体现，可以说，城市的经济发展是体育赛事与城市关系产生的初始动力，并维系着两者关系的延续与升华。对任何一项产业而言，发展的基础都是生产要素，即用于生产物品与劳务的投入。随着人类社会的发展，生产要素不断丰富。其中与体育竞赛产业发展关系最为密切的是资本和劳动，城市经济为体育竞赛产业的发展不断提供这两样必不可少的生产要素，并通过它们，影响城市生产体育赛事产品的规模和水平。

一、城市经济为体育赛事提供资本支持

（一）城市的经济实力决定着体育赛事产品的生产规模

林毅夫教授在《论中国经济 挑战 底气与后劲》一书提到，重工业是资本高度密集的产业，具有三个主要特征：建设周期长；关键技术、设备需要从国外进口，自己无法生产；每个项目一次性投入非常大，动辄上百亿甚至上千亿。而本研究认为体育竞赛产业是文化产业中的重工业，因为，无论是北京奥运会还是广州亚运会，其投资都远远不止千亿；而且，其竞赛主体——运动员都必须是全世界最优秀的选手，培养每一位选手所投入的资金都不菲。同时，城市交通、场馆建设、酒店设施等硬件和软件的投入周期都很长，从这一点来讲，几乎没有一个文化产品像体育赛事一样需要如此巨大的投入，体育赛事的投入甚至超过一些典型的重工业企业的投入。可以说，一个城市要想做好或者说能够达到这种生产和销售能力，没有一定的经济实力是不可想象的，这也是那些申办奥运会、足球世界杯、洲际运动会等大型赛事的城市不断强调自身经济实力的原因，从申办报告的撰写到安排赛事组委会官员的实地考察，每个城市都做足了工作。

奥运会作为全球赛事的制高点很好地体现了这一点，在北京申奥报告的第一卷中提到，北京的快速发展，不仅为举办奥运会提供了财力保障，也为奥运会市场开发创造了条件。每年数十亿、上百亿美元的基础设施投资，大大改善了北京道路、电信、环境等方面的条件……北京的经济实力有目共睹，再加上举国办奥运的政策倾斜，北京无疑成为奥运会主办城市最有力的竞争者。

（二）城市的经济实力决定着城市体育赛事产品的生产水平

体育赛事产品的生产水平主要体现在产品数量和影响力上，尽管目前我国体育竞赛产业还不成熟，很多赛事还不能算作真正意义上的产品，但是为了便于研究，还是将目前国内举办的赛事视为产品。本书正是基于赛事数量和赛事影响力两方面进行了大量的数据统计和分析。数据来源和选取的过程如下：

根据国家体育总局的年度《全国体育竞赛计划》并结合实际举办情况，统计了2009—2011年度有官方记录的，举办过国家级及以上级别，专业、青年及成年比赛，以及拥有顶级球类联赛俱乐部的城市及各自举办赛事的数量（之所以选择3

年的数据，是因为对于举办赛事数量这一数据来说，一年的数据有偶然性，不足以反映客观情况，因此，统计了从北京奥运会之后的2009年到2012近三年数据），共计244个城市，但是其中5个城市只举办了国内联赛而没有其他赛事，因此没有计算在最终结果内，实际统计了239个城市的数据。其中，直辖市4个，副部级城市15个，地级市219个，省直辖县级市1个。由于职业联赛的赛程和赛制与综合赛事及单项赛事不同，所以联赛赛事场次没有记录在3年举办赛事总数里，而是单独将2010年联赛场次做了统计分析，此项数据是根据对各联赛赛制和赛事俱乐部数量综合统计而得；每个城市的人均GDP是根据地区总产值和第六次人口普查结果计算而得；其他数据是根据各个城市统计局网站上公布的该地区《国民经济和社会发展公报》以及统计局网站上的其他相关信息汇总而得。其中GDP选取的是2010年的数据，因为，城市GDP的排名具有相对稳定性，所以一年的数据可以代表城市间的经济实力对比情况。

此外，需要强调的是，举办赛事数量的单位是项次而不是场次，比如广州举办了2010年亚运会，这一赛事被计为1项次，而不是计算了在16天的比赛周期内所进行的全部项目的比赛场次，因为按照场次计算的结果会产生极端值，影响结果的公正。即便如此，所统计的数据由于是人工搜集整理的结果，难免有误差，但误差范围不足以影响最终结果。以下是具体的分析结果，首先，从数量看：

1.总体走势

将城市按照GDP从高到低排列可以看出，代表举办赛事数量的整体走势和GDP的走势近似，说明GDP总量越高，举办赛事数量越多，两者是正相关关系。其中GDP排名前30的城市举办的赛事数量共计1430项次，占到全部239个样本城市赛事总量的55%，而GDP排名前10的城市举办赛事总量又占了排名前30城市的64.1%，可见，中国的赛事资源集中在这些经济实力较强的城市中，经济实力对体育赛事的影响显而易见。

上海和北京是所有城市中，仅有的两个举办赛事数量突破100项次的城市，优势明显。他们是中国城市发展的两面旗帜，很多大赛落户于两地，正是他们经济实力的有力证明。特别是北京，城市GDP的总量排名第二，赛事总量却位于第一，超过了上海。除了作为首都的政治优势外，北京以奥运会为契机，修建了六大体育服务产业集聚区，体育综合服务产业集聚趋势形成，并积累了举办大型赛事的经验，体育场馆、体育人才等相关软硬件设施相对齐全，具备了提供高质量的体育赛事产品的能力。

苏州的GDP仅次于北、上、广、深这四个一线城市，屈居第五位。2009—2011年举办的赛事仅次于北京和上海，位居第三位。这与苏州良好的区位优势和经济文化水平有很大的关系。苏州所属的江苏省是中国经济最发达的省份之一，苏锡常经济圈更是中国最具实力的城市群之一，这便为体育竞赛产业的发展提供了雄厚的物质保障。苏州除了积极举办各种体育赛事外，还有着良好的群众体育基础，拥有包括苏州市体育专业运动队管理中心在内的6个体育学校，苏州市体育中心等6处大型体育设施，31家体育社团，以及35家体育类俱乐部。

下面对27个省会城市进行分析，发现同为省会城市，但是经济上的差距造成了彼此间体育发展水平的差距。在GDP排名相对靠后的城市中，昆明、南宁、贵阳、海口举办赛事数量较多，这几座城市有一个共同的特点，他们都是旅游城市，因此拥有独特的自然风光和人文景观，容易吸引赛事落户。同时，体育赛事产品与旅游产品的契合度很高，品牌联合效应的作用比较明显。

哈尔滨、长春举办赛事数量也比较多，这些赛事中，多半是冬季项目，由于冬季项目（特别是其中的室外项目）对自然环境有严格的要求，而目前国内能够满足要求的大城市不多，所以为他们创造了足够的机会。另外，长沙、石家庄、南昌三座城市的经济在省会城市中处于中游水平，但他们举办赛事数量却在同档城市中排名倒数，这已经不是经济学可以解释的问题，毕竟城市的经济水平只是反映了城市举办赛事的能力高低，但最终是否会举办，举办多少赛事还要受城市的人文环境及城市发展战略的影响。

将城市分别按照人均GDP、工业总产值、农林牧渔业总产值和第三产业所占比重从高到低排列，与赛事数量对比进行分析。可以看出除工业总产值外，其他几组数据与赛事数量之间没有明显的相关关系，但也呈现出一些特点，人均GDP与赛事数量没有关系，主要是因为，中国办赛事以政府出资为主，且举办城市的居民很多时候对举办的赛事参与度不高，且赛事往往与举办城市的文化属性不合。同时，一些城市由于其发展战略的重心或是城市特点决定了在短期内，城市体育竞赛产业发展水平处于比较低的阶段。比如我国的一些能源城市，典型的有大庆、鄂尔多斯、包头、东营、克拉玛依、阿拉善盟，其中前4座城市的GDP排名分别是34、39、41、43，更加突出的是6座城市的人均GDP占据了全国排名的前6位。丰富的石油、煤炭、天然气等资源是经济发展的动力保证，同时也成就了6座城市的快速发展。与经济发展相反的是，他们举办赛事的数量并不多，因为这几座城市形成历史较短，且靠能源起家，与那些历史悠久的城市相比缺乏文化积淀，文化产业相对落后。而且有的城市地理位置不佳，自然环境较差。通过这一点也可以说明，经济的发展不是简单的数字，也不仅仅是某一领域的出类拔萃，而是一种平衡，整体与局部的平衡、人与自然的平衡、经济与文化的平衡。

对比还发现，农林牧渔业产值与赛事数量不相关，因为在前文中也提到了，城市经济是二、三产业繁荣发展的地域经济，且随着城市产业结构的不断完善，城市中第三产业比重将不断提高，农林牧渔业不是现代城市经济的支柱性产业，因此这一数据与代表城市文化的体育赛事自然不相关。北京的第三产业占GDP的比重超过了70%，与国内其他城市相比，北京的第三产业较为发达，文化氛围浓厚，体育竞赛产业发展的大环境优越，居民对体育赛事产品的需求较大，促使城市加大了体育赛事产品的供给。

2.从地域上看

全部239个举办过体育赛事的样本城市中，东部城市有89个，举办赛事数量总数为1676项次，占了全国赛事的64%，远远超过中部城市和西部城市，甚至远远超过后两者之和，虽然东部城市数量略多于中部和西部，但这并不影响最后的结果。按平均数量算的话，东部城市举办的赛事数量依旧远远超过中部和西部城市。此外，就场馆来说，三大都市圈，即京津冀、长江三角洲、珠江三角洲区域内省（市）所拥有的体育场（馆）设施数量在全国居于前列。第四次全国体育场地普查资料显示，我国体育场地设施在地区分布上主要集中在东中部地区，约占总数的80%，而西部地区占20%左右。为此，包括三大都市圈在内的东南部地区城市，尤其是大城市，拥有场（馆）数量比重最大，相比其他省（市）更具备发展体育竞赛产业的硬件条件支撑，能够满足规模生产体育赛事产品的要求。中部和西部差距不大，无论是赛事总量还是GDP总量，西部都略高于中部，这与西部大开发的国家战略以及西部丰富的资源有关系，这一结果也印证了城市经济总量和赛事数量的正相关关系。

3.全国城市举办联赛赛事数量和城市发展关系分析

对联赛单独分析是因为联赛是未来我国建立体育竞赛产业的基础，也是各个二、三线城市有望打造自己有影响力俱乐部的基础。联赛数据是根据在中国大陆地区举办的足球、篮球、排球、乒乓球4个项目，2010—2011赛季各城市一线职业队伍的比赛即中超、女足联赛、CBA、WCBA、排球联赛A组，乒乓球超级联赛数据统计而得。

同样，将城市按照GDP从高到低排列发现，联赛赛事数量和赛事总量的整体走势与经济走势相似，城市GDP整体不高的，赛事总量也都不高，各项数据差距不明显。

目前，上面提到的四个项目的顶级职业联赛俱乐部共108支，2010—2011赛季在全国76个城市进行了共计1118场比赛，其中，某些俱乐部不在主场比赛或者是在出资方所在城市进行比赛，比如女足联赛不是主客场制，而是集中起来进行分赛区比赛，也就是说赛事举办地和俱乐部的归属地不相关。另外，由于很多乒超俱乐部的主场不固定，比如浙商银行男子乒乓球俱乐部第一阶段的8场比赛分别在8个城市进行，这种现象和城市经济关系不大，主要和银行的市场营销行为有关，或者说是为了满足银行的市场营销需求。同样，锦州银行俱乐部在4个城市的6个体育馆进行了第一阶段的比赛，这些城市只是承办了几场比赛，比赛场次已计入城市举办的赛事总量里，但俱乐部只能归属一地，鉴于这种情况，没有将乒超俱乐部统计在城市拥有的联赛俱乐部数量中。因此，除了乒超之外的88支俱乐部共分布在全国57个城市。其中有28个城市是GDP排名前50的城市，且这些城市拥有的俱乐部数量占了全部的64.8%。整体来说，中国的联赛俱乐部主要集中在经济相对发达的城市。

但是，在拥有足球、篮球、排球俱乐部的57座城市中，也有一些城市GDP排名并不高。一方面，这是由我国竞赛体制所决定的，全国很多地方都有体校和体工队，而最初的俱乐部就是由原省、市体工队或者体校改制而成，以事业经费为基础经费；另一方面，只要当地有愿意出资赞助的企业，特别是大的国企，那么俱乐部就可以生存。比如四川的凉山州，GDP排名140，拥有一支女足俱乐部四川剑南春；辽宁辽阳，GDP排名148位，拥有一支女排俱乐部辽宁华晨汽车；河南济源，GDP排名212位，拥有一支女篮俱乐部河南豫光金铅，这三支球队的赞助商都是国企。目前，国企是中国联赛俱乐部赞助商的重要力量，也就是说，联赛产品的生产不完全是市场行为，很多时候都是政府行为，尽管国企作为企业赞助一支或几支俱乐部的行为毋庸置疑，但是如果这背后是政府的手在操控，那么联赛生产的就不能算是赛事产品而应该是政府的公共服务。

总体来说，国内的职业联赛发展水平普遍偏低，城市所孕育的联赛市场容量有限，甚至可以说，目前我国没有一个真正市场化的俱乐部，高水平的球员资源有限，且各个俱乐部的选手基本属于各个省或直辖市的行政管理，甚至现在商业运营程度很高的中超球员及俱乐部、CBA及球员基本上也受所在协会的事业体制管理。同时，由于我们现有的三级训练网的基本体制，经济落后的城市运动员的整体训练水平自然就低，再加上整个城市的体育场馆极度匮乏，训练技术及手段也相对落后，所以参与国内联赛的俱乐部水平高低不一，差距很大。

尽管目前国内一些联赛俱乐部因为高水平外援的引进，在一定程度上提高了赛事的观赏程度，一些场次的上座率、收视率都很高。但总体而言，大多数城市的经济发展水平还不足以支撑联赛市场的正常运作，人们的生活水平与生活方式与发达国家仍有很大差别，居民消费联赛产品的能力不强，需求不足，市场容量较小，这也是为什么很多城市只有一支俱乐部的原因。以篮球项目为例，美国的NBA共有30支球队，而作为中国顶级篮球联赛的CBA只有17支球队。此外，欧美国家的很多城市所拥有的顶级职业俱乐部的数量要超过中国，且职业化水平很高，这些俱乐部不仅仅是集中在纽约（拥有9支顶级联赛俱乐部）、伦敦（仅是足球俱乐部就13家，其中更是包括了5家英超俱乐部，其中还有切尔西、阿森纳这样的欧洲豪门）这样的超级城市中，很多中小城市同样拥有若干支俱乐部，这些城市人口大多不足百万，比如美国的丹佛市拥有4支顶级联赛俱乐部。可见，经济的差距导致了中国与发达国家职业联赛发展水平的差距。

其次，从赛事产品的影响力来看，体育赛事产品的影响力主要取决于受众关注度（除了与产品本身的质量有关外，还受到主办城市及国家传统文化以及人们对该赛事产品的熟悉程度的影响）。受众关注度，某种意义上来讲就是该赛事产品在消费者中的影响力，我们通过电视的收视率可以基本了解，各级别赛事通过强弱势传媒所产生不同的传播力和影响力。总体而言，由于大多数国际赛事的赛事水平相对较高，国内电视观众对于那些国际赛事，特别是高水平的顶级赛事，比如奥运会、世界杯、洲际运动会，单项世锦赛、网球大满贯等关注度更高。当然人们也会关注所属城市俱乐部参与的国内联赛。

（1）国际和国内（全国性）赛事的比例。国内赛事是指全国性的赛事，将GDP总量排名前五十和五十之后的城市举办的国际和国内赛事进行对比，发现前五十的城市举办的国际赛事占到总数的35%，高于50名之后的城市（比例为21%），而其中GDP排名前十位城市举办的国际赛事更是占总数的41%。因此可以得出结论，GDP排名越靠前，越具备举办国际赛事的能力。特别是上海，作为GDP总量排名第一的城市，他举办的国际赛事占全部赛事比重的47%。除经济因素外，还与上海的国际化大都市定位有关系。引进国际性的大型展会及赛事就是围绕这一定位所开展的有效措施，比如2004年，上海成为；F1这一"烧钱赛事"的系列站之一，并于2011年期满时成功续约，同时还举办了2010年的世博会和2011年的游泳世锦赛等大型活动和赛事。

将城市按GDP从高到低排列，发现举办国际赛事的数量也符合GDP与赛事总量关系的规律，即经济实力越强，举办的国际赛事越多。事实上，举办国际赛事对举办城市的要求更加严格，因此，举办的国际赛事越多，说明城市生产的体育赛事产品影响力越大。

（2）受众关注度。对于体育赛事产品来说，电视长期以来被认为是最佳的传播渠道，在国内，CCTV-5被认为是体育赛事传播的最强势平台。现实是，赛事资源远远超过CCTV-5所能播出的量。所以，在众多的赛事资源中，CCTV-5会选择那些影响力较大的赛事进行播出，而实际上赛事影响力的大小还需要观众来检验，收视率就是观众的反馈，反映了观众对某一赛事的喜爱和认可程度。所以，在CCTV-5播出的，收视率较高的赛事，通常情况下，就是有影响力的赛事。

此外，2010年CCTV-5播出的全部赛事中收视排名前10的场次全部为广州亚运会的比赛，除此之外，排球、斯诺克、篮球、跳水等项目的收视率也一直不错。因此，对于城市来说，能否举办大型综合赛事是检验一个城市综合实力的标准之一，赛事的成功举办无疑是城市实力的证明，然而并不是所有的城市都只能通过举办大型综合赛事进行营销，那些群众基础好以及观众长期关注的项目都可以成为城市营销的不错选择，在此基础上可以在赛事级别和规模上有所突破，或者说好的项目加上高水平运动员或队伍的参与是影响受众关注的重要因素。

综上所述，无论从举办赛事数量还是影响力上看，经济发展相对较好的城市无疑占据了明显的优势，只有强大的资本才能保证赛事的高质量，也只有持续不断的资本支持才能使得城市有能力举办多项赛事，并从中获益。

二、城市经济为体育赛事发展提供人力资本

前文提到，劳动是体育竞赛产业最基础的生产要素之一，而人力资本则可以提升劳动生产率。所谓的人力资本，指的是劳动者通过教育和培训所获得的知识和技能。与物质资本一样，人力资本能提高国家或城市生产物品和服务的能力。城市获得人力资本有两种途径，其一是通过高于其他城市的工资水平吸引高素质劳动者定居城市，其二是通过进行人力资本投资，对劳动者进行教育、培训等。这两种获取人力资本的途径都需要城市的经济实力作为支撑。

（一）城市经济水平决定了工资水平

将城市 GDP 和职工平均工资的数据做对比发现，工资的整体走势和 GDP 基本一致，也就是说经济发展好的城市能够提供相对优厚的工资待遇，这无疑更容易吸引劳动者进入，特别是文化产业用工所需要的人才。根据国家统计局发布的2010年城市数据统计来看，全国城市中，职工平均工资排名前三的城市分别是上海、北京、广州，而这三座城市正是全国最大的劳务输入地区，能够吸引如此多外来务工人员，很显然是因为这几座城市能够带来更多的就业机会和相对较高的工资待遇。

（二）人才的培养需要经济的支持

生产体育赛事产品的专业人才包括体育赛事经营管理人员、运动员、教练员、裁判员、队医、营养师、体育传媒工作者等。他们的知识层面较为宽泛，涉及运动训练、赛事的组织管理、体育经纪、体育传播、体育科研等领域。

仅以运动员为例，优秀运动员培养成本，是指在运动员培养过程中所付出的各种耗费。具体指为培养运动员所付出的能以货币计量的人力、物力、财力的价值总和。优秀运动员作为特殊"产品"，其训练、培养过程可视为对其进行的生产、加工过程，包括从最初被选拔参加各级体校系统的业余训练，输送加入各级专业运动队（包括国家队），出成绩到退役的整个过程。而这一过程的周期很长，至少3~5年，有些项目甚至要超过10年才能培养出一名优秀的运动员。在如此长的周期内，需要耗费的成本也是惊人的。这些成本主要用于运动员的选拔、训练

和所有为此配置的场地器材等。因此可以说，运动员及其所得的奖牌是大量的人力、物力和财力积累的结果，其中财力的支持是关键。

除了专业运动员的培养外，体育产业也需要一些通用人才，比如从事管理、经营、信息技术等领域的工作人员，他们的培养比较常规，一般是按照目前中国的教育体系进行。

综上所述，城市经济不断为体育竞赛产业提供资本和劳动，进而决定了城市生产体育赛事产品的规模和水平。因此，体育赛事产品的生产不能违背经济规律。

有人说，体育是富人的游戏，时至今日，随着人民生活水平的不断提高，体育也不再是富人的专利。但是对城市而言，这句话仍旧具有时代意义，城市经济是体育赛事发展的基础，那些体育竞赛产业发展好的城市无一不是城市圈中的"富人"。在城市化进程不断加快的时代，中国的城市，特别是二、三线城市不能为了短期效益而一味盲目地举办赛事，必须认清城市内外部的供求变化，根据实际情况，量力而为。只有这样，体育赛事对城市发展的价值才能最大化地实现。

第二节　体育赛事推动城市经济发展

体育赛事作为人类社会发展的产物，与经济社会有着密切的关系。体育赛事在为满足人类自身生存发展的需要、吸收大量城市经济投入的同时，也在影响着城市经济的发展。随着1984年美国洛杉矶奥运会开创了体育赛事盈利记录以来，越来越多的人将目光集中到体育赛事对城市经济发展的影响上来。

考察城市经济长期发展问题常常涉及两个既紧密相关又有区别的概念，即经济增长与经济发展。在宏观经济理论中，"经济增长通常被定义为产量的增加，这里，产量既可以表示为经济的总产量，也可以表示为人均产量。经济增长的程度则通常用增长率来描述"。如果说经济增长是一个量的概念，那么，经济发展不仅是一个量的概念，还是一个质的概念。"从广泛的意义上说，经济发展不仅包括经济增长，而且还包括国民的生活质量，以及整个社会经济结构和制度结构的总体进步"。钱纳里对于经济发展的定义是"经济发展可被视为持续经济增长所必需的经济结构的一系列互相关联的变化"。总之，经济发展是反映一个经济社会总体发展水平的综合性概念。从经济增长与经济发展的关系来看，经济发展包括了经济增长，经济增长是经济发展的前提、基础和核心，没有一定的经济增长，就不会有经济发展。因此，在考察一个城市经济的发展状况时，对城市经济增长的考察就是必要的。

本研究考察城市经济增长的主要理论工具是总供给——总需求模型。第29届奥运会OGGI项目首席科学家方福前教授曾指出，从时效上分析，奥运会对经济的影响在短期主要是影响总需求，包括来自国内外企业的投资需求（支出）、居民和团体的消费需求、政府投资和净出口的增加；在长期主要是影响生产技术、劳动力的素质、基础设施和经济体制，从而影响总供给或生产能力。这一论述可以做一般性地延伸。也就是说，体育赛事对城市经济的短期影响主要体现在对总需求的影响，长期内，体育赛事对经济的影响应主要涉及总供给方面。

一、体育赛事对城市总需求的影响

经济社会的总需求的主要组成部分包括消费需求、投资需求以及境外需求，即居民消费和政府支出、投资、净出口。体育赛事对城市总需求的影响涉及这三个方面。

（一）体育赛事对消费的影响

消费包括居民消费和政府消费。居民消费是常住住户在一定时期内对于货物和服务的全部最终消费支出，政府消费是政府部门为全社会提供的公共服务的消费支出和免费或以较低的价格向居民住户提供的货物和服务的净支出。城市居民的消费是分散进行的，符合一定的经济规律。政府作为消费者，是各级政府部门、社会团体及其他公共事业部门作为一个整体进行的，在这种消费行为进行的过程中，占主导地位的不是经济规律而是政府的意志。因此，本研究主要讨论城市居民消费。

凯恩斯（Keynes）在《就业、利息和货币通论》一书中研究有效需求时提出总消费是总收入的函数，这一思想用线性函数形式表示为：

$$C_t = a + bY_t$$

式中，C_t 表示 t 时期的总消费，Y_t 表示 t 时期的总收入，b 即为边际消费倾向，衡量的是在每增加一单位收入中，消费增加的比重。在价格水平确定的情况下，影响居民消费的因素主要是收入和边际消费倾向：随着居民收入的增加，居民的消费支出也将增加；居民边际消费倾向提高，居民消费同样会增加。

体育赛事通过影响居民收入和边际消费倾向影响居民消费，具体表现在：首先，体育赛事组委会的部分支出直接用于主办城市市内外商品和服务的消费；其次，为筹办体育赛事投入的资金的乘数效应；再次，体育消费和引致需求也会增加本地居民的消费倾向，扩大消费；最后，大型体育赛事的承办有利于消费者信心增强，增加居民消费倾向。

1.赛事组委会的支出直接用于消费市内外的商品和服务

体育赛事在筹办过程中会产生巨额支出，支出中很大一部分直接用于消费主办城市市内外的商品和服务，如需要购买必要的体育、媒体、通信等设施、安保服务等，这些对商品和服务的消费具有一定的刚性，直接作用于总需求曲线，使总需求曲线右移。

奥运会作为世界上影响力最大的体育赛事之一，举办奥运会对主办城市的消费的作用非常明显。

2.体育赛事投入资金的乘数效应

体育赛事的举办需要巨额的资金投入，包括赛事组委会的支出、政府的基础设施投资等。这些资金流入体育产业部门以及与体育直接或间接相关的各个产业部门，形成居民收入，居民实际收入增加。居民收入有两种用途，消费和储蓄，其中居民边际消费倾向决定消费和储蓄的比例。

3.体育赛事的举办使居民消费增加

城市体育的发展伴随着体育消费市场的活跃，高水平体育赛事的举办和体育明星的参与更是大大促进了城市居民的体育消费。

体育消费对居民消费的影响并不局限于体育消费支出本身，消费者在进行体育消费的同时，会产生一些与体育消费相关的其他的消费需求。以观看体育比赛为例，观众到现场观看体育比赛，除了需要购买比赛门票，还会产生一系列的引致消费需求，包括交通、餐饮、住宿、保险、金融服务、邮电通信等。这些因观看体育比赛而产生的非体育消费的消费需求类似于经济学中的引致需求，会进一步刺激消费。

4.消费者边际消费倾向提高

根据凯恩斯的消费函数，在价格水平确定的情况下，影响居民消费的因素主要是收入和边际消费倾向。边际消费倾向在很大程度上取决于居民对未来的预期，也就是消费者信心指数。消费者信心指数是反映消费者信心强弱的指标，该指数综合反映并量化消费者对当前经济形势评价和对经济前景、收入水平、收入预期以及消费心理状态的主观感受，是预测经济走势和消费趋向的一个先行指标，是监测经济周期变化不可缺少的依据。消费者信心指数由消费者满意指数和消费者预期指数构成。其中消费者满意指数反映了消费者对当前经济生活的评价；消费者预期指数反映了消费者对未来一段时期经济前景发展变化的期望。

一个城市体育的发展，如职业体育的繁荣或大型体育赛事的承办向广大城市居民传递一种积极信号，包括政府良好的执政能力、体育赛事和城市的高曝光率、城市基础设施的完善、新技术及市外资金的引入等都将通过体育事件一一展现在城市居民眼前。城市居民对城市经济的运行信心增强，消费者信心指数由此攀升。消费者信心指数的攀升表明消费者对当前经济运行状况满意，且对经济运行前景看好。消费者这种心理预期会导致边际消费倾向提高，消费支出增加。

（二）体育赛事对城市投资的影响

体育赛事对投资最直接的影响主要表现为新建、改建、扩建体育场馆，与场馆配套的基础设施建设以及环境保护投资。

要举办体育赛事，城市的场馆、交通、通信、环境等基础设施都需要满足一定的条件，达到特定的标准。以奥运申办为例，根据国际奥委会执委会1992年向各申办城市颁布的《申办冬季奥运会和夏季奥运会的报告调查表》，一个城市申请主办奥运会，必须从以下十个方面创造条件：①社会政治稳定；②体育设施齐备；③有安全保障④交通便利和通信设施先进；⑤文化艺术发达；⑥城市的开放与现代化；⑦有经济保证；⑧城市美化和环境保护良好；⑨具有举办大型国际比赛的经验；⑩具有对体育赞助的潜在能力。这十个标准中，对城市的场馆、基础设施和环境等方面提出了要求。其中，体育设施齐备是申办的一个关键条件。申办城市的体育设施，尤其是将来举办奥运会使用的竞赛场馆，要相对集中，而且所处的地理位置、地质条件、气象气温等都与国际奥委会的要求相符。具体来讲，就是要建一个最现代化的奥林匹克体育中心。这个中心必须建有包括一座现代化的至少能容纳10万名观众的奥林匹克主运动场，以及与之配套的风格各异的其他比赛场馆、训练场馆和辅助运动场地。其中某些场馆应该达到主体结构现代化，设备器材先进，体育设施一流等各项要求。这样的体育设施条件对许多城市，尤其是没有国际大赛举办经验的城市来说，是不完善甚至不具备的，这就需要申办城市投入大笔的资金去完善城市的体育设施，以满足申办条件，保障赛事顺利举行。交通通信、城市环境等方面亦如此。

城市在筹办体育赛事时进行大规模的基础设施投资，满足申办条件、履行举办城市合同、保障赛事顺利进行是其最直接的动机，但并不是唯一动机。近年来出现一个明显的趋势就是城市借助体育赛事之机进行大规模的基础设施和改造环境等的投资，这种现象被称作"催化剂综合效应"或"催化剂综合征"。所谓催化剂综合征是指"主办城市通常把举办奥运会的机会作为他们发展、恢复发展或是建设并不是奥运会所必需的城市基础公路的催化剂"[1]。城市选择体育赛事尤其是大型体育赛事不仅仅是为了发展城市体育，还可能是为了达到一定的政治、经济或其他目的。也就是说，城市会借举办体育赛事的机会进行大规模的基础设施投资和环境保护投资，加快城市建设。这种"催化剂综合征"现象将会导致一种结果，即城市对体育场馆、交通、通讯、环境保护等方面的投资很可能会远远超出举办赛事所必需的。

城市在筹办体育赛事时，为满足申办条件、让赛事顺利进行，同时借举办体育赛事之机完善城市基础设施。因此，对基础设施和体育场馆不完善的城市来说，举办体育赛事能大大改善城市的设施环境，促进城市投资。因为筹办赛事产生的投资需求是刚性的，在遭遇经济危机时，主办城市的投资增长率也不会出现明显下滑趋势。

（三）体育赛事对净出口的影响

城市的净出口主要包括该城市产品、服务的输出和市外资金的流入，体育赛事对主办城市净出口的两方面都会产生影响。

1.产品和服务输出

城市举办体育赛事会吸引大量的体育迷和非体育迷到当地观看比赛或观光旅游。与比赛直接相关的游客包括参赛者（运动员、教练、代表队官员）、观众、赞助商以及媒体。此外，随着城市宣传的深入，铺天盖地的媒体报道以及主办城市国际美誉度的提升都将进一步吸引游客的到来。虽然增加的游客数量会在体育赛事举办的当年达到顶峰，但体育赛事在比赛前后的几年内，也会为主办城市带来络绎不绝的旅游客流。

大量游客在滞留期间在当地消费着各种产品和服务，包括交通、住宿、餐饮、娱乐、体育赛事纪念品等。游客的增加会给主办城市的经济创造更大的需求，游客的餐饮、住宿、交通以及比赛门票都会带来源源不断的收益。此外，由于这些收益在主办经济体内被再次消费，因此会产生额外的次生效应。这种"乘数效应"包括其他与比赛有关的本地企业的招聘与采购，以及受益企业的员工日常开支的增加。

2.外部资金流入

因体育引起的城市外部资金流入主要包括外地赞助商的赞助资金、出售给外地媒体的赛事转播权收入。体育赛事是天生的优质资源，它以其激烈、对抗、精彩与悬念吸引着观众，因此也吸引着媒体和广告赞助商。在一个相对健全的市场环境中，体育赛事组织方、媒体、广告赞助商三者之间的经济关系越来越紧密。

二、体育赛事对城市总供给的影响

总供给是经济社会所提供的总产量（或国民收入），即经济社会投入的基本资源所生产的产量。这里所说的基本资源主要包括劳动力、生产性资本存量和技术。宏观经济学中描述总产出与劳动、资本和技术之间的关系的一个合适的工具是生产函数。罗伯特·巴罗（Robert J. Barro）假定劳动为N，资本为K，总产出Y取决于投入的劳动、资本以及技术水平A，提出的生产函数为：

$Y=AF(K, N)$

根据巴罗的生产函数，更多的投入意味着更高的产出。也就是说，每增加一单位的劳动力即增加就业，或者增加资本投入，总产出的增加都是正的。而技术水平A也被称为生产率，A越高，则给定水平的投入所生产的产出也越多。

此外，经济社会中人力资本、产业结构等因素也会对总供给产生影响。在工业化社会中，工人的技巧和才能非常重要。通过学校教育、在职培训、健康投资与其他手段进行人力资本投资，可以增加经济社会的这种技能存量，其方式与实物投资导致的实物资本存量增加是相同的。曼昆（Mankiw）、罗默（Romer）和韦尔（Weil）在一篇颇具影响力的文章中指出，"生产函数中实物资本、非熟练劳动力和人力资本的要素份额各占1/3"。产业结构指的是三次产业在经济体系中所占的比例关系和经济联系。产业结构对于经济发展具有重要的意义，在经济发展过程中，产业结构优化会促进经济总量的增长，而经济总量的增长也会进一步优化产业结构。

体育竞赛产业作为体育产业的核心和重要组成部分，涉及国民经济的各个生产部门。城市举办体育赛事，会对城市中的就业、资本存量、技术水平、人力资本、产业结构等方面产生影响，进而通过这些因素影响城市经济的发展。

（一）体育赛事对就业的影响

关于体育竞赛产业的发展对就业的拉动的研究很多，但至今未达成共识，体育赛事对就业的影响仍是体育经济领域颇有争议的论题。其中，贝德（Baade）等关于职业体育就业效应的研究显示，"职业体育对就业的影响并不显著，即使短期内就业有所增加也大多是低薪的和季节性的工作，这对区域经济的发展不利"。这一研究的结果也受到了质疑。首先该研究主要涉及直接就业影响，如运动员、教练员、管理者和与运动队直接相关的雇员，或者安全人员和引座员。其次，这一经验模型不可能精确测量出职业体育的正外部性，毕竟，这种正外部性不仅局限于体育产业内部的直接就业效应，还涉及与体育竞赛产业关联的其他产业，如餐饮、住宿、旅游等产业。

综合前人对这个问题的研究，结合总供给——总需求理论，本研究认为，体育赛事对就业的影响取决于体育赛事主办城市的经济运行状况和劳动力市场条件。在主办城市的经济处于不充分就业和潜在产出水平之下时，体育赛事的举办增加城市的总需求，并以此促进城市经济增长和就业水平提高。在主办城市处于经济高峰时期，充分就业且产出位于潜在产出水平之上，此时因体育赛事产生的总需求增加会加大膨胀性压力，导致物价上涨、工资水平提高。在这样的情况下，体育赛事是否能促进城市就业取决于主办城市劳动力市场的供给弹性。在缺乏弹性的劳动力供给市场中，存在真实工资刚性的特点，尤其是向下的方向上的刚性更加明显，也就是说在面对体育赛事的需求冲击时，缺乏弹性的劳动力供给市场通过调节价格（工资水平），而不是数量（就业）来达到新的均衡，即体育赛事对就业人数没有影响。在富于弹性的劳动力供给市场中，均衡失业率低于缺乏弹性的劳动力供给市场，也就是说，面对短期内体育赛事对总需求的冲击，就业增加更为显著。

因体育赛事增加的就业可分为体育产业内部的就业岗位增加、与体育产业相关联的其他产业部门就业岗位增加。体育产业内的岗位增加包括短期就业岗位和长期就业岗位。短期就业岗位是指那些因为体育赛事"峰聚效应"而产生的临时性的工作机会，例如体育赛事旅游接待、体育场馆引座员、检票员等工作岗位；长期就业岗位是由于体育赛事而产生的长期的就业岗位，例如新建体育场馆维护、管理和运营等长期的就业机会。同时，体育竞赛产业与第二、第三产业中很多产业部门密切关联，包括建筑、餐饮、住宿、交通运输、商务服务、金融保险、邮电通信等产业部门。例如，城市举办大型赛事需要兴建大量基础设施，如体育场馆、交通设施、电信网络等设施，城市完善基础设施会刺激建筑、通信等行业的发展，这些产业部门的就业岗位也将增加。

（二）体育赛事对资本存量的影响

资本存量是决定一个经济体总产出的重要因素之一，资本存量增加意味着经济社会的总产出，即总供给增加。决定资本存量的因素有上年资本存量、本年投资和本年资本折旧，即：

资本存量=上年资本存量+本年投资-本年资本折旧

体育赛事对城市资本存量的影响主要通过赛事筹办期间的固定资产投资。如前文所述，城市举办大型体育赛事往往需要进行大规模的基础设施投资，包括两方面的内容：一是体育设施，包括设施齐全的体育场馆、健身娱乐性的体育中心和综合性的体育公园等；二是交通设施，合理、健全、便利、畅通的交通网络是体育赛事能够招揽众多观众的重要因素之一。

历届奥运会的举办都会有巨额的基础设施投资。此外，亚运会、全运会、城运会等体育赛事一样会促进主办城市的基础设施投资，增加城市的资本存量。

城市通过举办体育赛事完善城市体育设施，加大城市基础设施投资，这些大规模投资将增加城市的资本存量，为城市经济的后续发展创造有利条件。

（三）体育赛事对技术进步的影响

技术进步是推动社会经济发展的关键力量，经济学家很早以前就已认识到技术进步在经济增长中的巨大作用。经济学意义上技术进步，指的是技术水平有了变化和发展，表现为用较少的投入，能够生产出与以前同样多的产品。

现代的大型体育赛事，会对先进科技产生巨大的拉动作用。一次成功的大型体育赛事离不开各项高新技术的支持，如现代化、高科技的体育场馆、比赛的信息处理系统、赛事的决策管理系统、媒体转播信号制作等。毕马威在对悉尼奥运会成本效益分析报告中也重点关注了体育赛事给科技带来的收益。

（四）体育赛事对人力资本的影响

城市举办体育赛事可以通过提高劳动者素质，增加城市人力资本存量，提高劳动生产率，促进城市的经济增长。举办体育赛事对城市人力资本的影响主要表现在两个方面：①健身提升身体素质；②增加培训学习的机会，大型活动筹办经验积累。

体育赛事对城市人力资本的影响首先表现在提升劳动者的身体素质。工业及后工业社会，自动化工具广泛普及，人类的肢体和神经系统局部负担过重，生理机能逐渐衰退，身体素质下降。许多研究表明，影响现代人身体健康的主要原因是身体锻炼的缺乏。体育赛事通过教育和激励作用鼓励市民参与体育锻炼，增强市民的体育锻炼意识。体育赛事对市民锻炼意识的教育作用表现在运动员的榜样作用，体育赛事对市民锻炼意识的激励作用表现在形成重在参与的体育氛围，鼓励人们积极参加体育锻炼。另外一个制约城市居民参加身体锻炼的关键因素是体育场馆设施的短缺。城市为举办体育赛事，新建、改扩建大量的体育场馆设施，这些体育设施在比赛结束后会对社会开放，体育锻炼硬件设施的供给增加，方便市民进行体育锻炼。城市通过举办体育赛事，提高城市居民体育锻炼的意识，增加城市体育锻炼的硬件设施供给，从精神和物质两方面推动健身运动的开展，提高劳动者身体素质。

体育赛事还通过增加培训学习机会，大型活动、论坛、科学报告会等筹办经验积累提升劳动者素质。从体育赛事的申办到体育赛事的成功举办，这些对主办城市政府、体育赛事的组织者等都是难得的学习机会，这些学习机会将有助于城市劳动者素质的提高。学习机会主要体现在以下方面：一是因为举办体育赛事的需要，有关部门专门组织的培训，如奥运会等国际大赛都会组织语言等培训课程；二是从具体实践中所获得的知识及经验，体育赛事从申办到成功举办其中的过程十分复杂，还会涉及城市政府、体育赛事组织者、赞助商、媒体、参赛运动员等各利益方，参与其中的工作人员在整个过程中会学到很多在其他工作领域所无法接触到的知识，积累经验。

城市举办体育赛事，通过提升城市居民的身体素质和增加培训、积累知识及经验等提升劳动者素质，增加城市人力资本存量。毕马威在列举悉尼奥运会的成本和收益时，就将人力资本作为一项重要的收益。

（五）体育竞赛产业对产业结构的影响

产业结构与经济发展有着非常密切的联系。产业结构的演进会促进经济总量的增长，经济总量的增长也会促进产业结构的演进。这已经为许多国家经济发展的实践所证明。特别是在现代经济社会中，产业结构演进和经济发展的相互作用越来越明显。产业结构是产业间的技术经济联系与联系方式。这种产业间的联系和联系方式可以从两个角度来考察：一是从"质"的角度动态地揭示产业间技术经济联系与联系方式不断发展变化的趋势，揭示经济发展过程的国民经济各产业部门中，起主导或支柱作用的产业部门的不断替代的规律及其相应的"结构"效益，从而形成狭义的产业结构理论；二是从"量"的角度静态地研究和分析一定时期内产业间的联系与联系方式的技术经济数量比例关系，即产业间"投入"与"产出"的量的比例关系从而形成产业关联理论。广义的产业结构理论包括狭义的产业结构理论和产业关联理论。本文中涉及的产业结构是狭义的产业结构理论。

国家发改委、国家统计局和国家体育总局共同开展的全国体育及相关产业专项调查结果显示，中国体育及相关产业主要涉及第二、第三产业。从产业活动的范围来看，体育竞赛产业涉及体育组织管理活动，又包括体育场馆管理活动和其他体育服务活动，因此体育竞赛产业属于第三产业，其自身的发展会提高第三产业在城市经济中的比重。

体育竞赛产业对城市产业结构的影响还表现在其广泛的关联性。在美国经济结构的42个部门中，体育产业的关联强度居第8位。正是这种较强的关联性使体育产业能够叠加到其他产业中去，创造"1+1>2"的效应。与体育竞赛产业相关联的产业（文化、旅游、餐饮、娱乐等）基本处于比较高的产业结构等级。受奥运会影响最大的产业主要集中在第三产业，包括住宿和娱乐、餐饮、交通等。美国经济学家推算出体育行业与旅游业等有较强关联度的6个行业中，体育业与旅游业的关联度最高，约为0.21。从1996、2000、2008年三届奥运会对主办地各产业部门的影响数据可知，体育赛事对主办地二、三产业都会产生影响，且第三产业的影响更为全面、更显著。

体育赛事产业本身属于第三产业，体育赛事产业的发展将直接增加第三产业的产值以及其在国民经济中的比重。同时，与体育产业相关联的产业大多属于二、三产业，且受体育赛事影响的产业部门多集中在第三产业。因此，体育竞赛产业的发展会提高第三产业产值在城市地区生产总值中的比重，促进城市产业结构的优化，推动城市经济发展。

三、体育赛事对城市总产出水平的影响

体育赛事推动主办城市的经济发展的作用机制是影响城市总需求、总供给，这最终会表现为城市总产出的增长，反映在城市GDP数值上。

本书选取了中国2009—2011年三年举办体育赛事数量排名前50的城市，通过

统计研究发现城市的GDP与其举办体育赛事数量有很明显的相关关系。具体到某一城市来说，体育赛事对上海市经济发展有一定的影响。1993年以前，上海经济增长不稳定，GDP增长率波动较大，且低于全国水平。1993年上海举办第一届东亚会后，上海开始举办一系列国际国内重大体育赛事：1996年起举办上海国际马拉松，1997年举办第八届全运会，1998年开始举办上海喜力网球公开赛，2002年起举办F1中国大奖赛，2005年起举办上海国际田径黄金大奖赛，2009年起举办世界斯诺克上海大师赛，并重点打造六大品牌赛事。在1993年之后上海的GDP增长较快，增长率每年都在10%以上，且除2005、2006年外，均高于全国GDP增长速度，这其中上海体育竞赛产业的发展起到一定的作用。

上海作为一个国际大都市，经济发展水平居全国前列，是全国GDP最高的城市，良好的经济条件为上海市体育产业发展打下基础，上海市民对体育赛事产品的消费能力也相对较强。加之上海市确立了发展体育竞赛产业的策略，其体育竞赛产业得以发展。上海市2009—2011年举办了共计182项次国际国内体育赛事，远远高于中国其他城市（除首都北京外）。其中，比较有代表性的是F1中国大奖赛。

F1中国大奖赛第一个承办周期为2004—2010年，在这期间，上海市投入近50亿元修建、维护、扩建上海国际赛车场。中国石化集团支付近8亿元取得2004—2006年F1中国站的冠名权和赛道广告等权利，LG集团、可口可乐、联想等也成为该赛事的赞助商。F1观众每年在12~14万人次左右，在2004年曾达20万，其中2004、2006年赛事门票销售超过3亿元。F1对上海旅游业也有一定的刺激作用。根据美国AC尼尔森公司对上海F1赛事的评估，F1对旅游、酒店、交通、会展、房地产等有不同程度的经济贡献，在2004—2008年5年中，F1为上海市旅游消费的贡献约为31.4亿元。可见，仅F1中国大奖赛对上海的经济发展有一定的推动作用。

具体到某一项赛事对城市经济增长的影响，本研究主要考察了奥运会对北京市、全运会对济南市、亚运会对广州市经济增长的影响。

从1978—2010年北京市GDP增长情况来看，1978—2001年，北京市的GDP与全国的相比，增长趋势基本一致，增长率相差不大。2001年北京申奥成功，2001—2007年，北京市GDP增长率多数情况下高于全国GDP增长率，也一直高于北京市1978年至2010年增长率的平均水平10.6%，且随着北京市对奥运会投入的累积，北京市GDP增长率在2007年达到21.3%的峰值。2008年经济危机波及中国，北京市GDP增长也出现下滑趋势，但GDP增长率经历了两年的短暂下滑后在2010年再次上扬，这其中有中国政府救市的原因，但也不能忽视后奥运效应的作用。可见，举办2008年第29届奥运会对北京市经济增长有较为明显的推动作用。

虽然这种推动作用并不足以改变大的经济趋势，但在一定程度上可以帮助主办城市尽快从经济衰退中恢复。

奥运会能推动北京经济发展，但这一事例不具有普遍代表性。首先，目前为止奥运会是为数不多的世界范围内影响力巨大的体育盛会，且4年一届，并不是所有城市都有机会承办，具有偶然性。其次，由于中国特殊的经济体制和体育体制，北京举办2008年奥运会是并不是由北京市独立完成的，还有全国提供的人力、物力支持，奥运会对北京市的经济促进作用被放大了。

再来看1978—2010年济南市GDP增长情况，2009年在济南市举办的第十一届全运会并未明显推动济南市的GDP增长，甚至在2005—2007年济南市的GDP增长率低于全国水平。出现这种状况有三方面的原因。首先，全运会的规模和影响力还相对较小。其次，济南市不是一个旅游城市，没有足够的旅游资源吸引赛事观众或运动员在济南停留更长时间，体育赛事对城市经济的推动作用没能完全发挥。最后，济南市体育竞赛产业发展相对落后，据统计，2009—2011年济南市共举办国内国际体育赛事23项次，远远小于北京271、上海182、广州76项次的数据。

但全运会不是对济南市经济发展完全没有作用。2008—2009年世界经济危机期间，济南市GDP增长率有所下滑，但与此前1981年、1997年经济危机期间相比，济南市GDP增长率仅在2009年出现下跌，且仍高于1981年、1997年的数值，全运会在济南市对抗经济危机过程中起到了一定的作用。此外，为举办十一运，济南市投入大笔资金进行城市基础设施建设，这对济南市未来长期内经济发展有着积极作用，目前仅观测到2010年济南市GDP增长率迅速回升并高于全国水平。

广州市GDP增长的情况同济南市的状况类似，第16届亚运会对广州市的GDP增长没有明显的推动作用，原因之一是亚运会的影响力也相对较小，另一个原因则是前文提到，广州市是一个出口型城市，受大经济环境的影响较大，2008年经济危机造成广州市GDP增长率下跌。最后，广州市同济南市一样，旅游资源相对较少，不能吸引因亚运会到来的游客在广州停留更长的时间，体育赛事对主办城市的经济发展尤其是旅游等产业的影响受到限制。

从另一角度看，2009年广州市GDP增长率下跌，但与此前1981年和1997年两次经济危机时期相比，2009年广州市经济表现优于1981年和1997年，亚运会帮助广州市尽快从经济危机中恢复过来，广州市GDP增长率在2010年止跌回升，且高于全国水平。

总的来看，体育赛事对主办城市经济发展的作用并不能一概而论。在短期内，体育赛事对城市经济的影响主要表现为对总需求的刺激，这种刺激更为明显且更容易观测到。长期内，体育赛事对城市经济的影响主要表现在对城市总供给的影响，通过影响城市就业、资本存量等生产要素提升城市生产最终产品的能力。体育赛事对总需求、总供给的影响最终会表现在城市的GDP上，且影响大小视城市的状况不同而不同。在经济发展水平较高、体育竞赛产业较为发达的城市，举办体育赛事对城市经济有着较为明显的推动作用。而对经济和体育竞赛产业发展相对落后的城市来说，体育赛事的作用也相对更小、更难观测到。但是，举办体育赛事是对主办城市经济的有利冲击，能够一定程度上帮助主办城市抵抗不利的冲击，如经济危机，尽快走出经济衰退。

第三章 体育赛事与城市人文环境

第一节 城市人文环境的内涵与构成

一、城市人文环境的内涵

历史学家修昔底德（Thucydides）倾其毕生精力撰写了《伯罗奔尼撒战争史》，书中记载了发生在公元前431至前404年的这一"希腊世界大战"。在这一代表希腊古典史学最高水平的史学精品中，古雅典将军尼西阿斯对站在锡拉库萨海滩上的雅典士兵说："无论你们选择到何处驻留，你们自己就是城市……人形成了城市，而不是那些没有人的城墙与船只。"

人是城市的核心与主体，是城市发展的目标，也是城市发展的归宿。城市是文化的容器和磁体，装载和吸附人类文明。因此，城市的精神就是生活在其中的人的精神。

围绕人这个主体并占有一定空间，成为人生存发展条件的一切物质和精神因素的总和，便构成了城市环境。城市环境包括自然环境和人文环境。城市自然环境是城市人文环境的天然物质载体，城市人文环境则是一个城市区别于另一个城市的"DNA"，是社会的、人为的，非自然的。由于自然、地理、历史、文化等多方面因素，每一个城市都有其区别于其他城市的精神和品质，正如美国城市问题研究的权威学者乔尔·科特金（Joel Kotkin）在其具有启示录意义的著作《全球城市史》一书中指出，城市不仅仅只是"生活的机器"，还同时折射出这个地区的神韵、安全感以及生机等内在的品质。在书中，科特金把古往今来所有世界名城的基本特征，高度概括为六个字："神圣、安全、繁忙"。这便是对城市人文环境的一种具体释义，体现了城市在意识形态、政府公共管理、社会生产等方面的文化特质。

"人文"（Humanism）一词，最早出现在《易经》"贲"卦的象辞上："刚柔交错，天文也。文明以止，人文也。观乎天文，以察时变；观乎人文，以化成天下。"古人将"人文"与"天文"相对，人文指社会现象，天文指自然现象。我国权威辞书《辞海》对"人文"一词的解释是："指人类社会的各种文化现象"。但是"人文"在中国并没有词源学基础，这个词源出于拉丁文"Humanitas"，意为人性和教养。欧洲文艺复兴时代，一些知识分子将"人文"用作原指同人类利益有关的学问，区别于中世纪教育中占统治地位的神学，这些知识分子就被称为"人文学者"，他们所做的学问就变成了"人文主义"，其根本观念是倾向于对人的个性关怀。

"环境"始见于《元史·余阙传》："环境筑堡寨，选精甲外捍，而耕稼于中。"意为环绕所割的区域。《辞海》对"环境"一词的解释是："围绕人类生存和发展的各种外部条件和要素的总体"。

《辞海》中没有"人文环境"这一词条解释，笔者从《公共关系辞典》和《房地产经济辞典》中找到的定义是："人类社会的文化环境"、"人文环境包括社区氛围、人文气候"。而在前人的相关研究中，"人文环境"通常被解释为一定社会系统内外文化变量的函数，而文化变量包括共同体的态度、观念、信仰系统、认识环境等。

根据以上相关定义，本研究将城市人文环境定义为打上人文烙印、渗透人文精神的城市环境，它体现了人们对生活环境的文化衡量与人文要求，是作为社会主体人的人文素养、人文意识、人文品质、道德水准和文化心理素质等赖以生成和提升的社会文化背景。

二、城市人文环境的构成

文化是人文环境熏染而成的空间文化表征，它像是一种"气候"，表征着如"天气"般的城市人文环境。文化结构可以从不同框架进行划分。我国著名马克思主义哲学家、新中国哲学发展史的开创人肖前教授在《论文化的结构和功能》一文中认为，"物质文化、制度文化和精神文化是文化最主要的结构方式"。本文依循这样的观点，将城市人文环境划分为物质的、精神的和管理的三种环境方面的人文状态：

（1）物质的人文状态：包括文物古迹、建筑群落、交通设施等，人们在创造它们的时候就把某种人文精神及其结构形式渗透于其中；

（2）精神的人文状态：包括城市的风俗文化、语言、艺术、时尚、传播、教育等精神现象，表现城市的生存方式与人文特点；

（3）管理的人文状态：包括政府关于城市环境的制度规定，市民应当遵循的规章与纪律，它表现为一种强制力量，体现制度对市民环境行为的约束与监督，是保护城市环境不可缺少的社会力量和制度环境。以上三种形态的城市人文环境不可相互替代，但是，它们相互融入与相互制约，共同显现一个城市的人文环境的个性与品质。国内以杨藻镜为代表的跨文化交际研究工作者以文化的层面为依据，将文化分为表层、中层和深层三个结构。我们将城市人文环境进行分层，可以比拟为如下的一种同心圆结构。

城市人文环境的各个层次相互作用、密切联系，形成一个浑然的整体。作为表层的物质的人文状态是城市的物质"外衣"；精神人文状态中的生产、分配、交换、消费层面在浅层，是城市的生命线和"肌肉"；中层的制度文化是城市的"骨架"和发展的支点，表层、浅层和深层出现的很多问题，深究其原因，往往就出在中层；而位于城市深层的精神的人文状态，是表层、浅层、中层的人文环境在城市人的头脑中的反映，是城市的"灵魂"所在。

从辩证唯物主义的观点——"物质决定意识，意识对物质具有能动反作用"来看，城市人文环境这四个层次的相互作用，就是物质与精神互相转化的具体体现。

第二节　体育赛事是城市人文环境的一部分

文化是一个大集合。1871年，达尔文出版了解开人类起源之链的经典著作——《人类的由来和性选择》，人类学由此开始从哲学和历史中独立出来，同年，第一位对文化概念进行人类学定义的学者——泰勒也出版了他最著名的代表作——《原始文化》，泰勒运用了达尔文使用过的把结构（世界各民族文化的相对差异）还原为历史的方法，认为人类文化是进化的，文化的差异是进化程度的不同，每一阶段都是上一阶段的产物，并提出了狭义文化的早期经典界说，即"文化是包括知识、信仰、艺术、道德、法律、习俗和任何人作为一名社会成员而获得的能力和习惯在内的复杂整体"。体育文化和城市文化因划分的参照体系各异而各得其名并包含其中。时隔近70年后，享誉世界的文化史学家赫伊津哈（Johan Huizinga）提出了经典的理论命题："人类文化在游戏中发生并得以成立"，他将体育现象置于文化的范畴展开讨论，指出体育作为一种真正意义上的文化，不可或缺游戏的要素。因此，体育是一个独立的领域，并与城市文化同属于文化的大集合。

同时，体育赛事的本质也是城市文化的一部分。依循德国哲学家恩斯特·卡西尔（Ernst Cassirer）的符号理论，体育赛事可以看作是满足城市居民需要的"文化符号"。刘易斯·芒福德（Lewis Mumford）在《城市文化》一书是这样阐述城市环境的："（城市环境）会促使人类经验不断化育出生命含义的符号和象征，化育出人类的各种行为模式，化育出有序化的体制、制度。城市这个环境可以集中展现人类文明的全部重要含义；同样，城市这个环境，也让各民族各时期的时令庆典和仪节活动，绽放成为一幕幕栩栩如生的历史事件和戏剧性场面，映现出一个全新的而又有自主意识的人类社会。"体育作为城市环境化育的人类文明的一部分，是城市居民所创造的文化符号，它从诞生之日起就携带着文化的特质，成为城市文化的一部分，并以各种形态存在于城市人文环境中的各个方面和各个层次。

国内市场、海外市场，乃至互联网络上的虚拟市场的需求，以获得城市发展所需要的消费、投资、出口所带来的资源。城市居民是塑造人文环境的主体。因此，城市营销的主体是城市居民和企业，以政府为代表的公共机构是资源的调配者，将公共资源应用于普通居民和企业不宜介入的公共产品。

城市是产品的集合体，体育赛事是一种城市产品。从城市营销的角度来看，我们的确可以将城市看作是一个提供众多城市产品的品牌，由一系列的城市产品组成，包括机场、码头、电视台、博物馆、音乐厅、购物市场、办公大楼、工业园区等，也包括人们参加体育活动或观看体育比赛时所提供的场地和服务，例如：体育场馆、职业俱乐部、体育赛事等。因此，城市的体育文化产品是城市所有文化产品中的一种。它与其他城市产品相联系，通过塑造良好的城市人文环境满足市场需求，达到城市营销的目的。

因此，当城市的管理者把体育赛事真正作为一个城市的文化产品品牌来建设和经营时，往往能对城市的文化、经济、社会生活等各方面产生出人意料的重大推动。下文将从城市营销的角度出发，贯穿"体育赛事是城市文化产品"的观点，阐释体育赛事与城市人文环境的具体关系。

第三节　体育赛事是一种城市文化产品

"现代营销学之父"菲利普·科特勒（Philip Kotler）在《国家营销》一书中认为，一个国家，也可以像一个企业那样用心经营。在他看来，国家其实是由消费者、制造商、供应商和分销商的实际行为结合而成的一个整体。因此，国家营销应当突出自己的特点，发现自己的优势所在，提高自己的竞争力。

"城市营销"由"国家营销"的概念衍生而来，与国家营销有相似的特点。城市营销是营销城市人文环境，以满足居民、企业、旅客、资方等组成的本地市场、国内市场、海外市场，乃至互联网络上的虚拟市场的需求，以获得城市发展所需要的消费、投资、出口所带来的资源。城市居民是塑造人文环境的主体。因此，城市营销的主体是城市居民和企业，以政府为代表的公共机构是资源的调配者，将公共资源应用于普通居民和企业不宜介入的公共产品。

城市是产品的集合体，体育赛事是一种城市产品。从城市营销的角度来看，我们的确可以将城市看作是一个提供众多城市产品的品牌，由一系列的城市产品组成，包括机场、码头、电视台、博物馆、音乐厅、购物市场、办公大楼、工业园区等，也包括人们参加体育活动或观看体育比赛时所提供的场地和服务，例如：体育场馆、职业俱乐部、体育赛事等。因此，城市的体育文化产品是城市所有文化产品中的一种。它与其他城市产品相联系，通过塑造良好的城市人文环境满足市场需求，达到城市营销的目的。

因此，当城市的管理者把体育赛事真正作为一个城市的文化产品品牌来建设和经营时，往往能对城市的文化、经济、社会生活等各方面产生出人意料的重大推动。下文将从城市营销的角度出发，贯穿"体育赛事是城市文化产品"的观点，阐释体育赛事与城市人文环境的具体关系。

第四节　体育赛事与城市人文环境的具体关系

现代社会学和公共行政学创始人马克斯·韦伯（Max Weber）在其对现代理性资本主义精神进行详细分析的伟大著述《新教伦理与资本主义精神》中触及了一个十分发人深省的假设："任何一项事业的背后，必然存在着一种无形的精神力量；尤其重要的是，这种精神力量一定与该事业的社会文化背景有密切的渊源。"体育作为一种城市生活方式不断地被大的社会环境所雕刻着。现代体育形成与发展的基本特征，都与城市人文环境息息相关。正如美国著名体育社会学学者佐治·塞格（George H. Sage）在谈到美国的体育产业时说，它不是一种孤立的文化现象，它是政治、经济、和社会事件在过去两个多世纪的发展结果。它伴随着现代社会的发展而发展。它是先进的科技、工业化、城市化、人口快速增长和资本主义的发展的衍生物。

体育赛事与城市人文环境相互依赖关系的建立，是在城市化的社会发展背景下完成的。城市在空间、人口、物质等要素上的高度集聚是体育赛事得以快速发展的重要基础：

首先，从人文环境物质层面的城市化发展来看，大量人口在城市集中，城市地域分工不断明确，这使得特定的人群开始在特定的地点参加体育活动；

其次，从精神层面来看，当人们逐渐接受并把体育活动融入自己的生活，再借助着大众媒介的传播，体育便逐渐成为城市主流文化生活；

再次，从管理层面来看，随着城市制度的不断完善，这种人们聚集的体育运动也在一定程度上得到规范，于是出现了体育比赛、职业体育从业人员、体育俱乐部制度等。

因此，我们甚至可以认为，现代体育是历史上城市化进程中人口集聚造成生态环境恶化和资源短缺后，所形成的一种替代品，表现为健身手段、情绪宣泄、团队培养、意志力、凝聚力以及城市间竞争的手段与方法等。时至今日，城市人文环境仍然随着城市化发展的新特征，在新的层面上影响着体育赛事的发展方向。

前文指出了体育赛事是城市人文环境的一部分，其本质是城市文化。由于体育赛事涉及人的生存方式问题，它与城市人文环境有着相一致的文化特性：

（1）人是主体，按照人的发展需要进行，人的观念、行为和心态是体育文化最重要的组成部分；

（2）它是人的对象化活动的产物，同样包括物质文化、精神文化、管理文化等三方面内容；

（3）体育赛事体现着内在价值系统和外在行为模式的统一，同样与社会发展的民族性和时代性相适应。

这也是本文接下来在论及"体育赛事—城市"、"城市体育赛事"两组相对关系时，将它们进行整体分析的主要原因。

根据前文对城市人文环境内涵与结构的分析，笔者将从人文环境的物质、精神、管理三种状态的角度，分别论述城市人文环境与体育赛事的相互关系：

一、关系一：物质的人文状态

"我们构造了建筑物，然后建筑物构造了我们"，温斯顿·丘吉尔（W. Churchill）如是说。当我们来到一个城市，首先看到的是形态万千的建筑群落、纵横交错的交通道路、琳琅满目的商品和各式各样的公共设施，它们构成了物质状态的人文环境。

享誉世界的城市学家伊利尔·沙里宁（Eliel Saarine）曾经说过："让我看看你的城市，我就能说出这个城市里居民在文化上追求的是什么。"物质的人文状态正是寄托在城市物质外壳中的文化痕迹，刘易斯·芒福德将其概括为"建筑的复杂变化总是随着文明的演进而发生"。也正如著名的社会学家和城市研究的权威学者曼纽尔·卡斯特尔（Manuel Castells）所说"城市和街区的布局和建筑风格，反映了社会中不同群体的斗争和冲突"。人文环境的物质表层不仅具有实用的物质性功能，而且还与精神功能相结合，如审美的功能、传播的功能、教育的功能等，并且，如城市地理学家万斯（James Vance）所认为的，"在适应新的经济需求和体现时代风尚的过程中不断增添新的物质内容，同时又为现在和将来的人们保存过去城市文化的痕迹"。这些见解，都进一步证实了马克思主义者的建筑环境观：物质状态的人文环境是占统治地位的生产力主导下的广义组织的一部分，并反映了潜在的社会关系、压力和矛盾。

（一）物质状态的人文环境是体育文化产品最基本的生产要素之一

体育赛事是城市文化产品，其基本的生产要素包括人的要素、物的要素及其结合因素。物质状态的人文环境是城市体育文化产品生产的物的要素，是最基本的生产要素之一。它记录体育文化的发展演进，为体育赛事的形成与发展提供地理环境和空间场所。因此，现代体育对物质状态的人文环境尤为重视，这在体育场馆的建造和选择上表现得尤为明显。

由于良好的体育场馆设施条件是体育赛事举办的最基本的条件，一般情况下，每项赛事由于赛事项目自身需要或赛事主办方、单项联合会的要求，而对体育赛事场地有较为细致和全面的要求，例如：国际足联对世界杯赛的体育场馆设施就有较明确的规定。

奥运会作为世界规模最大、项目最全的体育盛会，对体育场馆、交通等公共设施都有十分明确的要求，例如对观众席位数的规定。在申奥过程中，申办城市要对本市体育场馆设施状况进行全面评估，并提出切实可行的建设方案，以迎合赛事需要。例如，为申办2008年奥运会，北京市对全市体育场馆设施情况进行了全面考察，并提出了进一步修建体育场馆设施的规划：计划使用37个比赛场馆；赛前无须任何改建工程的有10个；需要翻新的5个；需要新建的22个，其中8个专为奥运会新建（含主体育场）；新场馆的建设和现有场馆的改造将严格按照国际奥委会和各国际单项体育组织的要求进行，并符合未来体育场馆的数字化发展趋势和环境保护要求。

美国是世界上最早开展职业体育的国家之一，其体育的商业化和社会化发展历程是人文环境中的物质状态作为城市体育文化产品最基本的生产要素，对现代体育发展产生重大影响的最好例证之一：

20个世纪，美国的城市化革命大致经历了三个主要发展阶段：1820—1870年"步行的城市"，1870—1960年"工业化辐射城市"，1960—1980年"郊区化的大都市"。这三个阶段的城市化发展有着鲜明的特点，在美国体育发展的过程中扮演着重要的角色。

"步行的城市"，顾名思义，城市规模小而紧凑，市民的生活范围都在步行距离之内，居民区离市镇的距离不会超过3.2公里。这一阶段美国城市人口的激增为体育人口增加提供了基本条件。城市人口就业难使体育比赛也逐渐成为一种可供选择的职业，从而推动了体育商业活动的出现。一些商人开始有意识地经营体育，即通过培养一批职业体育运动员专门从事体育赛事为自己赚取利益，以至发展到后来，直接推动了职业体育雏形的出现，1870年，棒球成为第一个成功定位为联盟制度的体育运动项目。

但是，在这一时期，由于城市空间的拥挤，运动场地和设施受到了限制，普通市民们只能在街头巷尾进行有限的体育活动，体育赛事一度被卷入了暴力、赌博和反社会行为中。在体育价值观岌岌可危的状态下，一项自上而下的关于"干净的体育活动"（Clean Sports）在美国城市开始推广，如号召市民参加团队性体育活动及非暴力体育运动，反对体育赌博等。而这一运动的首要措施便是促进运动场地和设施的修建。

到了"工业化辐射城市"阶段，体育空间的拓展与体育场地的专业化直接促进了体育的快速发展。美国全国范围内兴起了由各个市政府领导的"公园运动"，即在城市周围建立大型公园和配备健身设备，并向普通市民免费开放。上流的体育组织在城市中心地区建立了功能更趋完备的体育馆，在郊区也建起了一间间相对应并符合城市人群健身需求的体育俱乐部，体育活动渐渐地成为美国主流社会的一种主要的休闲方式。介于这种公共和私人之间的另一种体育设施也开始出现——向大众开放的私人经营的体育场馆及体育俱乐部，这些商业体育设施尽量修在离公共交通设施比较方便的地方。其中，有针对工人阶级的较小规模的经营性体育设施，如在城市贫民地区兴起的台球馆、保龄球馆等；有针对中产阶级的较大规模的户外比赛场，如在城市周边地区建立的球场等。这使得体育运动的参与形式逐渐丰富，也直接导致了体育分层现象的出现，即不同阶层的人们有自己的参与形式和体育组织，并以此作为区别身份的一种标志。另外，由于户外体育场需要大量的土地，在城市空间有限的情况下，新型的室内体育设施开始大量地在城市建设起来，如在贫民区的拳击馆或市中心的高级综合体育馆，这也改变了人们只能在户外运动的体育习惯。

（二）体育的物态形式承载并优化城市人文环境内涵

体育文化的物态形式（或称"体育物质文化"）主要包括体育器材、场馆设施等，它们与其他城市建筑一样，同为物质和精神的统一体，是不同时期、不同地域、不同人群的城市文化的物态形式，反映了体育活动的文化内涵和社会的文化心理。正如前文所提到的奥运会和世界杯对赛事场馆的明确规定，体育赛事对建筑有基本的功能要求，这实质上就是体育赛事与社会人文环境相适应的过程。人们对体育场馆的设计建造要求不仅仅在于它的使用功能，更由于不同城市人文环境的各式各样，要求一种贯穿历史、体现时代文化的审美功能的体现，体育的物态形式也由此促进整体人文环境的优化发展。

体育的物态形式承载了城市人文环境的精神内涵，例如，我国古代供体育活动的场所——"瓦市"便是深受我国传统文化影响下建造的体育建筑与综合游艺场所的结合。"瓦市"是用绳网或草荐围起来的简陋场地,其中为数不等的"看棚"(亦称"勾栏")使整个体育活动空间具有较多观演区域,充分体现了我国传统文化影响下体育建筑不规范、随意的特征,以及中国传统体育中的娱乐性、教育性特点。过多的娱乐性和观赏性也反过来进一步推动了中国古代的竞技体育日渐向表演方向发展。而西方古罗马具有重视身体系统训练、强调对抗性和竞争性的人文大环境,在这种社会背景下所形成的古罗马竞技场的设计构造也体现出对抗性、竞技性和规范性等与其人文环境内涵一脉相承的特点。

通过对比中西现代体育建筑的特点,也能很清晰地发现人文环境差异所带来的体育物态形式的迥然不同。例如,我国"天人合一"的哲学观点造就了体育建筑注重体现整体和谐的特点,如天津"水滴"体育场,而西方"天人相对"的人文思想使体育建筑的设计也趋向于体现建筑物本身的高大雄伟和线条清晰,例如亚特兰大奥运会佐治亚穹顶、雅典奥林匹克体育中心等。

但是,必须指出的是,随着全球经济一体化的发展,现代体育物态形式的发展逐渐呈现出中西融合的趋势,例如西方建筑师参与中国体育建筑设计。但是,关注当地特有的人文环境,实现体育建筑与当地人文环境的和谐统一,是建筑师工作的主要目标,也是社会环境赋予建筑师的成功关键。例如,由中国建筑工程总公司、澳大利亚PTW建筑师事务所、ARUP澳大利亚有限公司联合设计的中国国家游泳中心"水立方",这个看似简单的"方盒子"是中国传统文化和现代科技共同"搭建"而成的,承载了中国传统文化中"天圆地方"、讲究纲常伦理的思想。

现代体育的物态形式也越来越强调对人文环境的优化功能,例如南半球最大的室内多功能体育馆——悉尼超级穹顶体育馆,在设计和建造的过程中就充分考虑到赛后利用和节能问题,配置了大量的商业和服务空间(如包厢设置)以及屋顶太阳能发电系统,体现体育与娱乐的双重设计。

二、关系二:精神的人文状态

《公共关系辞典》将人文环境的精神形态解释为"政治思想、宗教信仰、道德伦理、价值观念、风俗时尚等,表现在人们的行为模式和公共秩序之中。对人们的行为起着耳濡目染、潜移默化、广泛深远的作用,是体现社会文明程度、渲染社会气氛的重要标志"。城市人文环境精神状态的更新是城市人文素质的综合反映,具体体现在城市发展水平的方方面面,从而影响体育各个方面的发展。

（一）体育赛事是颂扬和强化城市人文精神的一种方式

体育赛事的人文内涵是城市人文环境不可或缺的组成部分。刘易斯·芒福德在《城市发展史》中提出"城市戏剧"的理论，在《城市是什么？》中，芒福德将城市形象地称为"社会活动的剧场"。前国际体育社会学会主席约瑟夫·马奎尔（Joseph Maguir）在其对体育社会学理论进行深度专题阐述的著述《理论诠释：体育与社会》中将体育比作是在剧场中上演的"现代道德剧"，展现人类作为个体、群体以及相互之间关系的基本真理。事实上，当体育赛事与深层次的文化意义和个人意义相联系，才会被市民所重视，并为市民提供集体参与和认同的机会，进而成为城市人文环境中颂扬和强化文化内涵的一种方式。例如，与体育比赛联系在一起的国歌、国徽和国旗强调了冠军代表的是一个国家，而俱乐部代表的是各个城市，夺得冠军的城市队被赋予了集体英雄主义的精神。体育赛事的象征意义以及冠军所起的作用甚至比单纯的民族主义、爱国主义更加深刻。当上海将姚明作为城市形象代言人，伴随着"无数个姚明，好一个上海"的宣传口号出现在大众视野中时，姚明成为比在 NBA 获胜更有意义的象征符号。

（二）城市人文精神决定了体育竞赛产业的发展程度与方向

彼得·霍尔（Peter Hall）在《明日之城》一书中谈道："什么将会再次推动城市经济的增长？……这一角色可能会由其他部门来担当，例如艺术、文化娱乐、教育、健康服务以及旅游。另外，人们预测高科技将与创造性部门相连接，以创造出新的产业，如多媒体、教育和娱乐的新组合……所有这一切都可以通过信息的完全数字化，以及与以往彼此分离的技术（广播、计算机和远程通信）融合为一体而得以实现。"的确如此，在现代电子采集技术与远程通信技术高度发达的今天，体育赛事已然与以电视为代表的媒体融为一体，成为城市营销不可缺少的绝佳手段，也成为体育产业得以发展推动的关键所在。而体育赛事与媒体的关系不仅在经济空间里紧密相连，还在文化空间里被紧紧联系在一起。体育赛事、运动员以及相关体育事件在媒体封面上的描绘方式与当下的文化环境以及意识形态有着密不可分的关系，这些都影响着人们如何看待体育以及社会。

从产业性质的角度来说，体育产业属于第三产业，它和其他产业一样具有相同的经济性质，并具备其他产业所不具备的特性——极强的文化性。因此，城市的文化基础深刻影响着体育产业的市场状况，体育产业的产生与繁荣必定建立在人文素质的高度普及基础上。正如芒福德所指出："城市之所以能够从农村地区中分化出来，形成自身特有的职能结构和形态，首先是由于有市场中心，由于有工业制造业，由于它具有一些机构和组织，能给居民提供文化娱乐和教育服务。农庄、市场、制造业，这些是城市存在的基础条件；但是，其目的，正如亚里士多德所说，是为了培植一种高尚的生活。这样，在其居民和城市组织机构之间，就构成一种确定的联系。"城市人文环境对于城市居民的影响既是直接的也是间接地，城市的历史积淀影响城市文化的厚重程度，并对城市中居民的整体文化水平产生作用。

在"体育赛事与城市经济相互关系"中，对城市的GDP总量与体育赛事数量的关系作了一个大致分析，并从统计数据中发现，我国部分能源型城市如新疆的克拉玛依市，内蒙古的包头市、鄂尔多斯市、阿拉善盟，以及山东省东营市、黑龙江省大庆市等，它们的人均GDP虽然相对较高，但是其所主承办赛事数量却远远低于其他城市。究其原因：一方面，我国能源型城市的建市时间大多在20世纪50年代左右，物质的人文状态的匮乏、精神的文化状态的缺失以及制度文化的不完善，致使它们从建立之初起就缺乏最为基本的人文环境根基；另一方面，由于它们具有能源占有的绝对优势，拥有天然的城市经济实力，长期忽视对社会、科技、环境等综合发展能力的培养；然而，体育赛事本质上就是城市文化，而这些新兴的能源型城市由于缺少健全的人文环境，自然也就失去了体育竞赛产业发展的土壤和水分。

三、关系三：管理的人文状态

马克思认为："人的本质并不是一个人生来固有的抽象的东西。人的本质实际上就是社会关系的总和。"制度来源于社会关系，正如凡勃伦（Veblen，T.）在《有闲阶级论》中指出："制度实质上就是个人或社群在某些关系或某些作用方面的流行思想习惯。"制度无法与个人或社群所处的社会、文化、经济背景隔离开，它通过强制性的社会力量对体育运动产生深远影响，而体育赛事以其独特的方式塑造和表现着城市的生存方式和人文特点，系统反映出基本的人类社会制度，成为城市人文环境的一个缩影和高度象征。

（一）体育赛事对社会秩序具有维持和整合的作用

德国社会学家顾瑟卢森（Luschen，G）在1982年对体育的内部系统以及体育作为一个社会系统和其他社会系统的关系进行了新的结构性分析，并得出："体育系统反映出了基本的人类社会制度，体育中的竞争性和分级制就是我们现代社会的一个缩影。"

体育赛事作为"人类社会生活中大规模的社会实践"和"一种规模宏大的。社会文化系统的整体性行为"，不仅仅是物种意义上的人的生物性活动，也是人文意义上的人的文化活动。职业棒球、职业篮球、职业橄榄球和职业冰球是美国影响最大、发展最为完善的职业体育项目。它们是美国传统文化与现代竞技文化有机结合的产物，在某种程度上，美国的职业体育是美国社会的一个缩影，包含了球队、球员、资方、联盟、政府之间的复杂关系，体现美国社会的规则制度。正如布鲁姆（Brohm，J.M）在《体育：测量时间的监狱》里所提到："（体育）在意识形态上再造了资本主义的社会关系，例如民主选举、统治集团、屈服和服从等。其次，它传播着特定体育机构的意识形态，包括竞争、记录和成绩；最后，它也大规模传播着占统治地位的资产阶级意识形态，如超人神话、个人主义、社会成就、成功和效率等。"

（二）城市的制度环境是影响体育赛事生存与发展的关键因素

美国学者约翰逊（Johnson，A.T）在论及城市制度与公共政策对体育的影响时，有一段鞭辟入里的论述："美国现代化的职业体育是联邦政府、州政府和地方政府利用公共政策共同资助的结果。如果没有职业体育行业的税收优惠政策，没有对 NFL-AFL 的合并和职业棒球大联盟免除反托拉斯法，没有对各联盟在电视和广播转播权的整体出售上免除反托拉斯法的各种限制，职业体育的经济情况和商业运作将会大不一样。同样，如果没有公共部门对体育设施的资助，没有当地政府和州政府提供的低于市场价格的设施租金、各种税收减免，以及其他形式的补贴，职业体育的经济情况和商业运作也会大不一样。那些没有被纳入大联盟的体育组织和赛事（二流体育市场）与大联盟和超级联赛的情况都是一样的。"本章在开篇时提到，位于中层的制度文化是城市的"骨架"和发展的支点，表层、浅层和深层出现的很多问题，深究其原因，往往就出在中层。因为，城市管理者主导下的制度环境决定了城市的整体优势，影响整个城市系统高效和有序的协调运行，因此，城市的制度环境是影响体育赛事生存与发展的关键因素。

第四章 体育赛事与城市发展战略

第一节 城市发展战略与城市竞争力

一、城市发展战略

战略最早是军事概念。在西方，"strategy"一词最早源于希腊语"strategos"，意为军事将领、地方行政长官，后指军事将领指挥军队作战的谋略；在中国，"战略"一词最早见于西晋史学家司马彪著的《战略》一书，本义是指战争全局的方略；在现代，"战略"一词被引申至政治和经济领域，其含义演变为泛指统领性的、全局性的、左右胜败的谋略、方案和对策。

1958年，美国发展经济学家艾伯特·赫希曼（Albert Otto Hirschman）在《经济发展战略》一书中首次提出"发展战略"这一概念，并重点讨论了发展中国家如何利用自身潜力、资源与环境，谋求区域经济社会发展。自20世纪60年代开始，联合国先后制定了60年代、70年代、80年代三个10年的"国际发展战略"，使得"发展战略"一词逐渐跃出以发展中国家为研究对象的范围，也广泛运用于其他区域。

"城市发展战略"从20世纪80年代开始在我国使用，是指在较长时间内，对城市发展的各种因素和条件进行的评估，从关系城市发展全局的角度出发，研究和制定城市发展所要达到的目标，所要解决的重大问题，所要经过的阶段，以及为实现上述要求的力量部署和采取的重大政策措施。城市发展战略是城市管理的主要依据，也是影响城市发展的首要因素，在世界经济一体化逐渐加剧的今天，其实质是提升城市的竞争力，以应对日益激烈的国内外竞争。

二、城市竞争力

城市竞争力的研究起源于国际竞争力的研究。1985年，世界经济论坛在《关于竞争力的报告》中率先提出"国际竞争力"的概念，认为企业的国际竞争力是企业以比其竞争对手更有吸引力的价格和质量来进行设计生产、销售货物以及提供服务的能力；国家竞争力是指一个国家能够达成持续经济增长率的能力。1994年世界经济论坛在《全球竞争力报告》中又将国际竞争力定义为"一国或公司在世界市场上均衡地生产出比其竞争对手更多财富的能力"，1999年再度将国际竞争力的定义修改为"支持经济在中长期高速增长的制度和政策安排。"2000年该报告给出两个定义：一是增长竞争力，即较长时期获得经济高速增长的能力；另一个是企业竞争力，即获得较高劳动生产率的能力。2004—2005年该报告认为决定竞争力的是国家生产力水平的一套制度、政策和因素。

世界经济论坛关于国际竞争力的观点可以概括为两点：①竞争力的实质是保持经济的持续增长，获得较高生产力水平，提高居民收入；②一系列的制度、政策及因素是竞争力的决定因素。瑞士洛桑国际管理发展学院认为，国家竞争力是指国家创造良好环境使企业保持强劲竞争力的能力。他们认为，财富主要由企业创造，但国家环境左右了企业竞争力的强弱。

"竞争战略之父"迈克尔·波特（Michael E.Porter）认为，国家的财富主要取决于本国生产率和所能利用的单位物质资源，一个国家的竞争力集中体现在其产业在国际市场中的竞争表现，而产业能否在国际竞争中取胜，主要取决于生产要素、需求状况、相关和支持产业、企业战略结构与竞争程度等四个因素，加上政府的作用和机遇，这六个要素构成了著名的"钻石模型"。同时，波特指出竞争力同样适用于城市和区域层面的分析。

国外对城市竞争力的研究评价开始于20世纪80年代，其中，以美国巴克内尔大学的彼德·卡尔·克拉索教授、北卡罗来纳大学的丹尼斯（Dennis W.Jansen）教授、斯坦福大学的道格拉斯·韦伯斯特（Douglas Webster）教授、英国学者伊恩·勃格（Iain Begg）等人的研究最具代表性和影响力。

彼德认为，城市竞争力是指城市创造财富、提高收入的能力。

丹尼斯在吸收前人研究成果基础上，提出了大都市国际竞争力概念框架：C=f（U，N，T，F），其中C代表大都市地区的国际竞争力，U代表进行国际贸易和国际投资等商业活动的当地城市环境，N是大都市地区国际竞争力的国家因素，T是指对国际贸易条约的依附程度，F是指当地企业和产业的国际竞争力。

伊恩将城市竞争力定义为："在自由和公平的市场环境下，城市产生好的产品和服务，满足国际市场，同时长期提升居民收入的能力"。

道格拉斯认为，城市竞争力是指一个城市能够生产和销售比其他城市更好的产品的能力，提高城市竞争力的主要目的是提高城市居民的生活水平。

国内城市竞争力的评价研究受国外研究的影响较为深远，无论是内涵定义、还是分析框架、评价指标等各方面，都是在国外竞争力研究基础上追求创新。目前国内对城市竞争力进行系统研究和评价的较有影响力的机构有六家：以桂强芳博士为代表的中国城市竞争力研究会、以连玉明为代表的北京国际城市发展研究院、以倪鹏飞博士为代表的中国社会科学院、以蔡旭初为代表的上海统计局、宁越敏为代表的华东师范大学，以及上海社会科学院。国内外对于城市竞争力理解的角度不同，但基本内容是一致的，我们将国内外对于城市竞争力的定义进行梳理，可基本概括为两个方面：

（1）城市竞争力提升的目的是城市的可持续发展和城市居民生活水平提高；

（2）资源的吸引、争夺、拥有、控制和转化能力，资源配置能力和占领市场的能力，以及城市集聚与扩散能力是城市竞争力最根本的因素和基础。

因此，国内外进行城市竞争力研究的初衷，都是为了清楚了解城市的现状和潜力，找到决定城市社会经济发展的主要因素，从而制定正确的发展战略，促进城市的健康快速发展。城市竞争力是城市发展战略研究的主要内容之一，它为城市发展战略的制定提供依据。

三、波特钻石体系：打造城市竞争优势的基础理论

自亚当·斯密（Adam Smith）和大卫·李嘉图（David Ricardo）提出自由主义经济理论以来，"竞争"对经济效益和生活水准的积极作用就开始得到了众多经济学家的广泛重视。1990年，美国哈佛商学院教授迈克尔·波特（Michael Poter）出版了《国家竞争优势》一书，书中提出了"国家竞争优势"理论（也称"波特钻石体系"），实现了从传统比较优势理论到竞争理论的飞跃发展，同时也为提升城市竞争力的战略制定提供了重要的参考依据。

（一）"钻石体系"的结构与要素

正如波特本人所指出的："与一般的理论和政策主要着眼于经济增长和繁荣的宏观条件所不同的是，我的分析主要立足于经济发展的微观基础。现在的大多数文献着力于政府在经济发展中的核心角色认定，而我更强调公司所起的关键作用。"波特认为只有抓住产业这个由公司组成的经济运行的主体进行分析，才能正确理解国家竞争优势的形成。因此，波特系统阐述了国家与企业的相互关系：一方面，国家竞争优势的形成，关键在于优势产业的建立，凡优势产业大多是生产效率高的产业，而产业不断提高生产率的源泉在于企业努力创新、持续全球竞争

优势；另一方面，"国家是企业最基本的竞争优势，因为它能创造并保持企业的竞争条件。国家不但影响企业所做的战略，也是创造并延续生产与技术发展的核心"[1]。据此，波特提出了决定一个国家的某种产业竞争力的四个关键因素（生产要素；需求条件；相关产业及支持性产业；企业战略、企业结构和同业竞争）和两个辅助要素（机会、政府），形成一个钻石形的双向强化的系统。

波特对这些因素作了如下阐释：

（1）生产要素：一个国家在特定产业竞争中有关生产方面的表现，包括人力资源、天然资源、知识资源、资本资源、基础设施等，它们是任何一个产业最上游的竞争条件；

（2）需求条件：本国市场对该项产业所提供产品或服务的需求如何，它会刺激企业改进和创新，其中国内市场的质量远比市场需求量更重要；

（3）相关产业及支持性产业：这些产业的相关产业和上游产业是否具有国际竞争力；

（4）企业战略、企业结构和同业竞争：企业在一个国家的基础、组织和管理形态，以及国内市场竞争对手的表现。

（5）机会："机会"与所处国家环境无关，也并非企业内部能力，甚至不.是政府所能影响。但是，机会是一个很重要的角色，而它所造成的影响也有好有坏。

（6）政府：政府在提高国家竞争优势中起一种催化和激发企业创造欲的作用，主要通过观念性的政策为企业创造一个有利于公平竞争的外部环境。同时，波特强调"钻石体系是一个互动的体系，它内部的每个因素都会强化或改变其他因素的表现"。也就是说，钻石体系中任何一项因素的效果必然影响到另一项的状态，这是一个双向强化的系统。

（二）"钻石体系"与城市发展战略

在竞争全球化的新时代，伴随着竞争范围的国际化、竞争领域的全面化、竞争程度的激烈化和竞争方式的复杂化，竞争主体也呈现出多元化的发展。国家、地区、城市、企业、组织、个体都成为竞争主体参与资源争夺。世界贸易自由化的发展进程使得国家对国内产业、区域的作用相对下降，生产、交通和通信技术变革使得经济活动空间关系发生改变。正如2008年诺贝尔经济学奖获得者克鲁格曼（Paul R. Krugman）教授所认为的，国家边界的作用或者地位正在逐步削弱，而国家的下层主体，区域或城市，尤其是城市必须在未来的战略规划、基础设施规划等的制定，对新的企业形成的支撑、中小企业的健康发展、促进高校、研究机构等有效技术交流联系等各个方面肩负起历史的重任。国与国、企业与企业之间的竞争都取决于城市竞争力。世界多数国家政府已经把构建国际大都市和世界级城市群提到了国家战略层面，波特从微观竞争主体产业和企业的地理集中性的效应角度提出，企业在全球化背景下可以随时按照其发展战略的制定，变动其所在城市或区域的地理位置，因此，在研究竞争力时，国家不是最佳的划分单元。而他的钻石体系虽然"定位于国家层次，但它的分析框架是完全适用于对地区、州和城市等级别的分析"，并且事实上也已经"开始运用到城市和大城区"。

城市发展战略制定和实施的目的是提升城市竞争力。因此，城市发展战略制定的前提是深入了解城市内部资源优势，实现重构城市内在资源和吸引城市外部资源，以促进城市竞争力的提升。钻石体系试图通过分析一个国家的关键资源，解释国家与产业竞争力的关系，即国家如何进行资源重构和吸引外部资源以刺激产业改善和创新。运用到本文所探讨的城市这个竞争主体，钻石体系能够有效地解释一个城市怎样借助体育产业的竞争优势崭露头角，而城市的这些环境因素又是如何影响体育产业的竞争优势。

因此，根据钻石体系，我们可以假设认为：一方面，体育产业的发展有利于城市竞争力的提升，一个城市体育产业的竞争表现能在一定程度上反映城市竞争力的强弱；另一方面，体育产业的发展有赖于该城市所提供的生产要素、需求条件、相关产业及支持性产业和企业战略、企业结构与同业竞争四个关键环境因素及两个辅助环境因素（机会、政府）的共同作用。

第二节 体育赛事与城市发展战略的关系

一、体育赛事与生产要素的关系

生产要素是任何一个产业最上游的竞争条件。波特把生产要素归纳为人力资源、天然资源、知识资源、资本资源、基础设施等几大类，并将其分为初级生产要素和高级生产要素两种：初级生产要素包括天然资源、气候、地理位置、非技术人工与半技术人工、融资等；高级生产要素包括现代化通信的基础设施、高等教育人力以及各大学研究所等。二者的区别在于，初级生产要素是被动继承的，或只需要简单的私人及社会投资就能拥有。由于需求减少、供给量增加以及回收周转速度减慢，初级生产要素的重要性已经越来越低。从长远的角度来看，高级生产要素才是一个产业和城市真正的竞争优势。而高级生产要素的创造首先需要在人力和资本上大量而持续地投资。正如美国区域经济学专家马库森（Markusen）所认为的，作为一种场所类型，一个城市竞争力的关键是这个城市能否在保留已有的人才和投资的同时吸引更多的投资和人才移民。

（一）体育赛事与城市人力资源

1.体育是一种贯穿城市居民一生的教育手段

体育是教育的一部分。"体育"一词，最早是从教育角度提出来的。顾拜旦曾深刻地指出，古希腊人组织竞赛活动，不仅仅是为了锻炼体格和显示一种壮观场面，而且是为了教育人，体育竞赛活动能磨炼人的意志，培养人的个性，同时又能锻炼身体。我国著名哲学家张栗原在论述教育的本质时认为："我们可以肯定地回答：它是一种促进人类与自然、社会以及劳动诸方面之关系的工具。"因此，它以人的发展为根本目的。波特将人力资源概括为"工作量和技术能力、人力成本（含管理阶层），同时也考虑标准工时和劳动伦理的表现"。人力资源通过人来承袭一切技术和知识，通过劳动实现个人和社会责任，推动城市和产业向前发展。劳动力的提高包括体力和智力两个方面，而体育对于人这两个方面都发挥着重要的作用。体育也通过对人力资源的开发与运用从事物质资源的生产。

正如芒福德在《城市发展史》一书中谈到的，城市发展的过程中，人们的机体在城市的环境中正在逐渐萎缩，人们越来越需要体育。在机械化与自动化技术广泛运用的当今时代，人的肢体的天然活动机会减少，人们的机体开始退化，体育则成为形成、保持和增加人的活动能力不可缺少的手段。体育的教育功能补偿了城市化进程中的不足。体育作为一种满足社会发展和个性发展需要的多种目标综合起来的教育过程和社会现象，其塑造性格、加强团结、培养情操等方面的教育价值逐步为人们所认识和利用。

首先是学校体育教育。虽然我国体育教育在过去六十年有太多的失误，但是，学校体育教育还是产生了一定的效果。在当今这个时代，学校体育教育更应该是所有教育科目之首。因为，学校是学生健康成长、习得知识、形成规范的场所，而大学又是学生走向社会的桥梁，学生在学校接受一专多能的运动项目或者说健身手段的学习，并养成运动习惯终身受用；同时，学生还会参加学校组织的俱乐部或体育社团，在指定的时间和区域进行比赛和活动，了解社会规范；另外，大学也开始组队参加社会社团组织的一些比赛，并且还面向社会争取各种各样的赞助商实施一定规模的商业运营，让学生在学校就能通过对体育赛事的参与和组织，了解规则、团队、责任、义务等，对于学生走向社会适应社会起到一个非常好的教育功能。

其次，体育具有家庭教育的功能。通过集体参与比赛或观看体育赛事，增进家庭成员的情感交流。孩子通过对竞赛规则的理解与掌握，学会尊重社会规范，培养社会责任感，养成家庭健康生活的习惯。同时，全家共同观赏一场比赛也增进对于一个团队、一个城市的认同感和归属感，并在观赏比赛的同时，父母可以通过榜样的力量对孩子进行教育和世界观的塑造。特别是在这样一个高度竞争的社会，在家庭成员因为处在不同的社会群体和父母紧张的工作压力以及缺少共同话语的情况下，举家共同关注一场比赛，是提供给家庭成员之间共同话题的好方法，由此来弥补日常缺少沟通的遗憾。观赏比赛形成共同的兴趣爱好，弥补父母与孩子之间的观念差异，形成共同的价值取向是体育教育的又一大功能，而这种功能是任何其他方式所无法替代的。家庭体育活动的开展，以及家庭体育的消费和投资也为体育产业及体育市场的发展起着积极的推动作用。

再次，参与体育赛事是人的社会化的一部分，也是形成现代都市人们生活方式的一个重要组成部分。约瑟夫·马奎尔（Joseph Maguire）和凯文·杨（Kevin Young）在《理论检释：体育与社会》一书中提到："现代体育是代理宗教和流行剧场的一种形式，人们在其中进行自我表露。"同时他们还在书中对于体育比赛冠军的意义做了细致的分析，认为冠军需要有特殊的才能和独特的魅力，并且对冠军与英雄进行了差异化比较，认为社会需要把冠军视为英雄，发挥着为自己、社区所在城市与国家实现体育成功的显功能。他们认为："作为理想化的产物，他们（英雄）提供灵感、动力、方向和生活的意义。这就是'现代'体育发展的过程"。马奎尔和凯文·杨还认为："19世纪的先驱者将体育与西方强硬派基督教联系起来：无私、自制、公平、绅士风度和道德高尚。"同时，"明确这本身就补充了传统的骑士精神：荣誉、体面、勇气和忠诚"。

由此我们可以清晰地看到，参与体育比赛在对人的身体文化塑造的同时，也在不断地塑造着人的社会价值，这就是对社会所能提供的灵感、动力、方向和生活的意义；其次，体育赛事也完整地显示了个人的荣誉、体面、勇气和忠诚。社会的腐败必然会投影在体育赛事中，如中国足球的"假赌黑"等。而个人的身体文化也同样会在社会层面中显性，布朗内尔（Brownell）将"身体文化"定义为"人们用身体所做的一切事情（莫斯的身体技术）和形塑其行为的文化要素。身体文化是一个非常宽泛的概念，包括健康、卫生、竞技、美丽、服装和装饰，同时也包括手势、姿势、礼貌以及说话和饮食方式等"。体育赛事对于一个城市居民的"身体文化"的塑造，可以提升一个城市人力资源、知识资源等生产要素，是一个城市发展战略不可缺少的手段与方法。

2.体育赛事及相关产业对城市人才资源的需求

一个城市无论是拥有一支联赛的俱乐部还是承办一场大型的体育赛事或者是拥有一个大型的体育中介公司等等，其对于体育经营管理人才的需求都是非常专业和庞大的。正如中国社科院教授倪鹏飞所说的："对城市竞争力的提升起决定性作用的并非产业集群，而是人才因素。人才的聚集存在'乘数效应'和'规模效应'，优秀人才在城市的聚集可以吸引更多的人才闻讯而来，城市最终将会拥有丰富的人力资源而获得人力资源的规模效应，最终实现城市竞争力的提升。"

许多发达国家的城市为留住赛事，优秀运动员以及优秀的经营管理人才，给予了较多的财政、税收、用地等方面的优惠政策。他们相信只有体育人才才能使该城市有更多的机会将其置于全球的关注之中，提升城市的竞争力。正因为如此，城市发展战略尤其要考虑体育人才的储备、培养与引进。

当发展中国家依靠其廉价劳动力获得经济增长之后，其后发优势显然是要依赖人力资源的水平，这一点我们从发达国家所走过的道路以及中国正在经历的劳动力短缺已经清晰可见。人力资本已成为经济增长的重要因素。人力资本转化的基础是人力资源的积累，而人力资本积累的关键是人力资源的开发和价值实现。一个城市要发展，人力资源是不容忽视的。在我国，很多城市也将人力资源提升到了战略层面，比如上海市将实施人才强市战略写进城市规划当中，提出重人才、重知识、重创新，通过构建人才资源开发创新体系，提高城市竞争力。

体育赛事及相关产业丰富了城市的人力资源，同时也丰富了城市的知识资源。波特所指的知识资源是：一个国家在科学、技术和市场知识上的发展，也会关系到产业产品和劳务的表现。知识资源存在于大学、政府研究机构、私立研究单位、政府统计部门、商业与科学期刊、市场研究报告和资料库、行业协会及其他来源。一个国家的科学与相关知识资源可以再细分为金字塔形的学科层级，例如专业音响、材料科学和土壤化学等。就体育方面来说，我国许多研究经济学、社会学、管理学、营销学、广告学、传播学、新闻学等等各方面的专业人才也开始重视体育的发展，体育与越来越多的学科相互借鉴、相互融合，产生了体育社会学、体育管理学、体育经济学、体育新闻学等学科，并成立了北京大学中国体育产业研究中心、体育赛事研究中心、中国体育文化研究中心等研究机构，国家统计局与国家体育总局也于近来开始对体育产业进行统计，体育期刊等也在不断增多。而且很多城市都拥有体育学院，例如北京，拥有北京体育大学、首都体育学院、北京师范大学体育学院、清华大学体育部、北京大学体育部，以及其他院校开设的跟体育有关的院系，这些学科与机构提升了人们的知识水平，也让更多的人参与到体育当中来，丰富了城市的知识资源，促进了体育的发展，提升了城市的竞争力。体育赛事及相关产业对于人力资源和知识资源的开发和价值实现将对城市建立强大而持久的产业竞争优势起着重要的作用。

（二）体育赛事与城市资本资源

1.体育赛事产品生产的资本投入

体育赛事产品的生产，其原材料的主体是优秀的运动员，而优秀的运动员的培养和成本投入需要花费大量的时间与金钱。尤其在我国，竞技体育后备人才的培养主要采用以体校为基础的三级训练网，这种三级训练网是一种金字塔式的人才培养模式。据有关资料统计，我国三线队伍向二线队伍的人才输送率为6.1%，而二线向一线的输送率仅为1.96%。一个能够参加全国性比赛的运动员，其最为基本的训练周期都有（各个项目会有差异）5~8年，这里还要包括被淘汰的选手，而真正能够从国内大赛走到国际大赛的是少之又少，其中能够成为国际明星的已经无法用资本来衡量了。

2.体育赛事报道权的资本投入

赛事是体育竞赛产业的主要产品，同时也是体育电视传媒产业的核心。目前来看，在电视媒体上表现较好的赛事有美国四大职业联赛、四大满贯网球赛、英超、F1、世界杯、奥运会、亚运会等国际级赛事产品。随着体育赛事的日益商业化，越来越多的商家希望借助赞助体育赛事进行产品以及品牌的营销，再加上广大体育爱好者对观赏高水平赛事的需求，使得体育赛事报道权价格逐年提高。而媒体要想获得一项赛事的电视转播权，必须要有足够的资本作支撑。

3.城市资本对体育赛事的场馆及基础设施的投入

体育场馆及基础设施的完善不仅能够改善该城市的环境，促进城市的基础设施建设，而且能够提升城市的品位和形象，吸引更多的投资，反过来推动城市经济的发展。很多城市政府看到了大型体育赛事活动对城市更新、城市发展的影响，希望借助赛事规划建设体育公共设施，优化城市空间。而为了达到这个目标，所要付出的资本也是不可小觑的，尤其是奥运会和世界杯这样的大赛，对体育场馆、基础设施都提出了特别高的要求，城市为了能达到这些要求，必须付出大量的资本以保证赛事的顺利举行。

二、体育赛事与城市的需求条件之间的关系

需求条件在波特理论中指的是市场对该项产业所提供的产品或服务的需求如何。也就是说，有什么样的需求，就会有什么样的产品或服务。城市的竞争力体现在城市内部各类产业的竞争优势上，而产业要想发展，必须满足城市的需求。城市管理者在制定发展战略的时候要充分考虑城市内部的需求，并制定出有利于那些能够满足这种需求的产业发展的政策。不同时期的城市有不同的需求，且同一时期，根据不同的发展目标，城市会同时有若干需求。体育需求就是其中之一，且全球城市的这一需求呈现不断上升的趋势。

（一）体育赛事产品与城市需求条件

目前，世界很多城市都在积极举办奥运会、足球世界杯、洲际运动会、单项世界锦标赛、网球公开赛、F1等高水平体育赛事，这既能反映出全球各个城市对此类体育赛事产品的需求，也能体现该城市的产品进口与生产能力及其配套服务

能力和企业的竞争能力等，同时也表明该城市居民对上述各类体育赛事产品的消费需求热情。

总体来说，中国城市有可能引进什么样的赛事产品呢？目前从全球竞赛市场分析来看，可以引进的主要有以下几类：第一类是进行积分赛的分站类比赛，适合于一些经济实力相对较强、基础设施比较完善的城市，如F1、田径钻石联赛、国际泳联跳水系列赛等；第二类，单项赛事的锦标赛等，如篮球、排球、游泳、体操等；第三类就是引进一个或多个俱乐部队或国家队进行比赛，这样的比赛可以引进国际上两个队比，也可以是分别与国内某一个或某几个俱乐部比，如上文提到的NBA季前赛、意大利超级杯等；一般不了解体育竞赛市场的人会把第三类称之为商业性比赛。其实，上述三种都是有偿性比赛，也就是说，是诞生于市场经济体制下的，属于完全的商业行为。

所以，作为一个城市，在上述三类赛事产品的引进、生产与消费方面，都会充分体现一个城市的竞争优势，也会考验一个城市发展战略的价值所在。我国城市居民对于体育赛事产品的消费习惯是由于体育电视传媒的发展而不断培育起来的。也正是由于国际顶级赛事产品引进的困难、电子采集技术和远程通信技术的发展、我国改革开放后电视走进家庭，城市居民才借助体育电视传媒逐渐了解和熟悉国际上各种各类的精彩赛事产品。当然中国城市化进程的加快也促进了人们对于赛事产品消费能力的提升，促进了城市体育赛事产品的供需关系不断变化。正因为如此，体育传媒市场不断扩大，城市居民的消费也就不断增加，体育传媒为满足消费者的需要，对体育赛事产品的需求也就越来越大，这便使得报道权价格在中国乃至全世界不断攀升。再随着互联网技术和网络视频产业的发展，新媒体和传统媒体对于体育赛事报道权的竞争就更加激烈，而这一切角逐的主战场均发生在城市，因此体育赛事与城市的需求条件首先体现在体育传媒市场的角逐，这也是由于城市市场需求呈现出多样细分的结果。

而一个城市对于体育传媒的内需市场和国际市场同步时，而其他城市又不具备这样的条件时，这个城市的体育传媒企业就比较具有竞争优势，反过来，这个城市在战略制定的时候就必须考虑到这样的优势。比如，北京的体育传媒业是全国各大城市所无法比拟的，同样也反映出北京所具备的城市竞争优势。当一个城市没有机会或不具备举办上述第一类顶级赛事的情况下，各级城市仍然有机会举办第二类或第三类的体育赛事。此外，还有一种可能就是建立自己的单项俱乐部，这一点我们在体育赛事与城市经济关系时已经阐述的比较细致，不再赘述。当一个城市具有较强的体育传媒优势，同时又能够举办二类、三类或拥有参加国内联赛的俱乐部时，这个城市也同样会在细分市场需求中呈现竞争优势，强大的体育传媒市场与体育竞赛市场共同构筑起这个城市强大的需求结构，而这个需求条件又是其他城市所欠缺的，这个城市的竞争力便随之加强。城市便借助体育赛事这一城市文化的传播载体叠加在优势体育传媒的作用下，最终达到提升城市影响力的目的。

而无论城市选择哪一类体育赛事，举办多少赛事都应该基于城市内部的需求条件。具体来说，需要考虑如下两个方面：

1.体育赛事产品与城市品牌营销的需求条件

在本研究的概念界定部分，已经对营销进行了较为详细的阐释。而随着人们对营销的概念与实践认知的深入，现在的营销已经不单纯是指产品的营销，而是在产品基础上的品牌营销。比如阿迪达斯、耐克的广告，其中并未出现任何具体的产品，只是凭借其强势的品牌影响力，提升单位产品中的含金量，以此获得更大的商业价值。

城市作为特殊的商品，在发展的过程中逐渐产生了品牌营销的需求。因此，其品牌的塑造与提升也逐渐成为城市营销的主要内容。正如美国品牌专家科勒教授指出的，地理位置或某一空间区域像产品和服务一样，也可以成为品牌。

能够满足城市品牌营销需求的载体有很多，而其中能够与城市文化紧密联系的、内容积极向上的、传媒高度关注的、能够带动城市其他产业发展的并不多。纵观各种载体，体育赛事恰恰可以满足以上的城市需求。如前文多次强调的，体育赛事是城市文化的一部分、体育赛事报道权的争夺愈演愈烈、举办体育赛事可以带动城市产业，特别是第三产业的发展，有助于城市的产业结构转型等。如果一座城市举办了某一项深受大众喜爱，且媒体高度关注的赛事，那么城市势必会与健康、活力、现代、时尚等形象联系在一起。城市管理者逐渐意识到体育赛事可以很好地满足城市品牌营销的需求，因此围绕城市的资源环境制定了相应的发展战略。

随着城市竞争的不断加剧，城市品牌营销的需求越来越强烈，同时，体育赛事在提升城市传播力与影响力上的作用日益明显，有的城市结合已有的整体发展战略，从体育的角度，诠释战略，提供对策；也有一些城市，根据城市特色，围绕体育重新制定或调整城市发展战略，将体育赛事与媒体共同作用所产生的叠加效应作用于城市品牌营销。在具体的实施环节，城市在选择体育赛事时，一定要综合考虑城市的文化品质和自身经济实力等因素，在前文提到的三大类体育赛事中，选择群众基础较好、符合城市发展特质的运动项目，这样才能实现社会效益和经济效益的双赢。在充分考虑城市需求的基础上发展起来的体育竞赛产业势必具有较强的竞争优势，进而促进城市竞争优势的提升。

2.体育赛事产品与城市居民娱乐观赏的需求

近年来，我国经济持续增长，居民的收入不断增加，随着城市居民收入的增多，消费支出也呈增长趋势。根据马斯洛的需求理论，当人们某一层次的需要相对满足时，就会向高一层次发展，追求更高一层次的需要就成为驱使行为的动力。因此，人们用于精神消费的支出势必增多，可以说居民对于娱乐观赏类服务的需求越来越旺盛。

同时，大众传媒的发展，使得媒介内容极大丰富，与之伴随的是受众市场的细分，以电视为例，出现了大量专业频道，其中还包括了付费频道。其中体育频道是频道专业化的代表，人们通过专业的体育频道观看全球体育赛事，逐渐形成了对某一赛事或运动项目的喜爱，一方面会促使人们持续关注此类赛事，另一方面也希望能够有机会到现场观看体育比赛，这种愿望促使"观赏型"体育消费的增加。

目前，国内城市的体育观赏需求逐年攀升，相关消费水平也逐渐提高，除了已成规模或长期落户的赛事外，城市依托自身资源，从战略出发，进一步引进赛事。一方面，赛事的举办满足了居民娱乐观赏的需求，丰富了居民的业余文化生活，促进了城市的精神文明建设，提升了城市的软实力。另一方面，城市通过举办赛事，实现了城市品牌的营销，并积累了办赛经验和体育赛事经营管理人才的储备，为体育竞赛产业的进一步发展，创造了便利条件，从而进一步带动城市整体发展，提升城市竞争优势。

（二）体育与城市居民健身休闲的需求

随着近些年居民生活水平的提高，人们不再只满足于物质生活的享受，越来越多的人开始愿意利用更多的时间进行休闲娱乐。

同时，城市化过程中也导致了一些负面效应的产生，如前文提到的生理机能的退化和文明病，虽然由于医疗条件和医学技术的进步，现代人的平均寿命不断延长，但是人的身体素质却并不理想。可以说，中国居民没有将体育真正融入生活，形成现代健康的生活方式，这除了与生活水平有关外，还与教育有关，没有从小就培养起运动的习惯，这也是城市政府在制定发展战略时需要正视的问题，因为城市的发展，实际上也是人的发展。

无论是主观意愿还是客观形势所迫，居民包括青少年对于健身休闲的需求越来越大，甚至可以说十分迫切地要改善身体素质。越来越多的人有条件参与到体育当中来，以求在参与体育的过程中强身健体，释放工作、学习和生活中的压力。

无论是学校还是社会，都在积极提供健身场所、器材以满足居民需求，当然，学校和社会在满足居民需求的同时，也会促使需求的增加。而城市在制定相应战略、执行具体计划的时候，需要注意学校和社会的配合，因为只有当人们从小接受了良好的体育教育和熏陶，体育才与可能成为其终身的需求，这项产业才会有源源不断的动力。

体育竞赛产业随着城市需求条件的改变而产生和发展，反过来，体育竞赛产业的壮大，体育企业竞争力的提升，会反哺城市经济，提升城市竞争优势。

（三）城市与体育竞赛相关产业及支持性产业

产业是研究城市竞争优势时的基本单位。一个城市的成功并非来自某一项产业的成功，而是来自纵横交织的产业集群。一个城市的经济是由各种产业集群所组成的，这些产业集群弥补并提供竞争优势，反映了经济的发展。每一项产业都有与之相关的产业和支持性产业，共同构成产业集群，产业的发展并不是孤立割裂的，集群的全方位提升，才是可持续的产业发展之路，而城市竞争优势正是通过产业及产业集群来体现的。因此，城市产业布局是城市发展战略的重头戏，产业规划的好坏直接决定着这个城市未来的竞争力。

有人说，发达国家 GDP 的 60% 是服务业（第三产业）带来的，服务业的发展水平代表一个国家和城市的生产社会化程度，是市场经济发展水平的重要标志。从某种程度上说，如果一个国家或城市服务业壮大了，它的竞争优势才会更强大。

体育竞赛产业属于服务业的一部分，它与传媒业、中介业、场馆业、用品业、旅游业、博彩业等相关产业与支持性产业形成产业集群，并受集群内其他产业的营销和制约。余守文在其《体育赛事产业与城市竞争力：产业关联、影响机制、实证模型》一书中勾勒了体育赛事相关产业与支持性产业的关系图。

一个城市形成竞争优势的第三个关键要素是当这个城市和其他竞争对手比较时，能提供更健全的相关产业和支持性产业。一个城市如果要将体育竞赛产业培养成具有竞争优势的产业，那么体育相关产业就要跟上竞赛产业的步伐，同时政府要制定相应的税收、土地等优惠政策给予支持。体育传媒业、体育中介业、体育场馆业、体育用品业、体育旅游业、体育博彩业的完善会给体育竞赛业带来足够的支撑，彼此相互促进，共同提升城市竞争力。

1.体育传媒

体育竞赛产业的发展离不开传媒产业的支持。正如美国著名体育社会学者迈克尔·里尔（Michael Jeffery）教授所说："不认真关注媒体和媒体经验，要理解今天的社会生活是困难的。这是我们必须努力理解体育产业和大众媒介两者之间关系的主要原因。"

目前，能够到现场观看体育比赛的观众毕竟是少数，绝大多数人是通过各种媒体来获取体育信息。尤其是通过收看电视转播，人们开始了解了不同国家、不同地域、不同文化差异的体育项目，在全世界不同的角落，同时体验体育赛事带来的激情与动力，与之伴随的是一些体育项目逐渐走进人们的生活，如篮球、足球、斯诺克、羽毛球、网球等。2003年，中国观众在电视上看到了F1，在此之前，人们便通过电视上播出的赛事专题片领略了F1的速度与激情，尽管中国的汽车工业起步较晚，汽车进入家庭也只近几年的事情，但是电视的影像让中国人首先从理念上缩短了与欧美国家的差距，思想的进步有助于实践层面的跨越式发展。

为此，上海迎来了F1，并希望通过举办这一顶级赛事，把上海国际汽车城打造成亚洲的汽车服务贸易中心。

人们观赏体育赛事的需求日益旺盛，促使我国不断涌现专门进行体育信息传播的媒介，体育报纸、体育杂志、体育电视频道、体育网站等，有效地满足了细分市场的需求。这里尤其要讲到体育电视产业的发展，原国际奥委会主席萨马兰奇说："体育与电视是天作之合。"正是因为电视的参与，奥运会才成为顶级的体育盛宴，电视为奥运会搭建了一个巨大的商业舞台，舞台上不断演绎着为奥运会相关权益和资格，如报道权和TOP赞助商，而展开的激烈争夺战。而体育电视报道权费用正是体育赛事收入的重要来源之一。有了体育电视，赞助商、赛事、消费者三者之间的良性循环关系得以建立。

总之，中国城市在发展体育竞赛产业的时候，必须考虑传媒的需求，因为，传媒的背后是广大受众。当然，城市也不能因为某些项目关注度高，就扎堆举办，城市政府在制定相应发展战略的时候也要结合城市自身特色，找准定位，实现城市资源的最优化配置，以此为前提，选择有影响力的赛事，并充分利用传媒资源，对赛事进行全媒体推广。只有这样，城市的体育竞赛产业和体育传媒产业的叠加效应才能最大化的作用于城市竞争优势。

2.体育中介业

体育中介是体育产业链中的重要一环，体育中介活动实际上资源共享、信息互换的过程。体育中介业的繁荣能够提高体育竞赛产业的劳动生产率，从而使竞赛产业的发展全面提速。体育中介业的行为主体被称为体育经纪人，不单指个人，而是包括自然人、法人和其他经济组织，比如从事体育文化传播的中介公司等。他们从事的工作包括：运动员经纪、活动经纪、组织经纪和其他经纪，并通过经纪活动获取佣金。

近年来由于职业体育运动的影响力越来越大，竞赛产业的产品之多，使得运动员拥有了很高的商业价值，球队支付的工资、广告代言收入及其他活动报酬使得运动员成为最富有的职业之一。

3.体育场馆业

体育场馆是体育赛事开展的空间载体。随着人类社会的变迁，国内外体育场馆的建造、运营和管理等都在不断演变和完善。体育场馆等基础设施既能满足人们体育健身的需要，满足举办大型体育赛事、文娱演出、会议展览等活动的需要，同时还承载了一个城市的文化，它是城市经济社会文化发展综合水平的重要体现。

众多场馆的出现也带来了一个不容忽视的问题，那就是场馆的运营。而目前，中国的绝大部分场馆处于入不敷出的状态，即使有报道称鸟巢和水立方运营中没有出现负数，没有拖整个集团（北京市国有资产经营有限责任公司）的后腿，但那是在没有考虑前期投入的情况下，不具有说服力。当然，很多场馆也进行了一些积极的尝试，试图找出一条适合中国体育场馆发展的经验之路。上海国际汽车厂经过多年的苦心经营，如今已经成为集高端赛车赛事、车商实验、跑车聚会、品牌发布功能于一体的大型活动场所。除了一年中100天左右必要的维护时间，其他260多天，各种活动和赛事的安排已经达到饱和状态。

正所谓好的开始是成功的一半，体育场馆业是一个投资大、见效慢的行业，市场有待培养。体育竞赛产业的发展无疑为场馆业注入了强心剂，赛事落地需要场馆，而现代化的场馆反过来又能吸引赛事落户。城市政府在引进赛事和修建场馆的时候，要充分考虑市场容量，不要盲目引进大型综合赛事，然后为此大兴土木建设场馆，在城市经济无法提供后续补给的时候，使场馆成为城市经济的负担，导致恶性循环，将原有的竞争优势转化为劣势，影响城市未来的发展。

尽管目前，我国很多城市都在积极举办各级各类体育赛事，但是形成规模或者有一定稳定性的还不多，场馆的利用率还普遍偏低，没有固定的收入来源。一些有能力的城市，除了可以举办综合和单项赛事外，拥有一支联赛俱乐部可以说是为体育场馆找到了一个稳定的收入渠道，当然中国的联赛市场刚刚起步，也需要时间培养，但是按照欧美发达国家的发展经验来看，这是一条可持续的道路。

4.体育用品业

体育用品是开展体育活动最基本的物质条件，包括体育器械和体育运动服装。体育用品业不仅为人们提供产品，还是体育赛事的主要赞助群体之一，为体育竞赛产业的发展提供了资金支持和实物赞助。

5.体育旅游业

体育旅游是指以体育赛事为基础，结合当地的自然旅游风光，策划、设计、组合相关产品的一种新的旅游形式，是旅游产业与体育产业交叉渗透产生的领域。然而目前，在中国并没有形成真正的体育旅游市场，更多的时候是城市借助体育赛事的传播力和影响力，促进城市旅游资源的开发，吸引全球各地的游客前来参观，属于体育营销的范畴。

6.体育博彩业

博彩业主要包括三种形式：彩票；竞猜类游戏，如赛马；娱乐场游戏，即赌场中的各种游戏等。在我国，由于赛马和赌场是被明令禁止的，所以我国的体育博彩主要指各类体育彩票。体育彩票的发行能够在短时间内为支持体育的发展筹集资金，增加税收，开辟新的就业渠道，吸引人们对体育事业的关心和支持，更广泛、更贴切地宣传体育，增强全民的体育意识。

（四）体育企业的战略、结构以及同业竞争优势增强城市的竞争力

分析竞争的基本单位是"产业"，而产业是由一群企业以产品生产或劳务服务直接进行竞争。在城市竞争优势对产业的关系中，第四个关键要素就是企业。站在竞争最前沿的，是企业而不是城市。企业是国际市场竞争角逐的主角，企业不只在一国之内发展，还各自有一套全球竞争战略，进驻多个国家。因此，必须了解企业如何创造、保持它的竞争优势，才能明白城市在国际竞争中的地位。一个企业的成功也许不能提升城市竞争优势，但是如果一个城市具有一群有竞争优势的企业，那么聚合起来就能形成城市的竞争优势，城市竞争就是企业集合体的竞争，所以城市发展战略中要考虑企业的发展。

那么企业该如何制定战略、结构以及如何在同业竞争中脱颖而出获得竞争优势呢？企业战略是指设立远景目标并对如何实现目标进行的总体性、指导性的谋划。企业战略决定了一个企业的发展方向，是企业在竞争中获得主动权，提升自身竞争优势的关键因素。根据波特的钻石体系，企业战略需要从生产要素（人力资源、资本资源、知识资源、自然资源、基础设施等）、需求条件以及相关产业与支持性产业、政府政策、机会等因素综合考虑来制定。企业战略也不是一成不变的，要根据形势做相应的调整。企业结构旨在通过对企业内部相互联系的组成要素的有效合理的组织，以期达到共同目的，强调企业的内部机制，需要与企业战略相适应。同业竞争指的则是关联企业之间的竞争关系，突出企业的外部环境，是企业战略需要考虑的重要因素。因本研究着重分析体育赛事与城市发展的关系，所以下面重点分析体育竞赛产业中的体育赛事企业战略与结构的制定，以及体育赛事企业相互之间的竞争即同业竞争促使企业不断创新，保持竞争优势，从而提升城市竞争力。

1.体育赛事企业的战略与结构

根据钻石体系，体育赛事企业战略制定首先要了解生产要素，如是否拥有专业的体育经营管理人才，是否拥有足够的资本？是否有优秀体育运动员组成的高水平比赛？当地的基础设施（交通、通讯、场馆等）是否适合举办赛事？是否有某些赛事需要的自然资源？比如帆船、龙舟等赛事需要有水域，攀岩等赛事需要有山，越野赛车等赛事需要有戈壁沙滩等，以及政府的态度等等。弄清了生产要素之后，还要了解当前的体育市场需求。目前，发达国家的体育产业占各国GDP的2%～4%不等，且呈逐年增加的态势。我国体育产业根据国家体育总局2010年公布的第一次体育产业调查数据显示，我国2008年体育及相关产业实现增加值

1554.97亿元，占当年国内生产总值的0.52%。与发达国家相比，我国体育产业的差距还比较大，也说明我国体育产业的发展空间还很大。但是企业要根据产业市场的细分市场来选择赛事产品，赛事项目的种类很多，不同项目之间的需求是不一样的。

另外，还要考虑体育相关产业及支持性产业的发展，这些产业的竞争优势有利于体育赛事企业的发展，正如前文中分析过的一样，体育传媒业、体育中介业、体育场馆业、体育用品业、体育旅游业、体育博彩业等相关产业与支持性产业都在一定程度上促进了体育竞赛产业的发展，而属于体育竞赛产业的体育赛事企业竞争优势的建立自然离不开这些相关产业与支持性产业竞争优势的支持。

波特认为，企业需要整体考虑钻石体系中的各个要素来制定相适应的企业战略。除此以外，正如我们前面论证过的城市经济和人文环境会对体育赛事产生影响，所以企业还要考虑城市的人文环境和城市的经济发展水平。

根据这些要素，企业生产出适合传媒传播的赛事产品，吸引赞助商参加，满足人们观看赛事的需求，并争取到相关产业与支持性产业的企业合作等等来制定相适应的战略目标，提升企业的竞争优势。

美国四大联赛与欧洲五大联赛及其俱乐部的运作成功是有目共睹的，在国际上具有很强的竞争优势。这些联盟及其俱乐部创造生产要素、探寻市场需求，以及寻求与相关产业和支持性产业的合作，各自提出了不同的战略目标，成为当今职业体育的典范。俱乐部的竞争优势对城市的竞争力提升最明显，是城市发展战略的重要组成部分。但分析俱乐部的战略、结构与同业竞争必须要与联盟结合，联盟的战略和结构对俱乐部产生重要影响。

2.同业竞争不可忽视

当所有的竞争对手集中在某一城市或区域时，一群企业相互竞争，对地方产生的贡献会大大高于没有竞争的单一企业的贡献。一群企业彼此激烈竞争，往往会带动专业基础建设、加速流通的市场信息，而相关科技与专业人力资源也会快速发展。企业因为害怕落后，必然会单独或以同业公会的方式进行专业条件的投资。企业竞争也会带动当地学校和大学开设专业的课程，政府也会投资支持设立学校和培训中心、出刊专业的期刊、建立市场情报组织等。

企业之间的竞争是企业改进和创新的原动力。从钻石体系来看，同业竞争并不亚于创造生产要素、发展供应商体系，以及高水准、挑剔的市场需求等。在竞争优势中，最重要的部分并不是静态的效率，而是企业的竞争活动。体育比赛的本质就是竞争，运动员与运动员、俱乐部与俱乐部之间的势均力敌的比赛才能产生高水平的比赛。体育赛事企业的目标就是生产出高水平的势均力敌的比赛产品。体育赛事企业间的竞争主要表现在：联盟与联盟之间的竞争，如美国四大联盟

（NFL、MLB、NBA、NHL）的竞争、欧洲五大联赛（英超、意甲、德甲、西甲、法甲）之间的竞争；联盟俱乐部与俱乐部之间的竞争；同一项目不同赛事之间的竞争，如四大网球公开赛之间的竞争等等。这些竞争促进了体育赛事的不断创新与发展，也提升了城市和国家的竞争优势。

（五）体育赛事与机会

在城市与体育产业竞争优势打造的过程中，"机会"是一个很重要的角色，因为它极可能打破原本的状态，提供新的竞争空间，影响到钻石体系各个关键要素本身的变化。波特认为，"机会是由一定的事件引发的，可能形成机会、影响产业竞争的情况大致有以下几种情形"：

（1）基础科技的发明创新；

（2）传统技术出现断层（例如：生物科技、微电子科技）；

（3）生产成本突然提高（例如：能源危机）；

（4）全球金融市场或汇率的重大变化；

（5）全球或区域市场需求剧增；

（6）外国政府的重大决策；

（7）战争。

在科学技术高度发达的今天，有越来越多的高新技术开始应用于体育赛事当中，比如高科技泳衣在游泳运动中的应用，"鹰眼"技术在网球比赛中的应用等等，这一方面促进了体育竞技水平的提高，提高了比赛的观赏性，另一方面也给体育产业的发展提供了难得的发展机会。

（六）体育赛事与政府

政府政策会影响到城市和体育产业的竞争优势，而且，它的影响力可好可坏。但是，政府并不能控制城市的竞争优势。政府制定产业政策的主要目标是发展提高生产力的人力资源和资本。因此，政府政策成功的关键既不是越俎代庖，也不是无所作为，而在于为企业创造一个有利于公平竞争的外部环境，通过微妙的、观念性的政策影响城市的竞争优势，从而成为放松或扩大钻石体系的力量。

有"亚洲盛事之都"美誉的香港特别行政区对这方面的认知和实践十分具有借鉴意义。香港特区政府专门搭建了"香港大型体育活动政策"和"香港盛世基金"两个政策平台，鼓励和支持体育赛事的举办；为了扶植更多可持续举行的大型体育活动，香港体育委员会于2004年11月设立了"M"品牌制度及支援计划，把"M"品牌授予在香港举行并获认可的大型体育活动，并特别制定整套支援措施，以协助这些活动发展为市场主导及有利可图的定期活动：

（1）委员会辖下的咨询委员会就"M"品牌活动的筹办、赞助、推广及宣传策略提供专业意见；

（2）统筹各有关政府部门的后勤支援，以支持"M"品牌活动的策划和举办；

（3）增加在本地及海外宣传"M"品牌活动的机会；

（4）资助"M"品牌活动，包括提供免息贷款，或等额拨款或直接补助金（两者均以递减方式发放），为期以三年（免息贷款或直接补助金）至六年（等额拨款）为限；

（5）资助"M"品牌活动使用康乐及文化事务署场地的费用，但有关活动须符合资助条件。

目前，该项政策已成功协助了世界女排大奖赛（香港站）、香港沙滩节、香港六人板球赛、瑞银香港高尔夫球公开赛等12个"M"品牌赛事活动的持续举办，涵盖了自行车、壁球、保龄球、体育舞蹈、小轮车等12个运动项目。

城市政府通过财政补贴、税收优惠、协助支持等政策影响体育产业的生产要素。政府通过出台政策，影响体育竞赛产业发展的需求条件，也影响着体育相关产业发展的环境以及企业结构、战略和竞争者的形态。而另一方面，城市政府本身也是体育赛事的需求者，体育赛事是其城市发展战略实施的必要手段之一。同时，政府的政策也受到"钻石体系"中其他关键要素的影响，政府政策的成败必须参照其他关键要素的状态加以考虑。

第五章　体育赛事与城市品牌建设耦合发展

第一节　体育赛事与城市品牌的关系

一、城市品牌形象的含义

（一）城市品牌的概念

国外学者基于不同的理论，从不同的角度对品牌理论体系和管理模式进行了研究。城市品牌源自营销学中的"品牌"概念。品牌一词最早出现在古斯堪的纳维亚语中，发音为"布兰多"，意思是"燃烧、烙印"，用于指代区分牲畜归属的标识。之后，品牌的内涵不断深化，从区分牲畜归属的标记逐渐发展成为承载商品功能性价值、感情性价值、标签性价值等多重价值属性的伟大资产。发生这种演变归根结底是市场竞争不断升级的结果。根据美国市场营销协会的定义，品牌是一种名称、术语、标记、符号、图案，或是它们的组合，用以识别某个销售者或者某种产品或服务，并使之与竞争对手的产品或服务相区别。人们对品牌内涵的认识经历了一个纷繁复杂又此消彼长的辩证过程，并在这一过程中逐渐发现其具有不同的本质特征。在营销和市场经济领域深入发展之后，品牌的概念得到了拓展，开始在文化、政治、社会等领域焕发出新的活力。

我国城市化刚起步时，主要注重扩大城市规模，发展城市基础设施建设等硬件方面，城市之间的竞争也主要集中在经济建设领域。这一时期城市数量增多、规模扩大、城市经济得到发展，但资源浪费严重，生态环境遭到了持续破坏。随着城市化进程的加快以及世界城市竞争呈现出的新格局和新趋势，现在的城市发展在提高城市基础设施建设、经济发展的同时，要更加注重城市在世界城市中的竞争力，注重城市的品牌建设，切实提升城市的形象，注重城市生态环境的保护和城市的可持续发展，更加注重城市消费者的感受，营建和谐的城市生活空间和社会、经济发展空间。这一时期城市品牌的相关研究逐步增多。

城市品牌是借鉴商品经济的发展而逐步提出来的，城市发展长期存在着城市间的合作与竞争。在城市竞争的历史长河中，大致经历了粗放式发展竞争、同质化竞争以及现在的城市品牌化竞争几个历程。城市品牌是城市特征的选择性表现，是城市核心竞争力的呈现，是对城市的泛化和整体识别，是城市特有的自然、人文、经济等优势的一种体现。城市品牌是城市个性化的表现，是区别于竞争对手的标识。

关于城市品牌的概念，美国杜克大学富卡商学院凯文·凯勒（Kevin Lane Keller）教授在《战略品牌管理》中指出：像产品和人一样，地理位置或某一空间区域也可以拥有品牌，城市品牌的作用就是让人们了解和知道某一区域，并将某种形象和联想与这个城市的存在自然地联系在一起，让它的精神融入城市的每一座建筑之中，让竞争与生命和这座城市共存。因此，可以认为，城市品牌是品牌概念的泛化，是人为挑选出城市的某些极具吸引力的名称、历史、文化、景观等特征，从而使目标受众对城市产生清晰、明确的印象和美好的联想的载体。城市品牌是城市特征的选择性表现，是对城市的一种识别，是城市特有优势的一种体现。城市品牌既是区别于竞争对手的标识，也是城市个性化的表现。

品牌是一座城市提高形象和影响力的无形资产。城市品牌建设是城市发展的重要内容，是一项长期的、系统的、相对稳定的工程，是城市可持续发展的导向和动力。城市品牌的建设除了要具有自身的外部形象外，还需要建立顺应城市发展、能代表城市整体形象的名称、标识系统、口号、城市吉祥物等，需要从整体深度挖掘城市文化，提炼城市核心价值。

（二）城市品牌形象的概念

我国学者吉福林在《论打造城市品牌》一书中提出"所谓城市品牌形象是指展现一个城市丰厚的文化内涵、经济内涵以及精神底蕴，与其他城市相分别的独特标志"。从城市品牌建设的长远发展来看，城市品牌形象的打造是其重要的内容，也是现代城市竞争和合作的基础，是一座城市区别于其他城市的显著特征的体现。

品牌形象本源含义是指某个品牌在市场上、在社会公众心中所表现出的个性特征，它体现公众特别是消费者对品牌的评价与认知。品牌是一个客观事物，而形象则是事物在人脑中的印象。品牌形象与品牌不可分割，品牌形象体现了品牌的实力与本质，因此形象是品牌的根基。品牌形象是消费者在与该品牌长期接触的过程中产生的，并通过消费者的品牌联想得以强化。品牌管理的最终目标，就是在目标消费群体心中建立其企业所希望的品牌形象。

在城市品牌战略中，品牌形象是指社会公众对城市品牌的印象和判断。一方面，这种印象和判断受到城市自身品牌的影响；另一方面，与社会公众对于城市品牌的感知程度和认同程度有关。如果公众对城市的整体感知与该城市所塑造的品牌具有较高的一致性，则可以形成共鸣，从而使得城市品牌获得公众的认同，建立起良好的城市品牌形象。树立城市品牌形象的最重要因素是人们对城市品牌的联想，或者能够根据城市品牌判断出是哪座城市，具有哪些特点。这种联想使城市品牌形象与众多事物联系起来，驱动品牌形象的建立与发展。

城市品牌形象主要包括两个方面：一是有形内容，二是无形内容。城市品牌形象的有形内容是指与城市的外观形象有关的特征，包括城市的地理位置、地形地貌、城市布局、建筑风格及色彩、标志设计、居民的穿着举止等可以通过视觉来呈现的内容。例如，西安关中八景、桂林山水甲天下、山城重庆等，都属于城市品牌形象的有形内容。城市品牌形象的有形内容是生成形象的基础，使人们一接触品牌，便可以马上将其视觉特征与品牌形象有机结合起来，形成感性的认识，从而在视觉上对该城市产生良好的印象，也是使这座城市区别于其他城市的重要途径。

城市品牌形象的无形内容主要指能够被公众感知，但不具有视觉特性的城市品牌形象，包括城市的经济特点、文化特点、行政特点、气候特点、饮食特点、民俗特点等。这些无形内容无法通过图形、图像加以概括，一般需要公众亲身感受或者采用语言文字加以描述。例如，政治中心北京、经济中心上海，都属于城市品牌形象的无形内容。

（三）城市品牌形象与城市形象的区别与联系

城市品牌形象是城市形象的提炼和升华。城市形象是城市长期发展过程中自然形成的综合特征在公众心中的呈现，而城市品牌形象则是从城市形象中提炼出的最具吸引力的特质，经过加工、包装、宣传、推广从而形成的社会公众对城市品牌的总体印象和判断。城市形象是对城市外在和内涵的总体性认识，具有不同的层次性。城市所处的区位、地形地貌等特征是这个城市形象最先体现出的一个方面，是第一自然特征。而城市的规划和空间扩展则是城市形象的第二自然特征。二者都属于城市形象的外在特征。城市精神、文化以及城市的经济、就业结构特征等作为城市形象的内在特征，同时也是城市生存和发展的基础。城市形象反映着城市自然地理形态、历史文化脉络、产业结构特点、城市功能和整体视觉的特色。在现代社会中，城市形象的优劣对于城市发展有着至关重要的作用。

城市形象可以看作城市长期发展过程中自然形成的综合特征，而城市品牌形象则是从城市形象中精心挑选出最具吸引力的特质，经过加工、包装、宣传、推广从而形成的社会公众对城市品牌的总体印象和判断。城市品牌形象是需要人为打造和经营的，对于城市来说是一种不可估量的无形资产。正因为城市品牌形象的建立与传播中体现了管理者的意志，才应当充分发挥主观能动性，利用传播学、营销学、城市管理学理论，在城市品牌战略初始期就进行合理的规划与设计，在城市品牌形象的定位、决策、塑造、传播过程中始终保持对受众的清晰认识与良好沟通，努力提高城市品牌形象传播的效果。考虑到城市品牌形象传播是一个可控制的过程，其核心任务和主要功能是建立体现城市独特核心价值的城市品牌形象，达到目标受众在与城市品牌的沟通中产生品牌认知进而认同的传播目的。本章中的城市品牌形象的传播主要涉及城市品牌传播形象的建立、认知，与受众沟通过程，用传播学方法提高城市品牌形象传播的效率和效果。一个城市的品牌形象是一个城市综合实力的体现，同时城市之间的品牌形象竞争也是城市综合实力的较量，因此城市的综合实力直接决定了城市品牌形象的价值和传播效力。

城市品牌形象与城市形象具有密切的关系。城市品牌形象是城市形象的核心组成部分，是城市形象给予受众的具有城市代表特征性的印记，是城市核心产品、服务、资源等给予外界的印记。城市品牌形象是建立在城市形象基础上的，良好的城市形象有利于打造城市品牌形象。同时，城市品牌形象又进一步提升了城市形象。二者相辅相成，是城市发展的重要组成部分，也是城市品牌建设的重要内容和发展目标。

二、城市品牌形象的特征

（一）独特性

每一座城市，如同单独的个体一样，都拥有自己与众不同的城市自然资源、人文资源，不同的发展历史，不同的社会、政治、经济发展状态等。城市品牌形象是城市为了在竞争中获得优势而努力创造的一种无形资产。随着城市化进程的加剧，城市之间对社会资源的竞争日趋激烈，在这种情况下诞生的城市品牌和城市品牌形象，自然只有体现出城市的特殊性，才能够在竞争中取得优势。也就是说，城市品牌形象塑造和传播的实施必须基于市场营销的角度，将城市品牌形象塑造和传播作为提高城市竞争力的重要手段，发掘和提炼出城市的独特吸引力，为城市创造出独特的品牌资产，使城市拥有一种独特性资源。城市品牌凝聚了本城市精神与物质文明建设的精华，体现了本城市的闪光点，其独特性是长期发展所提炼出来的。城市应不断深入研究其发展历程、特色人文、地质风采等，深度挖掘城市的特征，这也正是发掘城市吸引力之所在。

波士顿咨询公司的创始人布鲁斯·亨德森（Bruce Henderson）教授曾指出，竞争性战略的基点是一个组织或企业特有的属性，也就是独特性。城市品牌形象的独特性突出了城市鲜明的特征，凸显了该城市在实质上的超群之处。例如，昆明将"春城"作为其城市品牌，充分体现了该城市夏无酷暑、冬无严寒、四季如春的气候特征，而具备这种特征的城市全球少有，从而形成独一无二的城市品牌优势。

（二）客观性

形象是客观事物在人脑中的反映，是代表事物品质的重要因素。城市品牌形象虽然是城市品牌在人脑中的主观印象，是城市的无形资产，不具有独立的实体，不占有空间，但城市品牌形象的物质载体是客观存在的，这意味着城市品牌形象需要通过一系列的物质载体来表现。20世纪60年代，美国人本主义城市规划理论学家凯文·林奇（Kelvin Linch）提出了影响深远的城市意象理论，在其研究成果《城市意象》中提到"人们对于城市的认知和形成的意象，是通过观察城市的环境形体来实现的"。可见，城市的各种独特的元素和标志都是城市具有识别性的符号。城市品牌形象的直接载体主要是文字、图案和符号，间接载体主要有城市景观、城市文化、民俗风情、产业特征等。没有物质载体，城市品牌形象就无法建立，更不可能达到品牌形象的整体传播效果。例如，东方明珠是上海的地标之一，同时也是上海城市品牌的重要组成部分，如果没有这一电视塔的客观存在，就不可能将其作为上海的城市品牌。孙湘明在《城市品牌的符号学解析》一文中分析了人文重庆标志、杭州市标、纽约申奥标志、北京申奥标志。这些标志是城市品牌形象的直接反映，也都是客观存在的。城市形象是城市发展的重要战略，应把城市形象打造为城市品牌加以推广。

（三）主观性

在城市发展中，城市自身的品牌形象有着越来越重要的作用，对城市品牌形象进行塑造，能够使更多的人了解城市。由于城市品牌形象是公众对城市品牌的看法和印象，是公众对品牌感知、理解和联想的总和，因而它具有主观性。没有大脑的意识活动，便不会有城市品牌形象。品牌形象的主观性还表现在，同一城市品牌在不同的人脑中可能会产生不同的品牌形象，这正是主观反映的结果。一方面，城市品牌形象的主观性对城市品牌的管理具有不利影响，它使得品牌管理者难以获得公众心中真实的品牌形象；另一方面，利用城市品牌形象的主观性可以激励公众积极地感知、联想和评价该城市，从而建立更加丰富的城市品牌形象。即使这样的品牌形象是有偏差的，但如果这种偏差偏向于好的方面，那么对提升城市品牌形象是有利的。

（四）相对稳定性

城市品牌形象的稳定性是指品牌形象一旦形成，不会轻易改变。但在城市发展的历史长河中，也呈现出变化的特征。一方面，由于城市品牌的塑造与传播是一个长期的过程，不可能一蹴而就，必须具备一定的持续性和稳定性；另一方面，由于社会公众对于城市品牌的接纳具有心理定式，意味着城市品牌形象会在受众心里存在一段时间。城市品牌一旦建立起良好的形象，就可能成为城市发展过程中源源不断的无形资产。

（五）动态发展性

城市品牌形象在一定时间内具有稳定性，但随着社会经济的发展和城市竞争的加剧，其品牌形象也要不断更新。城市品牌形象的发展性也可称为时代性，意思是城市品牌要随着时代的步伐和各种条件的变化而做出调整。在经济水平和人民生活质量迅速提升的时代，城市品牌也必须随着新的发展趋势和环境变革而改变。只有根据内外环境的不断变化对城市品牌做出调整，使之适应新变化，满足新要求，在时代发展的趋势下不断更新、完善，休现新时代的特点，城市品牌形象才能长盛不衰。

（六）广泛传播性

城市品牌的传播是通过各种媒介传播或公关活动来实现的。城市宣传画册、网站、形象广告片、专题图书、宣传展板、广告牌等都是常见的传播手段。城市品牌形象是传播和沟通的产物。城市品牌要想在公众心目中树立良好的形象，必须借助各种传播手段。所有的传播活动都要以受众为导向，创造受众满意的接触体验。离开了传播媒介，城市品牌信息就无法传达给社会公众。同时，为了保证城市品牌形象的传播是一个可控的过程，必须充分发挥传播媒介时城市品牌传播的引导和控制作用。正是由于城市品牌形象的传播性，使得运用传播学理论研究城市品牌形象传播成为一种可能。2010年，上海第41届世界博览会的主题是"城市，让生活更美好"，就较好地提出了契合上海发展目标的口号，顺应了上海城市的发展战略，具有较好的传播价值。

三、体育赛事与城市品牌的关系

体育赛事主要由比赛参与者、比赛场馆、举办方和举办者等组成，体育赛事的参与者主要有运动员、裁判员、观众等。参与者对体育赛事的参加促进了城市人文环境的形成。在举办体育赛事的过程中，参与者的数量决定了赛事关注度的高低，关注度高的赛事有助于开展赞助活动，宣传城市品牌；环境优美、功能完善的体育场馆不仅可以提高赛事的观赏性和舒适性，同时还可以作为旅游景点带动城市的旅游，形成城市的品牌。

举办体育赛事可以带动城市经济的发展。体育赛事的直接经济效益主要表现在赛事运动员和观众的即时消费、媒体的转播费、企业的直接赞助投资等方面。体育赛事的间接经济效益主要体现在对城市的营销、企业产品的营销、旅游市场、餐饮酒店业、交通运输业等方面。国内外一些学者对大型体育赛事促进城市经济发展进行了大量的论证。但不能认为大型体育赛事就一定是奥运会、亚运会等。相对于城市的每一个发展阶段，都有重要的、能级不同的体育赛事。这些赛事如果规划得好，都可以作为推动城市经济发展的强大的、持续的动力。体育赛事的举办对举办地经济效益的增长以及整个城市的经济发展有着积极的作用。通过赛事的举办可以为城市的进一步发展提供新型动力，开发出新的城市旅游节点，吸引大量的中外体育爱好者，为举办城市旅游开创出新的旅游市场。以北京、上海为例，北京奥运会的成功举办，带动了北京旅游业的发展，奥运会期间北京市的游人络绎不绝，而且许多游人是为了观看体育赛事。奥运会举办前后为北京的旅游、酒店、购物等产业发展提供了一个契机。根据上海市旅游部门统计，举办一级方程式锦标赛期间，上海市的旅游业收入比平时大幅增长，而且长三角地区也增加了大量观看比赛的游客。在举行比赛期间，附近大小宾馆、酒店的房间都早早被订空了，一房难求。郭国庆、李光明、钱明辉在《关于开展城市品牌管理的战略思考》一文中认为，营销城市品牌有助于强化顾客对于城市发展的信心，可以促进城市的经济建设、旅游业的发展及其他方面的发展。

举办体育赛事可以加快城市的基础设施建设，推动城市功能的发展完善。许多城市利用举办大型体育赛事的机会，大力推进机场、公路、铁路等基础设施建设，改造城市环境，改善各社区、街区的居住环境和城市设施，推进城市化进程。一项体育赛事的举办需要在举办前做充分的准备工作，对比赛场馆的设施和整体构造都要有明确的规定，而且需要完善场地设施、交通设施以及通信设施等城市基础设施，保证赛事的顺利完成，并且一旦遇到突发情况可以在最短时间内得到解决。周期性的大型综合体育赛事在举办时，需要保证城市交通和通信顺畅，所以通常在举办大型综合赛事时，举办城市的政府会对城市的道路交通安全和城市环境面貌的绿化进行完善和修建。

大型或品牌体育赛事都融入了大量的国家或地区文化，文化元素的打造体现出赛事的内涵和特色，彰显了赛事的档次。传统的体育赛事发展方式受到了前所未有的挑战，人们在参与或观赏体育赛事的过程中，所带来的体验使人们对体育赛事和举办城市的特色人文有了更多的认识和需求。以城市品牌为导向的体育赛事，较之一般的体育赛事，需要注入更多的文化元素，增加体育赛事的文化属性。

可对其他国家或城市的文化进行移植，同时构建本城市、本民族的体育赛事文化体系，使城市体育赛事在传播城市文化的同时，让体育文化、体育精神植根于受众之中。文化的移植或本地文化的继承传播都将繁荣文化的内容，推动文化的发展，形成独特的体育赛事文化和城市文化。另外，品牌文化是品牌的重要组成部分，是品牌内涵的深度体现。以城市品牌为导向的体育赛事品牌文化是体育赛事整合城市自然资源、人文资源、社会资源以及人的活动紧密结合、共同产生作用的产物。

举办体育赛事可以提升市民参与度，弘扬传统文化。体育运动既可以增强人的体魄，还可以培养人的内在品质。在体育赛事中能够激励人顽强拼搏和培养志愿精神，志愿精神会对人们的生活和工作产生积极的作用，是在遇到挫折后积极面对不怕困难的顽强拼搏精神。利用体育赛事的宣传效应将体育赛事作为载体并通过体育赛事把中华民族传统文化向世界传播，可增加社会居民体育参与度。例如，山东省举办的第十一届全运会将体育运动与山东省的传统文化完美结合在一起，在有力地弘扬中华民族传统文化的同时也借助传统文化将体育赛事进行了升华，提升了市民的体育参与度。传统文化与体育赛事的结合碰撞出了新的火花，形成具有自身特色的城市文化。

体育赛事改善了城市品牌的形象。体育赛事品牌的营销、维护等都要紧密联系城市品牌形象，每一步工作都要考虑到对城市品牌形象的影响，要有助于维护和提升城市品牌的形象，要有助于唤起人们对赛事产品和城市其他产品的联想。必须保持品牌传播在核心价值上的定力，不能因市场压力或短期利益诱惑而偏离品牌核心价值的轨道，尽量让品牌在消费者心中传播出一个清晰、统一的印象。上海市通过世界花样滑冰大奖赛、国际泳联世界锦标赛和一级方程式锦标赛而闻名世界。上海市的上海体育场可容纳八万人，是目前规模最大的综合性场馆之一。北京借助2008年奥运会的成功举办，把体育文化融入城市品牌文化中，建设了许多体育场馆，著名的有"鸟巢""水立方""五棵松体育馆"，这些都已经成为国内有影响力的比赛场馆和旅游胜地。体育赛事的举办对城市形象有着积极的影响，推动了城市软环境建设，加快了城市基础建设和就业，使城市品牌形象和知名度得到了提升。

四、体育赛事扩大城市品牌影响力

特色鲜明、规划合理、组织得当的大型体育赛事，往往更能吸引人们的眼球，尤其能吸引外来的投资者、旅游者以及体育爱好者的眼球。在传播体育赛事竞技的过程中，往往可以添加一定的城市地理位置、交通、社会、经济等的发展现状和发展目标，把这些元素合理地融入体育赛事中，从而增加了外来投资者、旅游者对城市的了解和熟知，有力地营销了城市。这种以体育赛事的成功举办对城市的营销，往往是最直接、实效的方式，能够以较少的投入获取更大的收益。

通过体育赛事的场馆设施建设和地理旅游特色、体育赛事营销、举办地的人文特色来促进城市发展，城市的发展有助于城市品牌的形成，城市品牌效应的形成可以带动城市发展，增强城市品牌的影响力。城市的品牌效应包括宣传效应、带动效应、文化效应、聚合效应等，同时场馆设施和地理旅游特色也可以促进旅游业发展形成城市品牌效应，从而产生巨大的影响力。

（一）利用体育赛事带动城市品牌的宣传效应

传统文化是城市的无形资产，当一项体育赛事落户当地城市后就会被打上这个城市的文化烙印。因此，可以将体育赛事的文化营销当成概念营销的主要手段。对赛事文化的营销，需要多角度思考有关赛事的活动，对体育赛事的市场进行营销，并通过广告、赞助等宣传方法，带动城市品牌的宣传效应，让世界了解和认识举办城市，吸引大量的中外体育爱好者。例如，2008年北京奥运会的主题歌《北京欢迎你》不仅成为有名的奥运主题曲，而且通过歌词将北京人民好客的传统文化向世界传播；广州是一个环境非常优美的城市，有着得天独厚的地理环境，通过广州全运会让世人认识和了解了广州。除了国际规模的大型体育赛事外，举办一些具有地域影响力的体育赛事，也有利于城市形象的传播和宣传。

（二）利用体育赛事促进城市品牌的带动效应

比赛场馆设施的建设是体育赛事的一大特色，优美完善的赛事场馆不仅可以增加赛事举办的整体观赏性，同时也使赛事场馆成为城市的一大特色，可以带动城市旅游业以及相关的第三产业的发展，推动城市经济的发展，促进城市品牌形成带动效应。以北京为例：在举办北京奥运会时建设了许多具有特色的比赛场馆——"鸟巢""水立方""五棵松体育馆"，这些比赛场馆以优美的形象和高科技的建筑特色闻名，展示了我国的科技水平，弘扬了我国传统文化。在北京奥运会结束之后，这些比赛场馆不仅用于体育比赛，还作为北京市的新型旅游场所吸引着无数中外体育爱好者，带动了北京市旅游业的发展，促进了城市经济的快速发展。

（三）利用体育赛事带动城市品牌的文化效应

文化在体育赛事中的作用日益凸显，能否认识或习得当地城市的文化是赛事参与者或观赏者重要的抉择因素。体育赛事品牌文化的创建、传播与维护伴随着品牌的产生、发展和走向成熟，在品牌发展的各个阶段，品牌文化都起着非常重要的作用。优秀的、适合品牌发展的品牌文化能使消费者产生高度的认同，能使赛事参与者或观赏者产生渴望了解、探究的心理，从而抓住消费者的心理，最终使人们产生更高的品牌忠诚。体育赛事如今已经是当代体育中一个重要的环节，它可以反映出现代体育的一定的发展状况。因为体育竞赛本身是由人组成的，而人的生长环境必然伴随着当地的文化。体育赛事也代表举办地的文化，举办体育赛事可将举办城市的优秀文化向社会传播，有助于形成更加优秀的城市文化，从而助推城市精神文明建设，带动城市品牌的文化效应。例如，山东潍坊风筝节、千岛湖自行车赛、四川足球赛等体育赛事都主题鲜明，将赛事与当地城市的人文特色融合在一起。例如，北京文化一直强调海纳百川，吸收外来文化，在进行体育赛事时注重将这一特点凸显出来，从而使赛事既有北京的文化特色，又有国际化的视野。

（四）利用体育赛事带动城市品牌的聚合效应

成功举办的2008年北京奥运会、2010年广州亚运会等赛事，直接推动了城市的体育场馆建设，为两座城市的发展提供了强劲的平台。体育赛事的举办可以获得城市居民很高的关注度和参与度，城市居民对于体育赛事的关注度提高，自然会提高参与运动的热情。利用体育赛事的高关注度，可以聚合更多的体育赛事的参与者，并通过体育赛事，将城市的社会资源进行聚合，带动城市品牌的聚合效应。通过城市的聚合效应可以提升城市品牌知名度，有利于城市品牌文化的形成，向市民传递正能量。

（五）利用体育赛事带动城市品牌的光环效应

举办体育赛事可以提高城市品牌的知名度，提升市民对城市的自豪感和荣誉感，还可以增强市民的自信心，培养市民的责任感，促进城市形成自身的品牌文化。如由于2008年奥运会的举办，北京市民心中就有一份优越感和自豪感，这种优越感和自豪感可以提升市民对城市的热爱和责任。同时，这种光环效应也会促进城市经济的发展。谢菲尔德通过举办大型体育赛事，从英国的传统工业城市转变为文化和旅游中心。

通过体育赛事所带动城市品牌的一系列效应，极大地推动了城市的发展，进一步提升了城市品牌的质量，扩大了城市品牌的影响力。体育赛事有助于创造和传达城市的品牌价值。体育赛事在没有媒体干预的情况下，其影响是有限的，这也有损城市形象的宣传。无论是报纸、电视、广播等传统媒体，还是新的网络媒体，甚至是社交媒体，都在推动体育文化在全球的传播中发挥着重要作用。

五、体育赛事增强城市品牌认知度

随着时代的发展，城市竞争日益加剧，城市品牌越来越受到关注和重视，被认为是城市珍贵的无形资产。1964年东京奥运会赢得了世人对城市的认知，东京将与奥运会相关的城市规划与数十年的城市发展战略结合起来，修复了破损的城市基础设施，以有效地连接体育设施、城市遗产地，对当时的东京发展产生了显著的影响。城市品牌认知度是顾客对城市品牌内涵及价值的认识和理解程度。每一座城市都有其深刻的特色文化内涵及价值，城市外部顾客正是凭借着对某一城市品牌产生的某种感觉和体验，帮助其选择或识别该城市进行投资或旅游。城市品牌认知可通过在赛事推广阶段反复不断地宣传该城市，使城市外部顾客因体育赛事从知道该城市到不断熟悉该城市，进而提高城市品牌的认知度。

2008年北京奥运会大部分场馆都建在北京中轴线以北的奥林匹克公园，为提升城市的全球知名度、改善城市环境、建设国际化的城市起到了促进作用。赛事推广阶段是城市对外宣传，提升城市品牌认知度的最佳时段。因此，在这一阶段的城市品牌塑造中，城市营销者应首先从思想上高度重视，提高赛事推广在整个城市品牌塑造中的战略地位。在赛事推广中必须以赛事推广为主，以城市品牌推广为辅，实现体育赛事与城市特色资源的完美整合。每一个城市都有自己独特的物产资源、自然景观、文化风俗、建筑特色、居住环境、城市魅力和优势所在。若能将城市自身特色与体育赛事自身所倡导的价值与主题相吻合，将城市特色与体育赛事相捆绑可以提高体育赛事的娱乐价值、拓宽体育赛事吸引力和延长赛事举办期，可为举办城市吸引更广泛的客源和"注意力"，极大地提升举办地城市品牌的认知度。因此，对于赛事举办地政府来说，要恰到好处地利用好这段有利时机，摒弃"酒香不怕巷子深"的观念，在赛事宣传推广中加入城市的名称、标志，深度挖掘城市自身的特色内涵，将城市形象理念及特色要素融入赛事宣传推广中。同时，在体育赛事营销的背景材料中，不断增加城市的曝光频率和时间，不断发出自己的声音，借着举办赛事的机会塑造出具有浓郁地方民族特色的城市形象与魅力，实现体育赛事与城市特色的完美结合。

在选择体育赛事时，应考虑到是否符合城市总体发展战略以及对实现这些目标的贡献，才能获得更多的政府服务和顾客的关注。举办各类赛事巡展活动吸引城市外部顾客的关注。从赛事申办成功到赛事举办阶段，对绝大多数城市外部顾客来说是一段心理空白期，他们都在这一期间关注着赛事举办地所发生的任何与赛事有关的事情，甚至希望能够积极主动地参与进来，了解赛事与举办城市的相关信息。举办城市可以利用这段时间在全球范围内举办各类赛事宣传活动，提高城市品牌的认知度。如2010年广州亚运会，通过海、陆两条丝绸之路，走访亚洲45个国家和地区，所到之处通过播放广州亚运宣传片和派发宣传册子，举办各种活动吸引当地居民，向世界传播岭南文化开放、兼容、务实、创新的精神，加深全世界对广州的了解。"亚洲之路"活动的开展，使广州实现了借助亚运会进行城市营销的目的，即明确广州经济发展的方向，传递城市发展的信心，扩展国内国

际两个市场，激活国内国际两种资源，为广州的城市战略转型和城市形象重塑提供动力

第二节　体育赛事增进城市品牌资产积累

一、突出城市特色

城市特色是城市的历史文化、自然环境等凝聚起来的城市的灵魂，是城市形象的核心组成部分。城市特色是成功举办体育赛事的关键，明显的地域特征、历史文化特征等对某一城市的某些体育项目的发展具有重要的影响。大型体育赛事的举办可以全方位打造城市特色：地方文化的创造和推广可塑城市人文特色；提炼大型体育赛事主题作为城市营销口号可塑城市理念特色；经典体育比赛场馆、体育主题公园的建设可塑城市视觉特色；场景及其衍生的活动场景可塑城市行为特色；大型体育赛事及其相关的媒体宣传显示不同城市地域特征可塑城市地缘特色。这些特色极大地提升了城市品牌的质量。1960年罗马奥运会主办城市的委员会利用两个历史文化遗址——马克森提乌斯大教堂和加拉卡拉作为场馆，有效地将奥林匹克和城市历史文化遗产结合起来，突出了城市特色。

二、提升城市品牌的资产

（一）体育赛事拓展城市品牌资源，促进城市产品和服务品牌化发展

城市资源是一个城市和地区旅游发展的基础，是城市吸引物的核心所在，是城市品牌的主要影响因素。城市资源是要靠挖掘的，建设城市品牌在发挥传统资源带动作用的同时，还要注重体育赛事这一种重要的社会活动，让体育赛事发挥推动作用，积极把一些资源真正利用起来。例如，一些丘陵山区，农作物种植收入有限，但地势特殊，就积极开展山地马拉松赛事、山地自行车赛事、户外露营等，在发展特色赛事的同时，更要积极利用一些看似不毛之地博得大众的眼球，在提升城市旅游产业发展的同时，也提升了城市的知名度。重庆武隆的发展就是一个较好的例子。

城市产品的开发和推广，直接影响城市品牌的渗透力。在城市发展过程中，体育赛事通过对消费者需求特征和消费行为的分析，结合当地的资源，打造具有独特体验的体育赛事产品。体育赛事参与者和旅游者的体验，最终体现在对城市产品和服务的消费环节。赛事参与者和旅游者可以通过体育赛事过程的体验，从

赛事产品、服务等中感受到城市的管理水平、城市文化、民风民俗等，从而促进城市不断提升产品和服务的质量，打造品牌化产品和服务，也在很大程度上积累了城市品牌的资产。

（二）促进城市经济发展，优化相关产业布局

城市的经济实力、优势产业和发展前景，是构成城市品牌的经济要素。品牌资产有利于顾客对产品信息的清晰认知，对购买决策信心的增强以及提高顾客消费的满意水平，也有利于企业提高营销效率，增强溢价能力和提升产品竞争优势。在品牌资产中，品牌美誉度、品牌忠诚度和品牌知名度对于城市品牌和体育赛事品牌都具有重要的意义。

体育赛事尤其是大型节日活动首先需要建设大量的基础设施，以及为体育比赛服务的场馆设施、通信设施、文化设施、环境设施等。这些设施的大规模建设除了能够为城市增加一定的设施服务优势外，更能在短期内产生巨大的需求市场，能够引发建筑规划设计行业、原材料行业、体育产品制造行业、交通设备制作行业、高新技术行业、文化传媒行业的发展，从而产生一定的经济效益，促进城市经济发展，培育经济发展优势。

巴塞罗那曾是老牌工业城市，随着竞争力的下降，城市发展陷入"瓶颈"。1992年奥运会举办后不久，巴塞罗那从工业城市成功转型为以服务业为主的城市，体育与旅游业使城市焕发新机，给城市贴上了新的标签。举办大型体育赛事不仅对健身体育、休闲体育、体育保险、体育经纪、体育会展等相关体育服务产业的兴起与整体发展产生直接的促进作用，更重要的是对举办城市的房地产业、运输业、通信业、旅游业、服务业等城市相关产业的发展具有推动作用，从而推动城市整体经济的快速发展。

大型体育赛事的举办对体育旅游业有着深远的影响。大型体育赛事的成功举办能吸引大量的游客前来旅游、观光，同时可以产生提高举办城市的知名度、改善举办城市的旅游基础设施、提高举办城市的旅游营销和管理水平、改善举办城市旅游市场的客源结构、促进举办城市的旅游文化交流等一系列的积极影响，极大地促进举办城市的旅游业的发展。2003年，体育旅游占全球旅游市场的10%，创造价值达510亿美元。体育旅游成为举办大型体育比赛，如奥运会、世界杯足球赛的核心策略。澳大利亚政府为举办悉尼奥运会花费了17亿美元，作为回报，预计体育旅游在随后10年将挣回43亿美元。

（三）丰富城市精神内涵

城市真正吸引人的地方还是文化，城市品牌建设最重要的是要依赖于城市的精神文明。城市精神是对城市传统优秀素质的萃取，既要体现出城市的地域特点、

风土人情、历史脉络，又要注入新时代的特征，紧扣城市发展的大战略。在体育赛事的规划和运营过程中，要积极融入城市的地理文化，特别是本地区的民俗文化，能更好地呈现城市精神。通过体育赛事的宣传和传播，城市精神就能为更多的旅游者和城市居民所领会。城市精神能丰富体育赛事的内容，体育赛事又进一步丰富了城市精神的内涵。

三、体育赛事提升城市品牌美誉度和忠诚度

城市品牌形象塑造是获得城市美誉度的重要指标。城市品牌形象塑造是一项综合性的系统工程，需要专业品牌策划与执行机构同城市政府相关负责部门一起进行科学、策略性的整体战略规划及后续形象设计与推广活动。

城市品牌美誉度是人们对某一城市在功能及文化等方面亲身体验后，对城市品牌的好感和信任。赛事举办能提升城市品牌美誉度。赛事举办阶段指从比赛开始到比赛结束的整个过程阶段。在这一阶段观众进行了短暂的空间移位，几十万的游客、观众从居住地进入赛事举办地观看体育比赛。在观赛过程中，从城市的生态环境、生活环境、政府形象、城市居民素质到比赛场馆设计和精彩的比赛等都会直接呈现在观众面前。他们的所见所闻、所观所感，能够形成对举办地城市功能品牌及文化品牌的直接体验，良好的城市品牌体验能够显著提升城市品牌在观众心目中的美誉度。

城市品牌美誉度和忠诚度与城市品牌利益相关者有关。福尼尔研究利益相关者间关系时提出了品牌治理过程中的利益相关者关系网络结构，并指出公司应当积极引入利益相关者加入品牌共建，通过发挥其在关系网络中的辐射作用，影响其他参与者，最终带动品牌价值的提升。大型体育赛事的举办可以增强城市品牌硬实力，提高城市品牌美誉度。大型体育赛事的举办能够从城市生态环境、生活环境等众多方面增强城市品牌硬实力。在城市生态环境污染日趋严重和"城市病"日益膨胀的今天，谁把城市生态质量的改善摆在重要的位置，谁就拥有提升城市品牌美誉度的优势。大型体育赛事的举办会对自然环境有较高的要求，且会带来巨大的客流量，这就要求举办地加强对城市生态环境的改善。如北京奥运会为确保前来观看比赛的观众创造具有良好的城市生态功能体验，对城市空气质量、污水处理、水资源保护和污水管理等水环境进行了全方位的整治。赛事举办过程中，从全球四面八方汇集而来的外部游客将直接感受因大型赛事而改善的优美城市生态环境和生活环境，并形成良好的城市品牌体验，提高了城市品牌美誉度。

大型体育赛事的举办可以展示城市品牌软实力，提高城市品牌美誉度。在体育赛事举办过程中，游客不仅会体验到城市生态和生活环境等功能环境，还为外部顾客近距离接触城市政府管理和体验城市居民亲和力提供难得的机遇。对城市

政府管理、居民素质等城市品牌软实力的体验，能提高城市品牌在外来游客心目中的美誉度。

城市形象是城市在市民和外界心中的认识和标记，是城市展示文化、城市建设成果等的重要内容。体育赛事通过其影响力大、影响时间长等特点能充分提高城市品牌形象。体育赛事已被世界上越来越多的城市作为提高城市品牌形象的重要手段。体育赛事通过城市基础设施的改进、城市社会经济的发展、媒体高密度的报道、精彩纷呈的体育竞技以及让更多的体验者参与到赛事中来，提高城市的现代化水平，增强投资者、旅游者及城市居民对城市的美誉度。

大型体育大赛成功运作离不开当地政府的强有力的支持与协调。因此大型体育赛事的成功运作往往就成为举办地政府体现执政能力，展现政府实力的窗口。如北京奥运会全方位地展现了北京市政府出色的组织运作能力，提高了政府在前来观赛的各国游客心中的形象，展现了政府在组织管理方面的实力，为北京吸引外部顾客创造了良好的政府管理环境。居民对社区的关注程度、情感投入程度的强弱影响举办地城市品牌形象的提升。大型体育赛事可以说是城市文化发展的隐形基石，它不仅能增加城市居民对自身语言和行为的自律性，有效激发全体市民的热情和信心，从而提高文明程度，还能增强城市居民自豪感和凝聚力，使广大居民心往一处想、劲儿往一处使，为外来游客塑造强大的亲和力形象。2008年北京奥运会期间，北京市民用最好的服务给外国客人留下了美好的回忆，且外来者到达目的地后在收集旅游信息时对当地居民的无偿建议很重视，认为是"专家性的建议"，当地居民的口碑作用不可忽视。当地社区与居民的积极参与对外来者心目中北京城市形象的形成起着重要的潜移默化的作用。在影响举办地城市品牌形象提升的因素中，城市居民的支持越来越成为一种重要的力量。因为，这种支持很有可能将事件转化为一种有意义的重要的城市体验，从而提高城市文化品牌在外来游客心目中的美誉度。

要使体育赛事拥有较高的品牌忠诚度、美誉度和知名度，就要积极开展体育赛事的品牌体验活动。大型体育赛事的观赏增进城市品牌体验。大型体育赛事的举办吸引着数以万计的观众从四面八方汇集到举办城市。体育赛事品牌体验是个人与体育赛事所提供的服务、产品等进行深度接触、相互作用的过程。这种体验可以是体育赛事举办的某一个环节，也可以是整个过程，关键是要体验出体育赛事品牌的个性、品质等，获得心理上的满足，并具有较高的品牌满意度。在赛事举办期间，观众不仅能与城市的软硬环境进行零距离接触，体验城市品牌的软硬实力，还可以从赛事观赏中间接感受城市的品牌魅力，增进城市品牌体验。

品牌满意度是品牌忠诚的基础，强烈的满意度有利于塑造强势的品牌关系，而强势的品牌关系直接导致品牌忠诚，也进一步提升了品牌的知名度。体育赛事在一个城市的举办与该城市的文化息息相关，大型体育赛事本身汇集了城市物质、精神、社会等层面的元素，能够集中展示城市风貌。赛事观赏不仅包括对体育比赛的欣赏，还包括对体育场馆建筑的欣赏。赛事观赏中，良好的赛风、赛纪，井然有序的赛场秩序和热情好客的庞大志愿者队伍及来自城市各方面的鼎力支持，是城市居民思想观念和道德水平最好的集中体现。大型体育场馆一般是举办城市的地标性建筑，其独有的风格和"视觉亮点"，相比其他建筑更具有文明、开放、充满活力的鲜明特征，反映了举办城市最高水平的设计和建筑技术，代表了大都市的风貌，能更充分表达城市的文明建设和文化意蕴，是城市精神文化的载体和灵魂。赛事观赏中体育场馆及比赛的欣赏都间接体现了城市的精神文化风貌。大型体育赛事与举办城市在各个方面有着千丝万缕的关系，依据心理学中的年轮效应理论，观众在观赛期间产生的良好观赛体验会间接增进城市品牌体验，提升城市品牌在观众心目中的美誉度。

在传统的体育赛事品牌建设中，一般先利用推销的手段提升赛事的知名度，并以此来获得美誉度和品牌忠诚度。随着移动互联时代的到来，微博、微信、QQ等现代媒介的快速发展，一些赛事开始从培养消费者的品牌忠诚度开始，在赛事的打造过程中通过注重赛事的特质、服务质量、基础设施建设等来培养消费者的品牌忠诚度。当消费者的品牌忠诚度得到提高后，就拥有比较稳定的消费群体，这些忠诚于这座城市体育赛事的消费者就很容易把相应的赛事特色、质量等信息通过现代化的交通工具迅速传播出去，就产生了品牌美誉度。当体育赛事拥有一定的忠诚度和美誉度后，就能吸引更多的消费者前来参赛、旅游、投资等，从而提升品牌的知名度，并推动城市品牌建设的良性发展。

总之，受访者对上海的经济形象综合评价最高。综观受访者对城市的综合经济竞争力、适合投资度、人才吸引力、理想工作状况、适合购物度等方面的评价，上海都位居第一。上海作为我国的经济、金融中心，拥有中国大陆首个自贸区——"中国（上海）自由贸易试验区"，是我国经济发展的龙头。同时，上海是一个享誉全球的国际性大都市，会聚了最充裕的资金和最先进的科技，也吸纳了大量的高端人才。所以，在城市经济形象的调查中，上海得到最高评价，也是实至名归。

北上广的经济形象受到好评。北上广一直是中国现代化大都市的代名词，是年轻人向往的工作、生活、购物圣地。调查结果也证实了这一点，无论是综合经济竞争力、适合投资度，还是人才吸引力、理想工作状况、适合购物度，北京、上海、广州均傲居前三名的位置。当然，北上广经济形象之所以会受到好评，原因是多方面的，例如从地理位置及城市特性而言，北京位于环渤海经济圈，又是我国首都；上海位于长三角经济开发区，是我国第一大城市；广州身处珠三角都市圈，是我国对外交流的门户。

城市经济形象对城市总体形象具有"马太效应"。"马太效应"是指强者愈强、弱者愈弱的连带影响。城市经济形象的优劣对城市总体形象具有类似"马太效应"的连带影响。在我国2014年上半年的GDP排名中，上海、北京、广州为GDP总量最高的三个城市，此次城市经济形象的调查结果也显示，上海、北京、广州被受访者评为经济形象最好的城市。究其原因，上海、北京、广州具有雄厚的经济实力和良好的经济形象，使得大量高素质人才、众多知名企业以及各种高端科技竞相涌入，结果经济实力不断增强，城市形象也不断提升。

正所谓经济基础决定上层建筑，城市经济不仅直接影响着城市品牌的构建，而且对体育赛事的"着陆"和发展、质量和规模起着决定性的作用。反过来，体育赛事对城市经济发展具有极大的推动作用。很多城市的发展实践证明，体育赛事在增强城市经济的内驱力、增加城市就业和对其他商业发展的联动效应方面的作用是毋庸置疑的，举办体育赛事将提供更多的就业机会和商机。而且体育赛事在举办的过程中能吸引众多的游客以及参赛者来到城市进行旅游消费，这也极大地拉动了举办城市旅游产业的发展。体育场馆的建设，交通设施的完善以及酒店通信设施的建设在一项大型体育赛事中是必不可少的，因此需要大量的各行业人才，特别是在城市基础设施、体育场馆建设上会吸纳更多的从业人员。

四、城市文化

创新是城市走向兴旺发达的不竭动力，而文化的根本价值正在于创新。体育赛事具有融合文化的功能，它能将城市的历史文化、地域文化与先进的外来文化相融合。同时，城市文化又能更好地提升体育赛事的内涵，二者具有紧密的关系。文化被誉为城市的灵魂与名片，是城市自内散发出的气息与气质，也是城市的内涵与精神的重要表现。城市的文化形象涉及城市生活的方方面面，由丰富多元的元素构成。不同于城市的经济、生态等可以看得见的直观形象，文化形象是一种无形的、内在的力量，表述着城市的内涵与特色，体现着城市的灵魂与精髓。城市的文化既是丰富多元的，大到历史底蕴、整体风貌，小到吃穿住行、习俗风土，无一不是文化的体现，至少也内蕴了文化的因子；又是历久弥新的，城市的建设和发展是代代相传的智慧结晶，是古老悠久的，又是与时俱进的；更是独一无二的，不同的城市沉淀着不同的历史，也展望着不同的未来，展现着属于自己的魅力与特色。所以，无论城市怎样发展，文化这种独具魅力的无形资产，都是其不可或缺的重要组成部分。城市的文化遗产、文化氛围、文化名人、文化习俗、文体活动和居民的文化素质是形成城市品牌的重要文化元素。文化的价值取向、伦理道德、精神面貌和人的行为方式等方面都对城市的经济发展和社会变革有重大影响。很多城市都以其独特的城市文化作为塑造城市品牌的重要内容。例如，山东曲阜市是孔子故乡、儒家文化的发源地，它利用孔子故里和历史文化名城的特色优势，培植城市个性。

品牌的竞争力在于满足消费者情感和心理的诉求，文化有利于提高品牌认知度与强化品牌直觉质量，有利于培养消费者的品牌忠诚，有助于形成消费者正面而丰富的品牌联想，建立品牌心理优势，能有效地承载企业的价值观。城市文化主要涉及城市历史文化底蕴、城市教育状况、城市的国际化水平、城市与现代社会结合的时代感、城市的娱乐业和美食餐饮业等。

用文化充实拓展体育赛事的丰富内涵，对于形成城市独特的文化核心竞争力具有重要的意义。历史文化底蕴是城市的灵魂，同孕育和积淀的时间有密切的关联，一般而言，文化沉积时间越久，历史文化底蕴越为深厚。一般我国居民都认为北京、西安、南京是最具历史文化底蕴的城市。北京既是我国政治、经济、文化、教育以及国际交流的中心，又具有悠久的历史。北京作为城市的历史可以追溯到3000多年前，尤其是作为元明清三朝的都城，一度是当时世界上最大的城市。在诸多仁人志士的努力下，北京最终将众多历史文化古迹（天安门、紫禁城、鼓楼、钟楼、颐和园、四合院、胡同等）有效地保留了下来。所以，人们今天仍然可以瞻仰北京城的历史古迹，领略北京城的文化气韵。

从奴隶制到封建社会巅峰状态的唐王朝，西安留有十三个王朝的历史印记，是我国历史上建都朝代最多、历史最悠久的城市，同时，它也是人类文明的发祥地之一。在漫漫的历史岁月中，汉武帝、唐太宗等彪炳史册的帝王，曾以西安为舞台，施展政治抱负，为安邦定国、社会进步做出了巨大贡献，杜甫曾慨叹"秦中自古帝王州"。今天，纵然黯淡了刀光剑影，远去了鼓角争鸣，但悠久的历史给古城西安遗存了极其丰富的文物古迹，村落遗址、皇城宫殿、帝王陵墓、寺观专塔、园林别墅、石雕碑刻等数不胜数。所以，"五千年的历史看西安"绝非虚妄之言。

早在6000多年前，在南京就出现了原始村落。后来，南京也曾享有无限辉煌，被誉为"六朝金粉地"和"十朝都会洲"，既栽植过吴宫花草、流行过晋代衣冠，也筑造过明祖殿堂、燃烧过天国烽火。特别是六朝时期的建康城，是当时世界上最大的城市，人口达百万，是世界上第一个人口超过百万的城市，经济发达、文化繁盛。如今的南京，中山陵、明孝陵掩映在郁郁葱葱的紫金山中，布局宏伟。太平天国遗址巍峨耸立。数十处南朝陵墓刻，堪称一代巨制，国之瑰宝。总统府、雨花台烈士陵园、侵华日军南京大屠杀遇难同胞纪念馆、梅园新村纪念馆、渡江胜利纪念碑则是我国民主革命的历史见证。而秦淮河可谓是一条见证了中国古代繁华的河流，潺潺的流水，斑斓的灯光，静静的画舫，不禁让人联想到1700多年来，那些曾经漫步过秦淮河畔的脚步。总之，南京的历史文化铸就了其独有的精彩纷呈。

教育是立国之本，是一个国家的精神财富。对于一个城市来说，良好的教育资源是吸引优秀人才的基础，也是这个城市得以发展的重要保障，北京和上海被评为前两位最理想的受教育城市。

从我国的高等教育资源的分配来看，北京共有8所"985"院校、26所"211"院校，分别占全国"985""211"类院校的20.5%和23.1%，教育资源雄厚，当之无愧成为受访者心目中最理想的受教育城市。上海有4所"985"高校，9所"211"院校，仅次于北京，位居全国第二，加之上海是我国的经济中心，就业前景广阔，人才吸引能力强。

城市的国际化与其经济发展程度、地理环境、资源设施、文化特质以及历史状况密不可分。上海、北京这样的一线城市，其综合经济实力与竞争力是其他城市无法比拟的。这样的城市有较高的国际化水准、雄厚的城市经济实力、高度发展的生产力，主导产业在国际的产业中占有一席之地，其产品与服务拥有广阔的国际市场，并在国际市场中有较大的影响力，城市中汇聚了众多国际机构与跨国公司，更加有助于城市的经济发展。'完善的城市基础设施让城市的功能趋于多样化与综合化，历史人文和自然资源丰富，吸引世界各国的人们进行政治访问、经贸洽谈、文化交流、旅游观光等活动。同时，多元与包容性的文化让这样的城市拥有包容、接纳与吸引众多外来文化的气质，城市中的人们也就自然而然地确立了国际化城市的观念，对外来文化有较强的认同感，并融入这样的文化中。

对于时尚的理解，每个人都有自己的定义，说一个人是时尚的，首先便想到的是这个人紧随潮流，着装等方面贴合时尚的品位与特色；而说一个城市是时尚的，则会想到这个城市是充满活力的、年轻的、朝气蓬勃的，生活在这个城市中的人们也正体验着时尚、高品位的生活。人们一般认为，上海、广州、深圳等城市更为时尚。

一个城市的娱乐生活同经济发展水平、娱乐设施状况、政府对文化生活的支持引导以及市民对娱乐生活的需求密切相关。随着城市中人们生活水平的提升、城市娱乐设施的改善以及政府相关部门对于文化娱乐生活的宣传和引导，越来越多的人开始注重提升生活品质，不再止于在工作和家庭两点一线间奔波，城市的娱乐生活也随之成了人们评价城市形象的重要标准。

现今娱乐生活已成为一种文化产业，深刻地影响着城市经济产业的发展。尤其是经济较发达的城市，更加注重城市娱乐休闲设施的建设，如开放的休闲公园、免费的艺术场馆、完善的体育设施、丰富的社区活动等，都为人们的娱乐休闲生活提供了有效的基础保障。

饮食在人们日常生活中的重要性，远不止于填饱肚子、维系生命，古语曾曰"民以食为天"，即言饮食在黎民百姓的生活中占据着最重要的位置。虽然较之古人，现代人的日常生活丰富了许多，但饮食在人们的日常生活中仍然占有相当重要的比重，并且不限于"果腹"的效用，已然成为一种内蕴滋味、情韵的文化。无论是饕餮盛宴还是路边小食，都带给人们味觉上的享受，同时也渗入了一个城市的特色。所以，人们对一个城市的记忆常常同独特的滋味相关，而一个城市总会有别具风味的美食令人难忘、让人回味。

城市文化形象既有着深厚的历史文化底蕴，又牵涉生活的方方面面，对城市的发展与进步具有重要的影响。在城镇化进程快速推进的今天，体育赛事与城市品牌建设耦合发展对于塑造城市文化形象具有重要的意义。建立赛事消费者认同、能产生共鸣的赛事文化和城市文化价值观，是消费者高层次的心理满足、精神寄托最有效的手段。目前，一些大中城市的体育赛事已初具规模，但存在文化底蕴缺乏、资源浪费严重等问题。应深入挖掘城市的历史和文化传统，让体育赛事产品富有更多的文化特色，运用现代科技复原城市的历史文化，将城市特色体育赛事文化与地域文化、旅游文化相融合，彰显民族民俗风情和体育赛事的特色。

在推进城镇化的过程中，人们往往为了追求发展速度而遗弃甚至毁坏城市中的历史文化遗产。但问题是，若只有高耸入云的摩天大楼、纵横交错的高速公路、灯火通明的闹市社区等极其现代化的建筑设施来装点城市外在的繁华，而缺乏历久沉淀的历史文化底蕴、丰富多彩的文化活动、典雅蕴藉的人文艺术等涵养城市文化精神的源泉，那么，城市便丧失了内在的韵味，也难以呈现出独特的魅力。所以，在打造城市生态、经济等形象的同时，也应当保护、传承和塑造独具特色的城市文化形象。

城市是人们生活的家园，若文化传统与人们的日常生活互相隔绝，那么城市仍然是没有生机和情趣的。所以，在进行城市文化形象建设时，我们应该考虑如何切实满足和丰富人们的生活需求，换言之，在保护、传承、展现城市的历史文化风采的同时，更应该注意将城市的特色文化融入人们的日常生活中，如通过建造特色公园、公共图书馆、特色体育馆、艺术展览馆、公共娱乐设施等，方便在城市中生活的人们体会独特的城市文化精神。只有通过细微点滴的接触、熏染，人们才会理解、领悟到城市文化精神的深刻内涵，才能自觉地尊重、保护、传承城市文化精神。

现代城市往往"千城一面"、缺乏特色，与此相对，特色文化建设在城市发展中的重要性越来越突出。因为正如研究者所指出的那样，城市是文化的物质表现，文化是城市的灵魂，与其说世界上的城市千差万别，倒不如说是城市文化的差异所致。所以，今天在进行城市经济建设的同时，更应当注意发展城市特色文化，凸显城市的历史、城市的故事、城市的独特风情，将城市经济发展和特色文化建设有机地协调起来，打造新型现代化、特色化城市形象。树立独一无二的城市品牌，充分彰显城市的独特魅力，为体育赛事的"落地生花"和发展提升开辟广阔的路径。

新的社会思潮、新的文化、新的时尚等融入赛事活动中，能拉近与人们的心理距离。城市的历史文化、地域文化等更能让消费者感受到城市的独特和神奇。为品牌塑造一种恰当的文化，为品牌塑造的文化是否合适，一是这种文化要适合产品特征，二是这种文化要符合目标市场消费群体的特征。不同的赛事品牌，应针对不同的消费群体，注入不同的文化元素。融入时尚文化，引导消费者将这种时尚转化为日常生活的一部分。融入民族传统文化，使消费者在金钱至上观念中得到心灵的洗涤。在塑造品牌文化的过程中，要学会挖掘故事。本地的传奇故事较多，也有通过挖掘故事获得品牌文化提升的事例。例如，张家界大型实景剧天门狐仙通过挖掘故事，把故事与天门山夜晚的美景惟妙惟肖地结合起来，演绎了天门山的新传奇，文化塑造独到，观看人数众多，经济效益明显。

五、城市生态环境

城市作为人类密集居住并赖以生存的家园，随着经济的发展和科技的进步，也需要相应地加快现代化建设的步伐。但是，迅猛推进的城市化进程使得生态环境问题日益凸显，而城市生态形象不仅关系到城市居民的生活质量，也影响着城市本身的长远发展。城市生态形象是城市化进程中必须关注的重要问题，它既关系到城市居民的日常生活，也关系到城市经济、社会等方方面面的长远发展。城市生态环境主要包括城市气候、环境保护工作、市容卫生、城市基础设施、交通拥堵状况等。

在我国，西南部分城市、海边部分城市一般被认为是气候最好的城市。例如，昆明地处云贵高原中部，纬度低，海拔高，雨量充沛，霜冻期短，阳光照射强，花卉常年不谢，草木四季常青，加之近郊有高原湖泊滇池、阳宗海，能够帮助调节温度与湿度，因而形成了"夏无酷暑、冬无严寒"的宜人气候，所以，素被称为"春城"。明代诗人杨慎就曾用"天气常如二三月，花枝不断四时春"来描述昆明四季如春的气候特点。青岛和厦门等沿海城市的气候受到受访者的高度评价。青岛是独具特色的海滨城市，冬季气温偏高，春季回暖缓慢，夏季炎热天气少，秋季降温迟缓，总体上来说，空气湿润，降水适中，雨热同季，气候宜人。梁实秋就曾这样描述青岛的气候："青岛的天气属于大陆气候，但是有海湾的潮流调剂，四季的变化相当温和。称得上是春有百花秋有月，夏有凉风冬有雪的好地方。"除了梁实秋外，老舍、吴伯箫等也曾表达过对青岛气候的赞美。厦门和青岛一样同为海滨城市，但纬度更低，属于亚热带，夏无酷暑，冬无严寒，温和湿润，极其宜人。

随着社会经济的快速发展和城镇化进程的迅猛推进，环境保护问题越来越受到社会各界的普遍关注，因为自然环境是人们健康居住、快乐生活的重要前提条件。城市的环境保护工作被提上日程，并且成为人们评价城市形象的一项重要考察指标。张家界、上海、杭州的环保工作最近做得较好。例如，上海着力进行旧城改造、污染企业迁移、绿化景观建设等方面的工作，极大地改善了上海的生态环境。2010年的世博会集中凸显了上海对环境保护工作的高度重视，贯穿整个盛会的主题是"低碳世博"，与此同时，世博会也被视作强化可持续发展的一个契机，注重让人们重新体会绿色理念创造的美好生活。世博会之后，上海继续推进环境保护工作，努力展现环境保护的新成效。正因为上海在环境保护方面的持续努力，所以当之无愧地被评为环境保护工作做得最好的城市。

对于来到一个陌生城市的人来说，城市的街道是否整洁、卫生会给这个人带来最为直观的感受与印象。整洁的街道市容就像一件华丽的外衣，为城市本身的形象增添了几分亮丽的色彩。大到城市绿化、环卫设施设备，小到门牌门匾，都影响着这个城市的街道市容的管理与建设。北京、上海、大连等城市也更容易被认可。

北京是我国的首都，也是我国最为重要的名片。五个环状的街道构成了北京的"城市网"。长安街将北京划分为南北区，曾被认为是世界上最长、最宽的街道，整洁而无尘染。天安门、人民大会堂、中南海等重要的建筑都矗立在这里。每一天，升旗仪式让这条街显得越发庄重肃穆，人们到了天安门，看了升旗仪式，就能真切地感受到北京这个现代化都市的容貌与风采。

一般而言，城市基础设施则是城市建设的实际成效。城市的基础设施包含了城市生存和发展最基本和必须具备的条件与保障。不仅包括城市的能源系统、给排水系统、交通系统、通信系统、环境系统、防灾系统等的建设，还包括行政管理、文化教育、医疗卫生、商业服务、金融保险、社会福利等设施。城市的基础设施关系到城市的发展进程，更加关系到这个城市是否人性化地为当地城市的居民着想，从而能提高人们的生活质量与水平，让人们过得快乐、幸福。例如，北京作为多朝都会，留存有极其丰富的历史文化遗产，同时，北京作为中华人民共和国的首都，也负载着必备的城市功能。鉴于此，北京将城市的基础设施建设有机地融合在了历史文化环境中，无论是历史文化景观区域内部及周边区域的基础设施的建设，还是老城区及特色街区的基础设施的设计，都在不破坏历史文化遗产的基础上，增加惠民、利民的基础设施建设。像故宫已进行了无障碍设计的改造。北京将城市街道基础设施与历史文化遗产和景观更加紧密地结合在一起。

城市居民的生态环境意识与城市生态形象有着密不可分的关联，"城市是我家，清洁靠大家"。如果人们没有保护生态环境的意识，则不但会破坏环境，还会给他人带来不良的示范影响。所以，应当通过多种渠道的广泛宣传来促使广大公众增强城市生态环境保护意识，促使大家以城市为家，自觉维护城市生态环境。此外，也可以制定明确而有效的奖惩措施，帮助公众养成和增强保护城市生态环境的责任感。

另外，随着城镇化程度的提高，城市规模迅速扩大，城市人口数量急剧膨胀，城市交通日渐拥堵。而传统的城市交通规划并没有充分考虑到城市的快速扩展，也没有为城市发展留下足够的空间。因此，在进行现代城市建设和发展时，首要的问题就是必须合理地规划城市交通设施，即需要在综合考虑城市道路供给、路网流量、交通系统构成等交通信息以及经济、人口、用地等社会经济信息的基础上进行科学的布局。例如，武汉被称为"九省通衢"，就是由城市的地理位置决定的。

总之，城市的生态环境直接影响到城市体育赛事与城市品牌建设耦合发展的可持续性。城市的地理位置、气候、自然景观等自然状况是构成城市品牌的先天要素。要在充分利用城市先天因素的基础上，着力提升城市的交通规划与布局、城市居民的环境保护意识、城市体育赛事基础设施的建设等。所以，城市生态环境是构建城市品牌的基础，影响着城市品牌的走向和定调，也决定着体育赛事的规模和方向，对体育赛事与城市品牌建设耦合发展起着决定性的作用。

第三节　体育赛事与城市品牌建设耦合机理分析

一、体育赛事与城市耦合的概念与机制创新

（一）体育赛事与举办城市耦合的概念和内涵

体育赛事与城市品牌建设具有密切的关系，这一命题已为学术界和社会实践所认可。二者的关系到底怎样，学术界已展开了积极的研究。耦合是物理学中的概念，是指两个或两个以上的电路元件，或者网络的输入与输出之间，存在着紧密配合并且相互影响，通过相互作用能够从一侧向另一侧传输能量的现象。总而言之，耦合就是指两个或两个以上的实体相互依赖于彼此的一个量度。耦合的概念被大气科学、水科学、生态学、经济学或农业科学等系统学科引用之后，进而提出了一个系统耦合的概念。系统耦合就是指两个以上具有同质的系统具有相互亲和的趋势。当条件成熟的时候，它们可以融合成一个高一级的、新的结构功能

体，即产生一个新的系统。这个系统的耦合概念对本书中的两个主体（体育赛事、城市发展）的关系研究同样适用。体育赛事与城市发展两者之间是相互作用、相互影响的系统，当达到某个层次时，它们通过物质的循环、要素的交换及能量的流动等交互耦合，进而形成一个复合系统。

体育赛事与主办城市的耦合概念可以定义为：在一定区域内，体育赛事与主办城市互促共进、协调发展，同时这两个系统的组成要素之间相互作用、相互影响，共同对资源和要素进行合理配置，并促进产业结构与赛事组织结构、城市空间结构及功能结构的优化，从而在区域经济体系中形成体育赛事空间布局与城市空间布局一体化的过程。此外，与耦合概念相关的是耦合度，本节将对体育赛事与主办城市两个系统之间及各构成要素之间的耦合程度进行研究，这也是本书的研究重点。体育赛事与举办城市的耦合度，是指这两大系统及其构成要素之间相互匹配程度、支撑程度、协同程度。体育赛事与举办城市的耦合程度高，则意味着可以促进体育赛事与主办城市的一体化发展，进而推动区域竞争力的提高和综合实力的增强，以获得更多的溢出效应；反之，体育赛事与举办城市的耦合程度低，则表明体育赛事与举办城市的发展相关性不大，呈现各自发展的状态且发展缓慢，体育赛事与城市共同发展的溢出效应低甚至会对区域的发展产生负面作用。

体育赛事与举办城市耦合的概念主要是从地域的综合性、一体化概括的。从耦合的内涵上看，体育赛事与举办城市这两个系统的耦合不仅是指这两大系统的耦合，而且也是指这两个系统的构成要素之间的耦合。通过体育赛事与城市发展的分工协作、优势互补，以促进资源优化配置、赛事的产业结构升级、城市的合理布局。随着耦合程度的提高，两大系统的构成要素将有机融合成一个地域性的动态开放平台。体育赛事与举办城市的耦合，能够构成由体育赛事产业链和城市链交叉融合的立体网络。这一网络由体育赛事网络、举办城市网络及网络资源组成。通过这个立体网络，可以促进城市空间布局分散化、产业布局集中化及城市效率最大化。另外，使不同的城市承担不同的城市功能和经济功能，能够在更大的区域范围内配置更多资源和要素，获得单个赛事和单个城市之间无法达到的溢出效应。在一定区域内，赛事发展与城市扩张的时空协调性与协同性是体育赛事与举办城市的耦合所强调的。而影响体育赛事与举办城市耦合发展的因素包括自然资源与社会资源，如政府政策、人文凝聚力、地方的社会习惯或者地方文化等因素。

（二）体育赛事与城市耦合的机制创新

系统在相变点处的内部变量可分为两类，即快弛豫变量、慢弛豫变量。慢弛豫变量是决定系统相变进程的根本变量，也就是系统的序参量。系统能够由无序转为有序机理的关键就在于系统内部序参变量之间的协同作用，它控制着系统相变的规律与特征，耦合度就是这种协同作用的度量。因此，可以将体育赛事与举办城市空间这两大系统通过各自构成要素相互影响的程度定义为体育赛事与城市发展耦合度，耦合度的大小代表着对区域经济系统的贡献程度与作用强度。

体育赛事与城市发展的耦合关联，就是体育赛事在准备、举办的过程中，体育赛事与城市发展间相互作用、相互影响的非线性关系总和。在体育赛事与城市发展相互影响的过程中，既包括两大系统之间的信息交换，还包括两大系统内部要素之间的相互影响。本节根据耦合发展的概念，将整个区域运动系统分为体育赛事与城市发展两大系统，根据两大系统的内涵及发展特点，体育赛事评价系统主要包括经济、生活、人口、生态环境四个方面。城市发展评价系统主要包括综合经济实力、基础服务设施、对外开放程度、人力资源与市民素质、政府管理水平五个方面。二者要素之间相互交叉，例如，体育赛事系统中的经济要素的发展将对城市发展系统中的要素起到刺激的作用。另外，城市发展评价系统内的要素，例如对外开放程度、政府管理水平的发展又将进一步促进体育赛事系统内要素的发展。从实践的发展过程来看，其耦合关联作用主要表现在：一方面，举办体育赛事能使得城市在增加基础设施投资、生态环境保护、增加就业促进经济增长的过程中促进城市的发展；另一方面，城市通过资源与区位的结合、结构与网络系统的互动、政策与环境相辅相成等为体育赛事的举办提供必要的条件，也对体育赛事的举办进行约束。因此，笔者尝试构建图5-1以说明城市发展与赛事系统的相互关系。城市发展系统（下文用U表示）和赛事系统（下文用G表示）作为对立统一的两个矛盾体，二者相互影响：从积极方面看，城市为赛事的举办和发展提供了重要的物质、文化等保障，赛事对于提升城市品牌、促进社会和谐、改善产业结构等方面有重要作用。从消极方面看，举办赛事要消耗大量资源，"寅吃卯粮"、不惜代价地举办赛事将最终阻碍城市的可持续发展，城市发展陷入困境，也就无法为赛事提供平台。因此，赛事和城市之间的耦合作用尤为必要。只有二者之间协调共存，才能相互促进，进而推动整个系统向利好的方向发展。城市赛事协调发展就是要充分利用并促进二者之间的积极作用关系，实现良性循环。

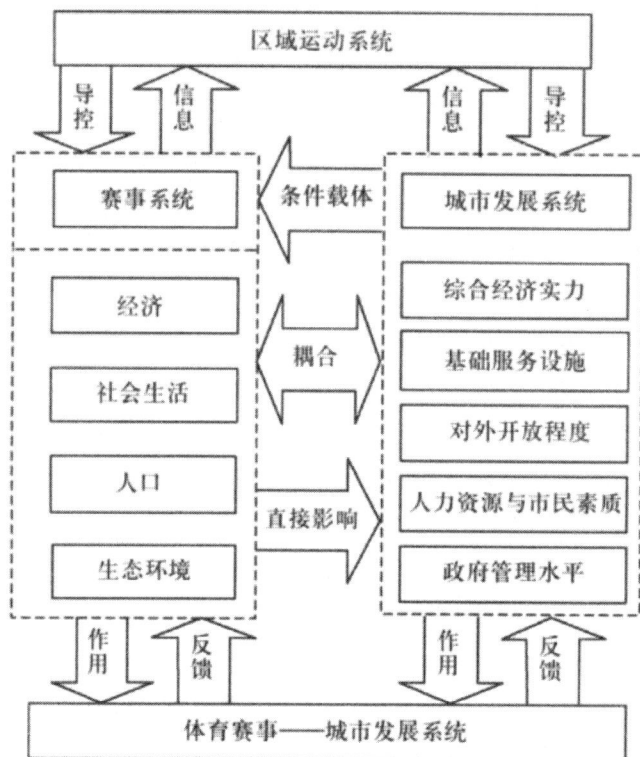

图 5-1　赛事与城市发展耦合模型

二、体育赛事与城市发展耦合协调发展的动力机制

（一）体育赛事促进城市发展

1.促进城市运行系统升级

体育赛事与城市发展耦合在加速城市基础设施建设，推动城市信息通信、交通道路建设的同时，能够全面加强智慧城市的功能升级，有利于优化城市空间，拓展城市地域，特别是促进市郊区域开发，并营造良好的人居环境，通过合理布局、建设、改造比赛场馆及相关设施，以及大规模的城市景观品位提升和环境治理。

2.促进城市经济增长

体育赛事的举办对城市经济收入起到巨大的推动作用。大量的游客在赛事的举办期间进入城市，必然带来食宿、交通、文化等方面的需求，必然为各行业带来巨大的利润。这些利润的一部分发生乘数效应，形成资金流动的链条，为城市的经济增收做出贡献。

美国的夏洛特市有一处赛车运动产业集聚地，是美国赛车联合会（NASCAR）

的发源地，被称为"纳斯卡山谷"。目前此山谷已风靡美国赛车界，这里经常举办各类重大赛事，是众多赛车手向往的重要赛事基地，聚集了几乎覆盖全美的赛车队，因而也逐渐发展成为一个赛车业集聚区。在赛事的拉动下，当地的相关产业发展速度突飞猛进，从赛车的设计、研发、改进，零部件的生产、加工、改造，到赛前车辆的检修、检测、维护，赛车手的衣食住行乃至车队的队服、标志性物品、纪念品等领域无一不齐备。

以北卡罗来纳州立大学夏洛特分校的著名教授约翰·康诺顿（John Con-naughton）为代表的研究团队专门对此地的赛车产业进行了调查研究，发现赛车业为北卡罗来纳州的发展做出了令人难以置信的贡献，如在2005年为全州提供了27万多个就业机会，使员工总薪酬增加了17亿美元，为全州GDP做出了58亿美元的贡献。

3.增加外汇收入

体育赛事与城市发展耦合为城市打开了展现城市品牌软实力的窗口。体育赛事通过将城市传统文化、个性气质有机融入赛会筹备、举办、赛后维护等各个阶段，可以让赛事参与者和赛事观众等获得更好的赛事体验，从而加深对城市文化风俗、政府形象与民风民情的了解和认同，使城市在获得美誉度的同时积累城市资产。体育赛事尤其能够吸引国外的人群对本国的地域风情、自然风貌等产生兴趣和向往。一个国家拥有充足的外汇储备说明它经济实力不容小觑，经济发展水平处于领先地位，国际支付能力较强。在国际上，通常是通过国际贸易来获取外汇收入，但国与国居民之间发生的旅游、保险等也为国家产生外汇收入，这种外汇收入称为无形贸易外汇收入或非贸易外汇收入。现在大型体育赛事已经越来越国际化，同时大型赛事的举办会吸引来自世界各地的赛车爱好者来当地观赛、旅游及消费等。北卡罗来纳州赛车产业对该州的经济影响：58亿美元生产总值、27万个就业岗位、17亿美元提高雇员薪酬、28亿美元增加值。大型国际体育赛事观众在举办城市的各种支出包括衣食住行、购买纪念品、门票等行为，都可以为城市所在国带来丰厚的外汇收入，也就是上文中所说的无形外汇收入。对于发展中国家而言，因为商品在国际市场上竞争力较低，所以旅游出口相比贸易出口来说，对提高创汇率有更大的作用。因为，旅游业本身具有无污染或者污染较小的特征，且无须目的地国家支付运输等费用，更不受进出口税收等政策的制约，因此大力发展国际赛事无形中为赛事所在国的旅游业发展起到了巨大的推动作用，进而对国家的外汇收入、贸易逆顺差都产生重大的影响。由此可见，体育赛事与旅游业有着天然的联系，体育赛事的发展，必然为城市的发展带来重要益处。

2001—2007年，北京市体育赛事外汇收入迅猛增长，2001年体育赛事外汇收入为8.22亿美元，同时期的贸易出口额为288.78亿美元。2004年，北京体育赛事的旅游外汇收入较2001年增长了1倍至17.63亿美元，同时期的贸易出口额达到874.98亿美元。2008年，北京体育赛事的旅游外汇收入较2004年又增长了1倍至38.80亿美元。由此分析可知，体育赛事对于增加外汇收入，繁荣我国经济具有积极的贡献。

4.拉动城市就业

居民劳动权利的实现是衡量国家经济发展水平的重要指标，更直接影响着社会的稳定和各阶层的和谐相处，是维持个人生存和国家稳定的重要因素。根据市场经济发展特征，人才、资本等生产资本必然发生流动，因此各国都允许一定的失业率存在，但过高的失业率会导致社会动荡不安，居民无法安居乐业、社会进步受阻，因此体育赛事由于能为举办城市带来众多就业岗位而越来越受到重视。体育赛事属于服务业，对劳动力的需求量大。体育赛事的举办既需要普通的劳动力（如北京奥运会赛场中从事简单工作的工作人员），更需要具有高技术高水平的劳动力以支撑体育赛事的顺利开展。另外，体育赛事还可以带动其他行业的发展，使其他行业对劳动力的需求量增大，如上文所述可带动当地旅游业的发展，则从事旅游业工作的劳动力必然增加。我国学者顾海兵等对北京奥运会对北京城市经济影响进行了研究，认为2001—2008年的7年时间里，北京市的人均GDP增长了5%，就业增长了0.87%，其中，2008年的经济影响最大。事实上，体育赛事已成为北京市乃至全国吸收社会就业的一个重要渠道。

5.提升城市品牌影响力

随着各国间交流的增加和居民文化娱乐交流需求的剧增，大型国际体育赛事的举办日益增多，国际上各大城市也争相举办国际赛事，四年一度的奥运会举办就是最好的实例。城市通过奥运会的举办可以向全世界充分展示自己的优势和魅力，提升城市的国际知名度和产生一定的品牌效应，其他国际体育赛事同样有此功能，使全世界对举办城市有了全新的认识，国际影响力迅速扩大，城市的文化价值也得到提升。同时各个城市之间为了向全世界展示最完美的自己，必然会对城市进行整改修缮，如改善城市的交通条件、完善城市的公共基础服务设施、大力宣扬城市的文化底蕴、加大对城市古建筑和历史文化遗产的保护和管理、提高城市居民的整体素质等。城市在逐渐完善自我的同时也为争取其他国际赛事的举办权增添了筹码，城市发展和国际体育赛事的举办相互促进共同发展。

6.增强城市产业发展

体育赛事产业与超过30个行业相关，作为综合性的产业具有很强的关联带动作用。体育赛事的发展对其他产业的发展也有一定的推动作用，同时还能够优化城市产业结构。体育赛事产业能够直接促进旅游住宿业及餐饮业的发展。体育赛事产业还可以促进交通运输业的发展，通过刺激旅游业的兴起，进而增加了交通运输业的需求量，也对交通运输业的技术提出了更高的要求。体育赛事产业对建筑工程及其相关行业具有促进作用。举办体育赛事的前期准备工作包括兴建体育场馆、扩建道路或者机场等配套工程，这些对建筑业及其相关产业的发展提供了大量的机会。体育赛事产业对城市艺术品生产工艺、博物馆等展览业、农副业等的发展具有带动作用。体育赛事需要大量的消费活动，包括农副业，如食品、果品及饮料等的消费；另外，观众对当地特产及纪念品的需求，可以促进工艺、美术及商业的发展。

（二）体育赛事——城市发展耦合系统运行机制

"机制"指有机体的比较稳定的构成方式及其相互作用规律。本书中主要指研究耦合系统中的各种主要因素以及这些因素之间是如何互动影响共同发展，进而对整个体育赛事——城市发展耦合系统的发展运行产生影响以及产生怎样的体育赛事——城市发展影响。对此机制的研究是为了探究城市与体育赛事之间的发展推进过程，进而对此系统运行的本质进行分析。本书的研究主要是明确城市与体育赛事互动的推动力及这些推动力产生的原因、方法、途径，并明确这些动力之间的相互作用关系，这些相互作用关系又是如何对耦合系统的运行产生新的动力和作用。

1.耦合运行机制理论基本假设：体育赛事——城市发展

（1）耦合系统可以假设为一个大系统，其中又包含众多相互影响并对大系统产生影响的子系统，不仅这些子系统之间存在相互影响关系，它们与整个大系统外部也有一定的关系，可以进行信息、物质等交换活动。

（2）耦合系统内部的各个子系统之间的关系并不具有规律性，呈非线性关联，同时系统内外部之间也存在着一定的非线性关系。

2.耦合运行的一般规律

系统科学中将耦合病作为系统无序性的度量，一般认为高熵对应着无序程度的增加，低熵对应着有序程度的增加。在耦合系统中，其实质也是耦合端越大，系统的非耦合性（无序状态）越强，耦合熵越小系统的耦合性（有序状态）越强。

本书使用 dS 表示耦合大系统总的熵增加，deS 表示耦合大系统内与外界存在的病流所带来的耦合熵的增加或减少，diS 表示耦合大系统内不可逆过程导致的燃变量，因此恒有 diS≥0。根据普里戈金的系统熵的平衡方程，可以得到：

dS = diS + deS

即耦合熵的总增量等于耦合系统不可逆的熵增加和病流带来的熵增或熵减的算术和。

从系统论的角度来看，在耦合系统发展的形成阶段，它的内部的无序程度很高，大系统的耦合程度很低甚至处于无耦合的状态，两系统之间进入艰难的适应过程。也就是说此时耦合熵S处于一个高熵的状态。如果这一时期耦合系统所属的区域处于一个相对封闭系统，那么根据熵的性质，就知道熵在系统内是一个不可逆的过程，也就是始终有 $diS \geq 0$ 存在，另外，由于系统的封闭性，这时不会有熵流的存在，而根据 $dS = diS + deS$ 可知，当 deS 不存在时，有 $dS = diS \geq 0$，随着熵的不断增加，系统会越来越无序，最终形成完全无序的定态。但正如耗散结构理论所言，由于系统的开放性，它在熵增的同时，会通过与外界的物质、能量和信息的交流，形成负熵流，当 $diS < deS$ 时，会出现 $dS < 0$，也就是说总的病增加为负，这样就会使得耦合熵S开始减小，使系统由无序状态趋向于新的有序状态，并最终在远离平衡态的区域形成动态稳定的有序结构，这实际上也就是自组织的过程。系统耦合发展有着其自身的发展规律，具体如图5-2所示。

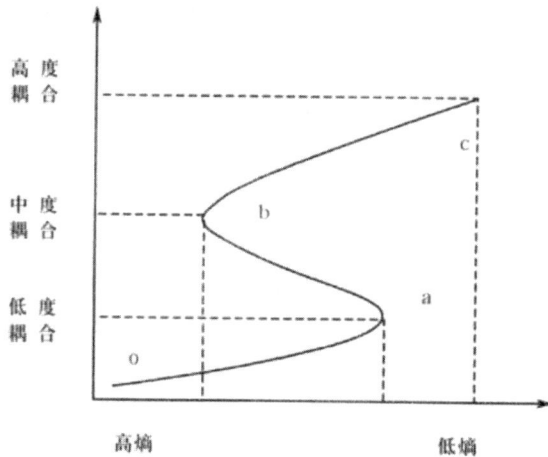

图5-2 系统耦合运行轨迹

从图5-2中可知，系统从o点移动到a点之前虽然并未进入有序状态，但是开始出现有序的结构，即形成真正的远离平衡的有序状态，图中的a点是这一变化的一个重要的临界点。系统的演变在。推移到a附近时进入了耗散理论中的阈值区域，也称为临界值，对系统性质的发展变化起根本性作用。在阈值附近，系统内部的关联作用产生相干运动，此时的非线性方程具有多重解的可能性。当o向前继续推移直至超过a时，尽管系统在熵减机制的作用下能够趋于一个新的有序状态，但同时可以发现，在阈值附近，一个微小的涨落则可能导致原有有序的系统失稳，进入新的无序状态。当o向前推进越过a后，系统未必由于这一微小的涨落而进入无序的平衡态，系统在这一微小涨落被放大的情形下会突跃到b，并从b点开始进入一个新的演化过程。正是在阈值附近的这一突变过程使得耦合系统得以继续存在，并借由b点的突跃进入到新一轮的发展演化。在现实中，真正意义上的耦合系统也正是缘于系统的这一突变，也即城市由于系统实现的高度耦合进入到可持续发展轨道。

这一突变导致了耦合系统的状态变量出现了间断性的跳跃，这一间断性过程实际也是质变的过程，从前面的分析可知，耦合系统的形成初期其系统的状态变化主要是量上的变化，但耦合系统的运行过程则是一个质变的过程。

在这一质变过程中，系统内由低度耦合实现了高度耦合，并使这一耦合系统实现了涌现。这充分证明，耦合系统的演化不是简单的连续性演化过程，而是连续性和间断性相结合的演化过程，其演化的大部分时间是一个连续性的渐进过程，但在每个关键点又会出现间断性的突变演化过程。

从以上推论可以得知：理论上说耦合系统的运行路径是可以被主观引导的，即在图5-2系统运行到阈值附近时加入适当的外部力量干预，人为触发突变的产生。但应该注意的是，这一外部力量干预的结果并不唯一，由于这一微涨落被放大后，其结果具有多重解的可能性，而且以目前的水平而言很难控制这一选择机制的结果。

（三）体育赛事——城市发展耦合系统运行过程分析

按照上述系统论的观点，可以将体育赛事——城市发展耦合系统分为形成阶段（萌芽阶段）及发展阶段（低度耦合阶段、中度耦合阶段、高度耦合阶段）。在形成阶段，体育赛事——城市发展耦合大系统处于一个远离平衡的无序状态，即此时这一系统内各耦合因子及其子系统与外界环境正处于一种无序的混乱状态。由于这一时期系统内部尚未建立起有序的耦合组织，且在这一阶段与外界环境的有利交互作用也尚未形成，体育赛事与城市发展处于一种相互适应的艰难阶段。体育赛事——城市发展耦合系统发展到一定时期后，随着系统内要素之间的作用增强，系统内部开始出现有序的组织形式。随着大系统耦合程度的不断提高，体育赛事与城市发展的相互作用逐步增强，由几乎没有相互作用到体育赛事与城市发展相互促进、互为支撑。

1.形成阶段

在形成阶段，体育赛事——城市发展耦合大系统处于一个远离平衡的无序状态，即此时这一系统内各耦合因子及其子系统与外界环境正处于一种无序的混乱状态。由于这一时期系统内部尚未建立起有序的耦合组织，且在这一阶段与外界环境的有利交互作用也尚未形成，因此这一状态下的耦合熵S相当高，而且此时系统总的熵是增加的，即dS > 0。这主要是由于此时的熵流deS为正，正值说明了体育赛事——城市发展耦合系统所在区域的各种外界影响因素对系统不仅没有产生有利影响，甚至还产生了不利的影响，主要体现在体育赛事市场体系的不完善和市场开放度较低上。因此，由于不规范的竞争行为和缺乏相应的政府行为规制，过度竞争现象难免发生，此时两个外在环境影响因素——市场需求和政府支持则带来了正的熵流，即 $deS > 0$，从上文分析可知大系统自身带来熵增加，即 $diS \geqslant 0$，根据普里戈金平衡方程综合可知，此时 $dS > 0$，即意味着系统此时处于一个高熵的状态。

2.发展阶段

随着系统耦合度的不断提高，耦合系统开始与外界形成有利的互动关系，产生了负熵流，即有 $deS < 0$，此时各种外部影响因素开始对体育赛事——城市发展耦合系统产生积极影响，但在初期来讲，这种影响的力量还很小，一般不足以抵消系统内部的熵产生，所以此时的 $dS > 0$ 仍然存在，即总熵 S 还在增加，只是增长放慢。随着负熵流的不断增大，也就是说与外界的有利交换作用的强化，开始出现了 $diS < deS$，此时的总熵增加变为负增长，所以总端 S 开始缓慢减小，这样就进入了体育赛事——城市发展耦合系统耦合运行的突变过程。

体育赛事——城市发展耦合系统发展到一定时期后，随着系统内耦合因子的作用增强，系统内部开始出现有序的组织形式，此时，体育赛事与城市发展的耦合值不断上升，二者之间开始相互促进发展。当然如果出现无序的组织形式，则耦合系统在形成初期就会终结，在实践中表现为耦合过程没有完成，也就是体育赛事与城市发展不匹配，无法与城市发展形成耦合系统。具体过程如图5-3所示。

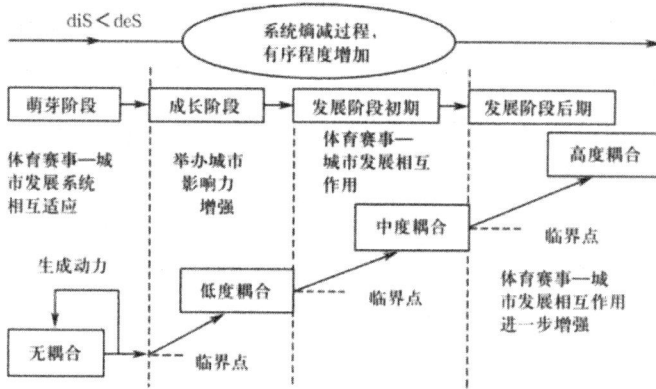

图5-3 体育赛事——城市发展耦合系统运行过程

三、体育赛事对促进城市品牌建设的作用机理

（一）推动城市品牌战略性规划

体育是世界各民族共同的语言，凭借体育赛事在世界范围内的高认可度可以让世界产生共鸣，体育赛事较之其他大型或是特色事件更容易跨越地区、跨越市场界限进行传播。大型体育赛事可推动城市品牌战略性规划，包括利用品牌策略

全力塑造品牌化的大型体育赛事、进行整合营销实现大型体育赛事与城市品牌联合发展、实施宣传性公关全力打造大型体育赛事事件营销策略、进行对内营销增强城市居民对大型体育赛事举办的支持力度、实现大型体育赛事筹备相关部门之间的合作发展、体育明星品牌代言人策略、体育赞助营销策略和体育网络营销策略。

城市营销的主体是环境，其核心是政策环境和投资环境等软环境。城市营销的目的是获取城市消费、城市投资、出口等资源。仅就城市消费和城市投资而言都与城市环境息息相关。所以城市营销的主体是环境营销，即使是城市品牌塑造也是基于城市环境优势出发的，最终提升到城市品牌战略营销的层面来宣传。

城市品牌塑造是城市营销的产物，然而城市品牌定位是城市品牌塑造的核心价值所在。准确的市场定位和不可替代的独特个性是城市品牌存在的价值。在市场经济的大背景下，城市不仅是一个行政区域的代名词，更是一件巨大的无形商品。就商品本身而言，要提高商品的市场竞争力，体现商品的核心价值，确定商品在整个价值链中所处的位置是至关重要的。国内外著名品牌长盛不衰的最主要原因正是准确的市场定位和对市场信息的敏锐洞察以及对自身品牌特色的始终坚持。城市也同样如此，要不断发展自己，不断树立自己的品牌形象，就需要明确服务于哪一类群体。当然，首先要满足市民的需求，同时对游客、会议和投资者的类型及基本信息有明确的掌握从而更好地吸引对方。因此，城市品牌定位的真正目的就是要展现城市的独有个性，并给人以准确、清晰、全面的整体形象。换言之，即为城市确定一个满足目标受众需求的品牌形象，其结果是获取目标受众认可从而消费城市产品。因此，城市品牌是城市核心价值的高度概括和提炼。

1.品牌策略打造品牌化大型体育赛事

品牌化的大型体育赛事是指具有一定规模，拥有较高市场知名度、美誉度和顾客满意度、忠诚度，并能产生较高的经济效益和社会效益的体育比赛。品牌化的大型体育赛事对塑造城市发展理念、塑造城市视觉特色、塑造城市行为特色、塑造城市地缘特色有着直接的推动作用。

（1）提炼体育赛事主题作为城市营销口号，塑造城市发展理念。城市发展理念就是指如何经营和管理城市，确定城市发展方向的基本观念和指导思想。对于城市而言，城市发展理念对城市的影响非常大，其指引着城市的定位和发展方向。对于大型体育赛事的举办城市而言，以1984年以来历届奥运会为例（见表5-1），不同城市由于历史、人文、地理环境的不同，不同举办城市要有不同的城市发展理念和城市定位。因此，各举办城市提出与各自城市理念相匹配的赛事主题口号，以此达到促进城市发展的目的。

表5-1 1984年以来历届奥运会主题口号

年份	城市	主题口号
1984	洛杉矶	参与历史
1988	汉城	和谐、进步
1992	巴塞罗那	永远的朋友
1996	亚特兰大	世纪庆典
2000	悉尼	分享奥林匹克精神
2004	雅典	欢迎回家
2008	北京	同一个世界同一个梦想
2012	伦敦	激励下一代
2016	里约热内卢	点燃你的激情

（2）建造经典体育场馆、体育主题公园，塑造城市视觉特色。大型体育赛事是城市完善基础设施和改善城市环境面貌的催化剂。在大型体育赛事的筹办过程中，良好的交通状况、完善的通信设施、优质的环境卫生是确保赛事顺利进行的基础条件，更重要的是要建设经典且完善的大型体育场馆及相应配套设施才能确保体育比赛顺利、高质进行。如1964年东京奥运会的代代木体育馆、1976年蒙特利尔奥运会外形像金字塔的奥林匹克村、1984年洛杉矶纪念体育馆、1988年汉城奥林匹克运动场、1992年巴塞罗那蒙锥克体育场、1996年亚特兰大奥林匹克体育场、2000年悉尼奥林匹克运动场（奥运历史上最大的赛场）、2004年雅典综合体育场、2008年北京鸟巢、2012年伦敦碗，这些大型体育场馆的建设使城市的空间与环境得以优化，城市形象得以更新，并在赛后成为城市的特色标志。赛后许多经典的体育场馆设施都成为这座城市的地标性建筑而受世人所关注。80亿元建造的北京奥林匹克公园渗透着"绿色奥运、科技奥运、人文奥运"三大主题，包括760平方千米的森林绿地、50平方千米的中华民族博物馆以及405平方千米的国际展览体育中心。这些气势宏伟、美轮美奂的奥运景观成为令人难以忘怀的人文图景，给人以强烈的视觉冲击，同时也成为塑造城市品牌的"活名片"。

（3）体育赛事及其衍生的活动场景，塑造城市行为特色。城市行为特色是指城市中的群体和个体的行为规范、行为准则、行为模式、行为取向和行为方式等。它是城市理念的具体表现形式。城市行为特色是一个城市动态的表现，它规范着社会活动，实质上是城市运作模式的统一。它包括城市经济与社会各项事业发展的组织者、管理者——政府行为特色；城市对外交流的直接窗口，如餐饮、住宿、商场等——窗口行为特色；为城市市民提供基本的消费保障，也是城市经济中重要的组成部分——企业行为特色；以及一个城市中最广泛、最具代表性的城市主体——市民行为特色。

以2008年北京奥运会为例，举办2008年北京奥运会促进了北京城市文明的发展，它是北京城市文明发展的里程碑；北京奥运会净化了社会风气，极大地促进了市民思想、道德水平的提高；北京奥运会促使市民社会公德意识、遵纪守法意识得到进一步加强，城市社会秩序、犯罪率及交通事故得到有效控制，同时北京市环境卫生也得到进一步改善。最重要的是2008年奥运会的举办，使北京政府部门整体形象、城市社会服务整体水平、北京城市窗口行业的服务意识和服务质量得到了极大提升。因此，举办大型体育赛事对塑造城市行为特色有着深远的影响。

（二）整合营销——实施大型体育家事与城市品牌营销联合战略

整合营销是一种对各种营销工具和手段的系统化结合，根据环境进行即时性的动态修正，以使交换双方在交互中实现价值增值的营销理念与方法。整合就是把各个独立的营销综合成一个整体，以产生协同效应。这些独立的营销工作包括广告、直接营销、销售促进、人员推销、包装、事件、赞助和客户服务等。城市营销是一项复杂工程，要从大系统角度对城市的发展资源进行整合，采用多层次、多功能、多结构、多目标的手段对城市元素结构，产业、功能、投资、布局、人口、生态进行量化分析，从而进行针对性营销，这样可以减少城市发展中不必要的浪费。

将大型体育赛事这一事件营销手段与城市品牌营销进行系统化结合与管理以促使两者价值增值，达到互帮互助，产生协同发展的效应。F1方程式赛车让上海滩再次火爆，广州亚运会使广州面貌焕然一新，环青海湖自行车赛使青海不再默默无闻，十运会让南京旅游及文化再次举世瞩目，北京奥运会使北京再添光彩。因此，体育赛事是城市的重要组成部分，举办大型体育赛事是塑造城市品牌形象的有效途径和重要因素，它是一种宣传手段，同时也是城市的特殊产品。大型体育赛事既是塑造城市外部形象的法宝，更是提供城市内在动力的加油站。因此，在大型体育赛事的组织、策划、宣传及营销过程中，如果能将赛事本身与城市品牌形象合理地融合在一起，必将促进城市体育事业的长久发展和城市品牌形象的广泛宣传。

（三）宣传性公关策略——大型体育赛事事件营销策略

宣传性公关即运用各种有效的宣传手段传递城市信息，影响公众舆论，迅速扩大社会影响的公关方式。事件营销是比较典型的宣传性公关策略，就是通过策划和举办比较有影响力的事件来宣传城市品牌形象。举办大型体育赛事能够吸引各种城市顾客的注意力，同时赛事举办城市将赛前、赛中、赛后发生的能够展现该城市品牌形象的一系列相关事件通过电视、报纸、杂志、广播、互联网等相关媒体进行大量报道，从而引起社会关注，塑造城市品牌形象。

（四）体育明星品牌代言人策略

体育明星品牌代言人是指那些参与企业及城市品牌提升，且充分利用自身形象、公众形象宣传企业及城市品牌的优秀运动员及教练员。人是城市中最具有活力的元素，是体育赛事得以存在及延续的基本载体，也是体育赛事发生的前提。大型体育赛事是体育明星的摇篮，体育明星的魅力已成为非常具有时代特征的现象。体育明星所在城市或者国家级训练基地所在地区，其城市居民对某项体育运动通常表现出更加明显的关注度和热情度。

从NBA走出的姚明以及从雅典奥运会走出的刘翔，前者代表上海的"高度"，后者代表上海的"速度"，二人作为上海的形象大使，激励着全市人民为高速发展的大上海团结奋进。人们在体育运动上投入的时间和精力、热情和体力、永不言弃和超越自我的毅力汇聚成为一种体育精神。这种体育精神一旦融入城市便成为一种难能可贵的品质，促使整个城市面貌焕发出更加积极的、健康向上的精神气息，从而形成一种具有朝气和活力的团结奋进的城市品牌形象。因具有强烈的视觉冲击力和感染力，已促使体育明星成为时代的偶像，毋庸置疑，体育明星内在所拥有的文化价值和精神价值，必将成为塑造城市品牌形象，推介城市全面发展的绝佳选择。

（五）体育赞助营销策略

所谓体育赞助是指以体育为题材，以支持和回报为内容，以利益交换为形式，以达成各自组织目标为目的的一种特殊的商业行为。体育赛事赞助是指企业或个人为体育赛事提供现金、实物或相关服务等支持，而体育赛事组织者以允许赞助企业或个人享有某些属于他的权利（如冠名权、标志使用权及特许销售权等）或为赞助商进行商业宣传（如广告）作为回报，以利益交换为形式，以达到各自组织目标为目的的一项商业行为。

体育运动是公众兴趣的热点，是新闻媒介热衷报道的对象。体育赞助营销是当今赞助营销类型的主流，1999年全球赞助类型分配中，体育赞助占到88%，体育赞助营销因其具有可信度高；效果自然、易于接受；沟通对象面广量大、有针对性；明星效应强，社会反响大；与其他营销手段相结合，易于形成沟通高潮等优点，最全面、最强烈地体现赞助营销的所有优越性，因而也最具魄力、最受投资商的青睐。其中，对大型体育赛事的赞助，占据了体育赞助的大部分资金（超过65%），奥运会、世界杯足球赛、亚运会，乃至各国职业联赛都可以进行体育赞助。利用体育赞助营销的优势，塑造及推广大型体育赛事举办城市的品牌形象已成为世界范围的热点话题。

（六）体育网络营销策略

网络营销是企业整体营销战略的一个组成部分，是建立在互联网基础之上，借助于互联网更有效地满足顾客的需求和欲望，从而实现企业营销目标的一种手段。体育网络营销就是以国际互联网络为基础，利用数字化的信息和网络媒体的交互性来辅助体育服务商品营销目标实现的一种新型的市场营销方式。21世纪是信息社会，在信息经济时代，互联网作为"信息超导体"越来越多地融入人们的生活，越来越受到各行各业和全社会的青睐。利用博客营销、微博营销、播客广告营销、SNS营销、RSS营销、创意广告营销、口碑营销、体验营销、趣味营销、整合营销、知识营销、事件营销等网络营销模式，对大型体育赛事进行宣传，传递城市的信息，影响公众舆论，从而进行城市形象的广告宣传，推广城市品牌。建立大型体育赛事相关专题网站及赛事举办城市网站，利用网络对比赛过程及城市动态进行各种宣传性、征询性的公关活动，策划网络关注的大型体育赛事相关焦点事件，以及制作参赛运动员、观众、游客对举办城市印象的专题报道，政府部门和政府领导开通博客、微博，在赛事期间利用相关网络社区、论坛等与外来运动员、游客进行互动，从而塑造良好的城市品牌形象。

（七）规划合作，协同发展策略

大型体育赛事含有一定的公益性和公共产品属性。强大的人力资源、充足的物力、足够的资金是举办大型体育赛事的基础，同时各个部门的协调配合是大型体育赛事成功举办的关键。大型体育赛事的策划、赛事组织、赛事运作、赛事营销等各项内容是一项系统工程，只有各相关部门相互配合、协调工作才能达到理想的效果；同时大型体育赛事作为一种产业具有极强的综合性，从赛事申力、赛事策划、赛事组织、赛事正式举办到赛事圆满完成，整个过程不仅需要有关部门的统筹规划更需要大量辅助部门的合理配合，单独的企事业单位是无法完成这一系列工作的。与此同时，各个部门之间的自律制度和协调制度是大型体育赛事顺利进行的内在条件。城市交通、饮食与住宿、通信、资金、文化等各项领域是否具有在赛事举办期间为大规模的游客、观众、志愿者、运动员、裁判员及政府官员提供服务的能力，需要赛事有关部门和政府提前进行统筹规划，以确保整个城市供应链环环相扣和畅通无阻，从而确保大型体育赛事各项工作的顺利开展和运营。

为达到城市各类资源的优势互补，在大型体育赛事的举办过程中，大型体育赛事与其有一定利益关系的旅游公司、酒店、政府机构、社会组织、旅游景点等各行各业借助某些可以彼此利用的市场契合点规划合作，以此达到共同开发和利用市场获取利益的目的。大型体育赛事是展示城市形象、提升城市品牌、扩大城市知名度的窗口。在赛事举办过程中，一些企业运用一些商业手段，如赞助、承办、提供商品及服务等不同方式直接或间接参与到大型体育赛事活动中从而获取相应利益。同时这些企业的参与又加快了大型体育赛事的市场化进程，不仅为城市带来了社会效应更带来了巨大的经济效应。因此，政府机构、企事业单位、各类社会团体必须全力配合，各司其职、各尽所能，把大型体育赛事当作一项产业来运营，从而达到大型体育赛事利益最大化并全面打造城市品牌。

（八）内部营销——提高城市居民的支持程度

赛事举办城市居民的支持力度对大型体育赛事的举办及城市发展有着积极的影响并且至关重要。城市居民不仅是赛事举办城市的主人更是城市的重要"客人"，内部营销是对城市品牌塑造最根本的重要环节。大型体育赛事能够重复吸引民众的注意力，并对举办城市旅游知名度的提高有着重要影响。然而大型体育赛事能否成功取决于能否唤起城市居民的注意力，能否创造更具吸引力的影响及人气支持度的长久不衰。大型体育赛事想要得到持续、健康、稳定的发展必须首先满足城市居民的需要，城市居民的需要是产生城市吸引力和开拓城市品牌价值的前提。与此同时，城市体育特别是社区体育的发展对培养城市居民的城市认同感和城市责任感有着至关重要的作用。社区体育的不断发展掀起了全民健身的热潮，因此国内众多城市都应加大社区体育的发展。此举不仅对城市体育人口的增加有着积极的促进作用，同时也为城市大型体育赛事的举办夯实基础，更重要的是能为大型体育赛事的举办创造良好的运动氛围，并为城市品牌的塑造提供条件。

获得城市居民的大力支持和广泛认可是大型体育赛事圆满成功的关键。如果赛事举办城市居民对大型体育赛事持消极和反对的态度，必将导致与赛事有关的外来人口降低对大型体育赛事的评价，从而影响大型体育赛事的顺利开展并减少游客参与到赛事活动中来。因而，全力争取城市居民对大型体育赛事的支持力度，已经成为大型体育赛事顺利开展的热点话题，其原因是城市市民的支持有可能将大型体育赛事这一事件合理转化成有意义的城市体验。因此，政府部门及有关大型体育赛事的组织与策划者在赛事筹备阶段是否与当地城市居民进行良好沟通至关重要，应第一时间掌握赛事举办城市居民对举办大型体育赛事的态度和需求。在调查及统计有关大型体育赛事市场信息的过程中，首先要做到以人为本，尊重城市居民所提出的各项建议。金杯银杯不如老百姓的口碑，城市居民良好的口碑效应是不容忽视的，所以作为大型体育赛事的主体利益者城市居民的态度至关重要。倘若城市居民对大型体育赛事的举办具有极强的责任感并将自身当作这一活动的主人，同时充分认识到自身态度与城市品牌塑造息息相关，其结果将对大型体育赛事的举办和城市品牌形象塑造产生难以估量的效果。总之，城市政府部门及与赛事有关的企事业单位，在举办大型体育赛事之前应详细了解城市居民的需求，从而增强城市居民对大型体育赛事的支持度与参与度。城市居民是城市系统的主要组成部分，是城市发展的既得利益者，也是城市发展的生力军。人也是一种品牌，城市居民的形象在很大程度上能反映城市形象。在城市品牌建设过程中，要在居民中积极宣传城市发展的战略，引导城市居民树立品牌意识。城市社区和社会组织要深入居民中间，积极宣传，深入引导。

四、推动城市品牌资产积累

（一）城市品牌资产衰退的内在机理

城市品牌资产衰退是指由于城市自身、竞争城市、城市顾客或其他外部环境等因素的突变以及城市品牌管理的失误，而对城市品牌整体形象造成不良影响并导致社会公众对城市品牌产生信任危机，从而使品牌乃至城市本身信誉大为减损，进而使城市处于衰退的状态。城市品牌资产衰退主要表现为城市的形象受到损害、城市消费者产生信任危机，光临城市的顾客减少，城市的发展开始受到限制等。城市品牌确立以后，由于环境及品牌运营因素发生变化，其发展状况呈现出很大不同。适应市场环境，策略运用得当，资源配置合理，其发展速度就快，否则就慢或者出现品牌衰退。从城市品牌发展过程来看，其衰退可以出现在品牌发展的不同阶段，从城市开始规划品牌开始，在品牌创立阶段、品牌的成长阶段以及品牌的成熟阶段都有可能出现品牌衰退现象。因此，需要采取措施对城市品牌进行适当的维护和管理，防止品牌资产受到侵蚀，使城市品牌资产继续保值和增值。对城市品牌资产进行维护的原因主要有以下几个方面：

1.城市品牌的生命周期机理

外部市场环境和城市内部环境是不断变化发展的，特定时期、特定地点的品牌，如果在以后的管理中毫无创新，那么将会出现品牌衰退或消亡。城市品牌所外显的是一系列标识符号，这是城市顾客所能感知的实体部分，而城市品牌真正的意义在于其内在的核心价值和文化，而这是通过长期的营销传播所累积起来的。城市品牌最初所确定的核心价值和观念，有可能由于时代的发展而不合时宜，从而被日渐淘汰：城市品牌与企业品牌、产品品牌一样，也存在生命周期，只不过城市品牌的生命周期相对较为长久，但是它也要经历初创期、成长期、成熟期和衰退期这四个阶段。如果维护得当，可以使城市品牌的衰退延缓，重新进入恢复期或成长期。但是城市品牌并不总是按照顺序依次发展的，有时要跨越一个或几个阶段。例如，有的城市品牌刚经历初创期就进入了衰退期，有的城市因为一次危机事件便使品牌一直处于衰退期而无法重塑。因此，从城市品牌的生命周期定理来看，不仅城市品牌进入衰退期需要维护，而且在城市品牌的各个发展阶段都需要对品牌进行精心维护和管理，以便延长其生命周期。

2.城市品牌所内生的"公地悲剧"

"公地悲剧"理论来源于哈丁（Harding）教授的《公地的悲剧》一文，指所有开放的公共牧场必然会遭到过度放牧，从而造成巨大的损失。这种普遍的现象表明，无论是有形资产还是无形资产，只要它带有某种程度的"公地"性质，就不可避免地会遭遇到无休止地蚕食和侵害。因为产权不明晰使得个体在决策时，只考虑个人的边际收益是否大于其边际成本，而不考虑他们的行动所造成的社会成本，最终由于无限制地"放牧"而造成经济系统的瓦解和崩溃。一旦追求自身利益的行为无限制地进行下去而得不到应有的制度约束，集体及其个体的利益最终会遭到损害。

城市品牌就是城市所属区域内人人可以享有的公地，谁都可以从中受益并且受益者不需要进行品牌推广，就能靠品牌获得丰厚的收益。在这样的情况下，"公地悲剧"就很容易产生，它主要发生在现有企业和产业的"公共牧地"之上。产权关系的不明晰造成各企业或产业责、权、利的不一致和不具体，都把城市品牌看作一块公地，想最大限度地利用这一公共资源，以致某些企业或产业为了谋取最大利润而进行非法经营。

3.城市品牌产生的"搭便车行为"

"搭便车行为"通俗地讲就是指某些人或团体在不付出代价或付出极小代价的情况下从他人或社会获得收益的行为。"搭便车行为"存在的主要原因在于公共产品的存在、产权不清以及经济活动的外部性。城市品牌作为城市的公共产品，存在着事实上的产权不清以及经济活动带有的外部性特征，特别是在法治建设相对落后的中国，一些城市内的企业经常会利用城市品牌强烈的正外部性特征而滥用这一无形资产生产许多假冒伪劣产品。同时，由于产权的界定不清，法律又难以有效制裁。因此，要防范城市品牌"搭便车行为"的发生，关键要做到"产权明晰"。那么，城市品牌的产权属于谁呢？

企业在使用城市品牌时往往最大限度地节省私人成本，不顾及自己的行为对社会所产生的不利影响，这无形中增大了城市品牌使用的社会成本。所以，在明晰产权方面，不能把城市品牌划给某一企业。由于政府决定着城市品牌的优先发展权，城市品牌作为一种公共产品，其塑造和管理也主要是以政府为主导的，所以，将城市品牌的产权交予政府可以有效减少这种搭便车行为。产权属于政府并不意味着政府控制城市品牌的使用权、收益权，而是在更大程度上体现了政府在维护与管理品牌、保证品牌品质方面发挥的重要作用。

4.城市品牌系统的木桶原理

城市品牌是城市长期塑造和维护的结果，它的塑造、维系和发展是一个系统的社会工程，其中涉及很多影响因素，只有每个因素都运作良好不出纰漏，才能保证城市品牌的正常生存和发展。就像木桶原理一样，由于整只木桶的盛水能力取决于最短的木条，因而必须关注整个系统中最薄弱的环节。如果城市品牌系统中的一个重要因素出现问题，则会影响到整个品牌系统的功能发挥，长此以往就可能会出现品牌衰退。随着城市的发展，一些城市品牌在激烈的市场中发展起来，而另一些城市品牌则由于维护不善，最终销声匿迹，被大众所遗忘，因此品牌维护必不可少。

（二）城市品牌资产衰退的外因

1.片面追求广告宣传的短期效应

目前，国内许多城市在品牌形象塑造中仍然存在误区，认为只要加大广告投入，进行铺天盖地的媒体轰炸，便可塑造城市的形象，建立起一个城市的品牌。城市的知名度可以在短期内确立，而城市品牌联想却是品牌建设的一个长期过程，是在品牌长期的营销活动中建立起来的资产。城市品牌的忠诚度更不是短期广告所能实现的，除了以完善的品牌规划设计和优良的产品品质获得顾客满意外，更有品牌长期一致的营销传播在城市消费者心中建立起来的心理依赖。同时，城市消费者对产品品质的认同更是广告所无法做到的，它不仅需要品质恒定如一，而且还需要不断对品牌进行创新。

2.缺乏品牌经营的长效机制

城市品牌的形成不是一蹴而就的，它需要长期精心的策划，持续不断的投入。一些城市习惯于追求时尚，企图凭借制造轰动效应来迅速提高城市知名度，但都以不理想结局而告终。现在国内不少城市在参与品牌竞争中，缺乏广告、包装方面的技巧、整体营销运作不够协调，缺乏长远的战略规划。而这种整体的、长远的运作方式体现了发展长期顾客关系的需求，正是现阶段我国城市所欠缺的。

3.缺乏科学、系统、成熟的品牌战略决策

城市品牌塑造是一个蕴含科学和艺术的过程，我国城市的品牌运作对决策的科学性重视不够。有些城市由于决策没有科学的流程和制约机制，常常导致政府官员的"三拍"（拍脑袋、拍胸脯、拍屁股），造成了城市的损失。1999年11月11日，国家历史文化名城襄樊千年古城墙一夜惨遭摧毁，郑孝业、罗哲文等专家称之为20世纪末恶劣破坏历史文化名城的事件。之前，还有福州三坊七巷的建设性破坏、贵州遵义和浙江舟山市定海的老街区被拆。

4.缺乏品牌保护意识

国内一些假冒伪劣商品的泛滥，使得一些原产地的城市也缺乏信誉，顾客对城市也产生了不信任。因此，对产品品牌的保护也是对城市品牌保护的一种方式。产品都有可能被人假冒，有的城市主动运用高科技手段和法律武器，对产品品牌进行自我保护，使自己的品牌能够健康发展。遗憾的是，目前有些城市却忽略了这一点，对于随意假冒伪造本地产品的侵权行为熟视无睹，不愿意采取措施通过法律途径阻止，以至于出现了大量的假冒产品，既殃及了自己的产品品牌，也殃及了自身的城市形象，使城市品牌在顾客心目中的形象受到了损害。

（三）城市品牌资产维护的措施

城市品牌具有很强的外部性，特别是良好城市品牌形象的外部经济效应，容易导致许多企业的"搭便车行为"，企业只想在不付出任何代价的情况下占用良好城市形象带来的收益。当然，也缺乏一种内在的机制去刺激企业塑造、提升城市形象，于是便产生了"商场失灵"。为此，政府应该加强城市品牌形象的维护，制定和完善城市品牌维护制度，从制度层面入手，杜绝"搭便车行为"，奖励提升城市品牌形象的企业或产业，惩罚损害城市品牌的行为，使企业行为外部效应内部化，形成一种机制促使企业或产业自觉维护城市品牌资产。

1.政府层面的维护策略

彼得斯（B.G.Peters）指出治理与政治、民主具有相关性，治理的民主功能可提高政府进行有效管理的能力。政府和相关部门的支持是城市发展的基础和保障。城市政府要由过去的集中管理体制过渡到民主集中制，要从过去的管理时代迈入治理时代，要建立具有服务能力、反思能力的服务型高效政府。服务型政府的建立，已为大多数城市政府所认可和实施。公众的满意度是衡量政府服务能力和服务态度的一项重要指标。服务型政府反映了一个城市或是一个国家从下至上治理社会的态度和决心。服务型政府要求建立公民社会，公民社会是一个公众的个体意识强烈、富有公平的责权利意识的社会。政府所提供的服务要能够满足公众多样化、多元化的需求，且要具有一定的满意度。政府作为城市公共产品的提供者，具有一定的权威性，可以提供许多私人部门不愿意或不能提供的产品。从政府层面来讲，可以从以下几个方面着手维护城市品牌资产。

（1）创造维护城市品牌的制度环境。尽管政府治理体制要增强政府的服务职能，建立服务型政府，要求把一些属于政府的职权赋予其他管理主体，但政府在城市品牌建设中的地位和作用是难以取代的。城市品牌建设涉及城市建设和发展的诸多方面，政府必须直接参与进来。对于城市品牌资产的维护而言，一个良好的制度环境会激励企业或其他部门采取措施维护这一公共产品。没有制度的约束，企业在生产过程中便不会考虑损害城市品牌所带给自己的利益损失，因而也不可能采取措施避免所造成的损失。政府可以通过制定法律法规，控制企业的生产活动，防止损害城市品牌形象的行为发生。对于提升城市品牌形象的企业予以财政补贴或奖励，对违规者则要征税或惩罚，情节严重的还要追究当事人的法律责任。

提升政府的品牌形象。城市的健康发展离不开良好的城市环境，这不仅包括城市的经济实力、基础设施，而且包括城市政府的办事效率与廉洁程度等内容。城市品牌可能会吸引更多的资金、劳动力、信息、技术等生产要素向城市内聚集，但是如果城市政府办事效率低下，办事过程中存在"创阻"等腐败行为，就会人为增加企业的生产成本，造成企业或产业的出走。因此，创造良好的城市环境，就要转变政府职能、提高政府的办事效率，塑造公正、廉洁的城市政府形象。

（2）建立信息监控系统。维护城市品牌资产要建立高效的信息监控系统，随时收集损害城市品牌的信息，进行事前控制，把隐患消灭在萌芽状态。因此，政府需要做好以下工作：首先，要与公众保持及时有效的沟通，通过有效的沟通让公众了解真实情况，随时收集公众的反馈信息，一旦出现问题立即跟踪调查、解决；其次，要了解公众对城市管理水平、人员素质和服务质量的评价，密切关注市场动态，分析竞争对手的现状、潜力及发展趋势，对其优点加以借鉴和吸收；最后，要研究城市内部顾客的信息，找出服务的薄弱环节，采取相应的措施予以补救。

（3）设立城市品牌危机处理常设机构。品牌危机的出现虽然是不可预测的，但城市必须为品牌危机的出现做好准备，如建立应对危机的常设机构，配备专职人员，确立预警机制和反应机制，制订相关的行动计划、应急方案并进行相关模拟演练，建立重要的关系等。未雨绸缪，以便及时处理出现的品牌危机。

（4）构建城市品牌的法律保护。一个品牌如果不享有专用权，就不能享有法律的保护，因此取得专用权是品牌受法律保护的前提。在这种制度下，注册是取得品牌专用权的唯一途径，为避免其他城市利用同一品牌，城市品牌也应该尽快注册商标。城市注册商标是为城市品牌寻找一个最适合、最深入人心的文字或形象标识，从而为打造城市品牌提供更有效的形象策划与推广。

城市品牌是否注册商标不应该一概而论，资源特色唯一或存在与竞争城市雷同的资源特色的城市品牌应该积极注册商标，以防止被其他的城市盗用。大连最早对城市品牌进行了商标注册，2003年，大连在国家市场监督管理总局为"浪漫之都"进行了注册，用法律将"浪漫之都，中国大连"城市形象保护起来。由于大连"浪漫之都"形象定位有效地实现了与其他城市形象定位的差异化，并得到注册商标的法律保护，不易被模仿，从而深入人心，大大促进了大连城市形象的提升及旅游业的发展。

（5）行业协会层面的维护策略。现代社会的组织分为政府组织、营利组织和非营利组织三大类型。它们分别是政治领域、经济领域和社会领域的主要组织形式，非营利组织的发展已经成为现代社会经济发展的重要趋势。非营利组织包括各类基金会、研究会、联谊会、行业协会、慈善组织、社交俱乐部等。行业协会是为维护共同的经济利益和社会利益而组成的行业自律性、非营利性的社会团体法人，属于政府、企业之间、商品生产者与经营者之间的社会中介组织。行业协会在城市品牌的维护方面虽然不及政府机构具有权威性，但它作为行业自律性组织以及政府与企业之间的中介组织，管理上具有相当的灵活性。

2.企业层面的维护策略

（1）提高企业的产品质量和产品品牌的美誉度。企业产品质量是城市品牌维护的前提，没有好的产品质量，就意味着城市内生产的产品不能被广大消费者所接受，也就难以形成关于城市的美誉度。因此，不断提高企业的产品质量，满足消费者的需求，才能使消费者对城市的产品产生认同。

（2）树立城市产业品牌，加强企业间的协同效应。企业的发展离不开所在产业集群的发展，企业品牌与产业品牌相互依赖和影响。因此，企业应该以城市产业品牌为根本出发点，将城市产业品牌看作自身发展的关键要素。同时，企业之间要加强互利合作。对其他城市的同类企业的竞争，产业集群企业应该彼此合作，协作起来共同参与竞争。

（3）壮大产业集群的规模，增强城市产业的影响力。规模经常与实力联系在一起，城市产业品牌能否持久，依赖于产业集群的发展规模。城市产业集群的发展壮大，是扩大城市产业影响力的根本途径，也为城市品牌资产的维护创造了条件。

五、促进城市品牌传播

城市的品牌形象塑造与提升是一个十分漫长的过程，在借助大型体育赛事的宣传与带动条件下，加强了城市品牌宣传的力度，能够在很大程度上节省城市品牌形象的塑造与提升所用的时间，能够在更短的时间内让世界了解并认识城市的品牌形象。可以通过对体育赛事的宣传加强对城市品牌的推广。例如，媒介是对外宣传的重要窗口，可以通过对往届赛事的图片、视频的整理宣传体育赛事，吸引更多的人去参与。在明星效益日益增长的今天，可以邀请明星充当城市的形象大使，以提升城市知名度，加深外界对举办城市的印象。把城市品牌更加广泛地宣扬出去是宣传工作的重点，让人们在了解的基础上更加深入地挖掘举办城市的优势。

（一）城市品牌传播板书

在经济全球化和区域一体化的时代背景下，城市数量的激增和规模的不断扩大，使城市之间对于各种要素、资源的争夺日趋激烈。城市想要在这样的竞争中取得优势，提高城市核心竞争力，以获得更高的经济效益及更大增长潜力，就需要探寻城市品牌的发展道路。这也成为每一个城市政府所面临的难题，各城市纷纷开始进行城市品牌构建以传播良好的城市形象。在这一过程中，自然会有许多成功的例子，但同时也会引起品牌建构趋同、理念认知和实践操作单纯模仿等混乱现象。

城市品牌作为城市形象的集中体现，如何塑造、传播一个城市品牌从而使城市增值，是城市品牌化实践中亟待解决的难题。因此，对城市品牌的传播力提升的研究和讨论，已经成为一个极富理论和现实意义的课题。

1.城市品牌传播理论

在近几年对城市品牌的研究中，国内学者们已经开始意识到城市品牌化在城市营销中的重要地位和关键作用，尽管研究还不够深入，但也已取得了初步的成果。刘彦平发表了一系列有关城市品牌战略的文章，总结了城市品牌战略实施的成功因素和注意事项。他认为，城市品牌战略不是一蹴而就的，它需要一个持续性的过程。在这一过程中有很多步骤，他将其分为城市品牌定位、城市品牌决策和城市品牌传播三个过程，并将这三个方面称为城市品牌化的核心任务。其中，品牌定位是品牌战略最基础性的工作，而品牌决策是对城市无形资产的战略管理模式，在前两者的基础上，还要进行针对性的品牌传播与沟通。于宁则将城市品牌提升到品牌资产的高度，将城市品牌战略的四个步骤定义为品牌的定位、塑造、传播与维护，并指出城市品牌整合营销传播的重要性，从信息学和传播学的角度对城市品牌的信息传播过程进行了梳理。总的来说，国内外有关城市品牌的研究尚处在探索阶段，有些研究仍然停留在概念的探讨与品牌定位、塑造等方面，论述城市品牌传播的文献相当少。但这些理论成果为进一步深入、系统和多学科视角的理论研究奠定了基石。

2.城市品牌传播的必要性与内核要素

（1）城市品牌传播的必要性。首先，有效的城市品牌传播是激烈的城市竞争的需要。企业的强势品牌能够决定自身在市场中的地位，城市也是如此。

一个城市拥有强势的品牌，就等于拥有一种直接影响外来投资者、消费者、游客的决策力量。一些名气不大的城市，可以通过大力宣传城市良好的形象，展示出城市的魅力和吸引力，以形成强大的凝聚力、辐射力，使其成为吸引投资、扩大对外交往的"金字招牌"，从而把无形的精神财富转化为有形的物质财富。目前，全国已有众多城市通过各种传播手段开展城市品牌形象宣传，其中大连、昆明、杭州等城市的品牌传播已经取得了显著成效。

其次，城市品牌传播是社会经济发展的需要。城市品牌传播能间接地推动交通运输、商贸物流等第三产业的发展，提高具有地方和区域特色的市场竞争力和经济效益。通过地方经济政策的对外宣传，有利于加大招商力度，使更多大型的重点企业落户当地，带动本土经济的发展，也是实现城市工业经济快速增长的有力保障。

最后，城市品牌传播是群众文化发展的需要。有效的城市品牌传播能增强全体市民对城市的归属感，激发市民的荣誉感和使命感，形成团结一致、齐心协力建设城市的良好氛围，增强全体市民对城市发展的信心。文化搭台，经济唱戏，通过商贸交流、主题晚会、新闻发布会等形式，架起一座经济文化交流与合作的桥梁，不仅能打响城市文化品牌，而且能促进当地文化事业的发展。

从城市品牌的研究现状分析可知，国内外对于城市营销和城市品牌的研究较多，但缺乏专门而系统的城市品牌传播研究。笔者认为，从传播学的角度分析，城市形象的有效传播是城市品牌战略的出发点和落脚点，因此品牌的传播应该作为一个重要的因素考虑进城市品牌战略中。城市品牌战略应当在"以人为本""有效传播"的理念引导下展开，城市品牌的定位、塑造等各个步骤都要基于对"传播"的考量进行决策。

对城市品牌传播提升策略的研究具有营销学、传播学的意义，怎样树立并传播城市形象是城市品牌战略的重要内容，也是城市品牌化的重要目标。

（2）城市品牌传播的内核要素。城市从某种意义上说可以等同于产品，它所代表的这一空间区域也可以成为品牌。城市品牌化的力量，就是让某一区域为受众所了解、认知，让该地区的精神与文化融入这一城市当中，使城市与某种好的、固有的形象和联想自然联系在一起。城市品牌传播连接了城市、城市管理者和其他利益相关者，是它们之间的沟通桥梁。城市品牌的核心价值与单一产品和服务不同，它既包含了看得见摸得着的东西，同时还有众多复杂多元的无形价值渗透其中。

一个城市想要塑造出成功的城市品牌形象，除了要抓好城市形象的内部规划与建设，更要规划好城市品牌的传播工作。如果单纯注重内部建设，而忽视了凸显城市精神、文化的城市品牌传播，那么也不可能塑造出理想的城市品牌形象。没有有效的传播活动，没有受众的信息反馈，这样的城市形象仅是传播主体单方面的、主观的形象，并不是城市在公众心目中的总体印象及实际的评价。要通过城市品牌的传播，让城市富于凝聚力和吸引力，在广大受众面前大放异彩，进一步彰显城市个性，扩大城市知名度和美誉度，从而达到提升城市竞争力的目的。因此，富有特色的城市品牌传播对城市品牌的塑造具有十分重要的意义和作用，塑造、提升城市品牌形象，就必须做好城市品牌传播工作。

城市品牌的塑造与提升，是在城市品牌战略指导下的一项长期的系统工程，不可能一蹴而就。目前，有些城市的品牌传播内容和传播口径与城市的整体品牌规划并不十分一致，这样的传播反而会成为城市品牌建设的阻力。因此，在城市品牌传播的过程中，既要注重外部宣传，也要注重城市内部的认同，在品牌传播的过程中必须体现城市品牌体验的独特性，通过何种媒体及其组合向受众传递品牌个性的信息，用何种方式演绎和表达品牌个性，都必须注意品牌个性与传播媒介的统一，并要与品牌的塑造保持整体的一致性。

（二）城市品牌传播中存在的问题

1.传播主体单一

品牌传播的主体指的是品牌传播活动的发起人和传播内容的发出者，是传播活动的第一要素。现在大多城市的品牌传播主体以政府的相关职能部门为主，在某些城市品牌形象宣传片中，受众接收到的是灌输式和说教式的视觉感受和文字体验。其中，很多作品的问世是为了配合当时国家的一些主题活动，而后再兼做城市宣传之用。

社会公众是城市品牌传播的基础力量。市民在日常生活中表现出的基本素质和道德修养，会给城市的外来消费者留下深刻的印象，这个印象在一定程度上代表了城市的整体印象，并将城市这种形象通过各种途径传播到城市之外，形成影响力。政府与市民间的良性沟通，对城市品牌传播有着至关重要的意义。城市的居民通常被设定为城市品牌的"受众"，以至于他们参与城市品牌塑造的思考能力和意愿没有受到应有的重视，造成的后果就是城市品牌设定后引来群众的争议和质疑。

2.传播内容雷同，个性特色不鲜明

缺乏市场细分是目前国内城市品牌传播过程中普遍存在的一个问题，城市品牌个性塑造不足，各个城市的品牌形象塑造大多以表现城市规划、发展旅游资源为出发点和落脚点，动辄打出"数字""绿色""精品"等品牌概念，品牌形象的内涵则大多集中在"生活娱乐、历史文化、旅游标志、发展新景"这四大主题。现在几乎每个城市都争先恐后要打造城市品牌，由于城市与城市之间经验的取舍和模式的效仿，造成了品牌形象趋于雷同。

城市品牌的塑造具有多层次和多样性，不仅包括口号、标识符号等，同时包含了城市品牌建设。但从现状可以发现，各个城市的旅游纪念品千篇一律，沿海地区城市多是一些以贝壳、海类产品为制作原料的简单手工艺品，内陆地区城市的旅游纪念品则以石雕、泥塑为主；城市富有特色的食品，在全国流通中失去了原有的当地特色；城市宣传片的细节处理中，放飞的风筝、绽放的烟花、嬉戏的儿童等几乎成了必备的视觉元素；城市品牌传播的窗口相似性高，如政府官方网站、公交车站牌、城市商业街区等。

3.缺乏稳定的受众群体

建构主义理论认为，并不存在一种特定的被所有人同时体验到的"现实"，不同社会和不同的文化对世界有着各自独特的理解，这种理解对人们在他们的社会范围内的活动是很有用的。明确传播对象等同于细分了这个城市的市场，也只有明确了目标受众，才能让受众更好地感受品牌形象的真正内涵，才能更有针对性地塑造并传播城市的品牌形象。

根据不同的分类标准，城市品牌的传播受众可以有不同的划分方法。目前，从国内的城市品牌传播中，我们难以辨别其主要的传播受众，在内容和形式上存在老少通吃、中外兼并的通病。优秀的广告作品讲求的是"对什么人说什么话"，要认识到品牌传播的最终目的是在受众心里形成所需的品牌影响力。如果没有明确的目标受众，那么一支冗长的城市形象宣传片究竟有何作为？

4.传播渠道过于广泛，资源整合力度不大

不单是城市品牌的传播内容趋于雷同，在品牌传播媒介上同样也存在着雷同的现象。品牌个性的传播途径和手段往往要通过媒体或能代表该精神行为的活动来进行，而大众媒介是品牌信息传播的主渠道，但人众媒体很难凸显品牌个性。品牌传播有三条主要的传播途径：大众媒介的品牌共性信息传播、小众媒介的品牌个性信息传播、专项的品牌传播活动。在这三种主要的品种传播路径中，由于媒介的中性特征，使得传播本身很难成为品牌个性的一部分。关于这一点，城市的经营者们也已经认识到了，转而对专项的品牌传播活动逐渐重视起来。然而原本能够与品牌紧密联系的专项活动由于没有很好地体现城市品牌的核心价值，又流于跟风而陷入雷同的误区。

现阶段中国城市品牌传播的渠道以"大众媒体、节日活动、新闻发言人"为主，其中又以"国内大众媒体"选择占绝对优势。城市品牌传播中固然要注意传播渠道与其本身形象的匹配性，但集中出现往往只会造成适得其反的效果。对于这一点，我国城市品牌传播在节日活动这一渠道上的尝试相对比较成功。以"北京奥运""上海世博"和"广州亚运"为例，都从一定程度上推进了城市品牌形象发展，但也因此引发了国内一批中小型城市的"节日热"，即在没有明确"节文化"对"本地文化"内在支持点时就已经如火如荼，其后果引人深思。一些城市的经营者和管理者认为，只要宣传到位，城市的品牌形象自然就能树立起来。许多城市忽视城市品牌的基础建设和长期规划，而仅仅依赖于大型的城市促销和推广活动，以为短暂的宣传和一时的效应就是在做城市品牌了。城市品牌传播本来就是一项长期系统工程，仅仅依靠大众传媒或是单纯依靠专题推广都是不行的。应通过管理城市与传播受众接触的每一个环节，形成整体的品牌体验，在潜移默化中提高城市在受众心目中的知名度和美誉度。

5.后期维护工作不到位

在现有的城市品牌研究中，往往会忽略城市品牌资产的维护，导致城市品牌"重开发而轻维护"的现象。不仅在理论层面忽视品牌维护，在实践层面同样是对城市品牌的后续维护工作不重视。国内城市在城市品牌塑造过程中，大都注重前期的形象创建，花大手笔进行品牌形象的正面宣传，但却忽视城市品牌的风险防范与长效管理机制的建立。在遇到形象危机时应对不当，从而严重损害了经过长期经营而树立起来的品牌形象和品牌资产。形象危机遗留的不利影响还会制约城市的可持续发展。

（三）城市品牌文化的延续和发展

每一个城市都有自己的特征和文化，就是所谓的地域文化。地域文化应该是指在一定的地域条件下，如海洋、山脉、河流以及气候特点，乃至独有的人文精神等，相互交叉产生的对于文化独特的、不可变更的诸多影响，使这种文化突出了地域的特点；在文化空间坐标里，地域文化在大范围讲有其独特性，在小范围讲有其主导性；表现在文化内涵上，地域文化既是地域性的，又超越地域性；体现在文化属性上，地域文化既是客观的实体存在，也是地域群体的主观文化认同所形成的"想象的共同体"。"地域文化不是传统意义上的文化概念，也不是特指某种经济状况下的物质层面，而是直接受制于地域限制（和已经具有的人文精神）下的，并通过多种形式表现出来的文化的状况。地域文化也不是一个简单的地理概念，而是一个文化时空概念，一般是指具有相似文化特征的某个区域及其文化生成的历史空间。因此，我们在判断地域文化时，不能简单持有地理决定论，对地域性文化的思考也不仅来源于历史和传统，而且未来的指向也是影响判断的重要因素。"

地域文化具有四个基本特征：一是文化的普遍性。每个地域都有其独特的文化标记，如行为方式、语言系统、经济体系、文化典籍、文化代表人物和一定的宗教信仰、价值观念等。二是文化的群体性。地域文化是地域群体的创造，其成员认同这种高度一致的群体文化，并对其有一种归属感。三是文化的继承性。每个文化圈内的文化都在代代相传，如文化典籍、古代建筑、民风民俗等。四是文化的渗透性。各个文化圈的文化都在历史的发展中不断接触、交流、相互影响和转化，所以各个文化圈的文化既有其独具的地域特色，又具有中华民族传统文化的统一性。

1.地域文化在城市品牌形象塑造中的价值

地域文化的重要性体现在它的当代价值。各具特色的地域文化，是源远流长、博大精深的民族文化的有机组成部分，是文化多样化发展的重要载体和具体体现。地域性是全球化成为一种趋势后才出现的问题，在经济全球化过程中，某一种文化由于经济地位的优势而具有相对强势地位，这个现实是不容回避的。如今，市场上的产品、销售无不借着文化的标记与影响，大众纷纷趋向具有文化意义的消费。地域文化已成为区域经济和文化发展的重要源泉，为城市的发展提供了精神动力和文化氛围。地域文化是一种资源，在发展自身的同时，挖掘其资源优势，打造文化品牌，充分发挥地域文化优势，既是带动和促进区域经济、政治和社会发展的有效途径，同时也塑造和培育了新的民族精神。

地域文化的形成经过了很长的历史时期，每个地方都有其鲜明的地域文化，这样的文化也必然是个性和多元化的，不同地域文化影响下的城市也就呈现出不一样的个性特色。城市品牌形象中反映出来的地域性是地域文化外部现象的一种表现形式，它是品牌形象设计的源泉，离开了地域文化，形象设计就没有了素材与元素，也就无法体现出这个城市的本质，即城市的性质和职能，就会给城市的发展和品牌形象的建立带来负面影响。人是文化的创造者，人类的生存和文化的发展又是在一定的空间进行的，必然存在着地域性和差异性。因而，产生于这一差异之上的地域文化对于民族精神的形成和发展也必然产生重要影响。在实践层面，我们对城市进行品牌形象塑造过程中的一个重要目的，也正是通过城市中视觉形象信息的表达间接传播地域文化与民族精神。

地域文化是中华民族精神得以不断塑造培育的不竭源泉。民族文化的发展与民族精神的传承，是对地域文化先进因素和优秀成分的吸纳荟萃与凝结升华，对于地域文化又具有导向、凝聚和规范作用，促使其融合扩展、认同主流和趋同一体；地域文化在趋同过程中凭借地域优势创造和积蓄着自身的个性风格与接纳新的内容，从而赋予民族文化与民族精神再造和扬弃的充足养料与能量。文化是一个过程，是一个开放的体系，要随着时代发展和社会进步，不断进行调整、更新和重塑，使一个民族的文化永葆与时俱进的生机与活力，这就是文化的发展与创新。

2.社会历史文化影响下的城市品牌视觉形象

历史文化资源是一个城市文化品位的重要表现，是一个城市文化个性的生动体现，也是一个城市（特别是中国城市）成为文化名城的一种独特的文化优势。世界文化名城意大利的佛罗伦萨就是一个先例，曲阜也是靠历史文化资源而蜚声国内外的。一个城市的历史文化价值源于这个城市的地缘、环境、历史和传统，是城市过去和现在的浓缩，是物质实体和社会文化的提炼。可以说，人文历史景观与文化是城市极具活力的视觉要素的源泉，是构成城市视觉形象的精神和灵魂。因此，在城市品牌视觉形象塑造过程中，除地缘识别外，应当将一座城市的历史、文化、风俗、民族等人文状况作为城市品牌视觉形象识别系统中最重要的人文识别因素。城市是文化的载体，它必然沉积了丰厚的历史文化遗存与结晶，综合反映在城市视觉形象系统中，就形成了一个城市最持久、最具资源潜力和最有文化人类学意义的识别系统与独特的城市特色。

当我们谈到城市品牌视觉形象系统中人文识别因素的时候，必须注意历时性和共时性两个方面。城市的历史、文化、风俗、民族等是长期沉积的结果，是一种历时性的遗产，而当代城市人的现实生活必须与历时性的人文遗产并存，这就是城市的一种共时性状况。当我们推广城市视觉形象人文识别时，则以历时性的人文特征为主。也就是要正确处理和妥善协调城市传统文化的传承和新文化发展之间的关系。怎样在城市品牌视觉形象建设中对待城市中的传统文化呢？一方面，我们不能离开传统，空谈文化创新。任何时代的文化，都离不开对传统文化的传承，任何城市的文化，都不可能摒弃传统而从头开始。对于一座城市而言，如果漠视对传统文化的批判性继承，那么其文化创新就会失去根基。另一方面，城市文化发展与品牌视觉形象塑造的关键是实现文化创新，这是社会实践的必然要求，是一个城市文化与品牌形象经久不衰的内在动力。要在文化交流、借鉴与融合的过程中，吸收其他文化的营养和有益成果，以我为主，为我所用，正确处理当代与传统、本土与外来文化的关系，反对任何形式的"守旧主义""封闭主义""民族虚无主义"和"历史虚无主义"。

"文化复归现象在设计中表现为一种回归意识、寻根意识、民族意识与设计意识的结合，体现了民族心理的延续与发展，同时也体现了民族审美特征的强化」人文历史文化是一种无法再生的文化与资源，一个无视历史文脉的继承和发展，文化含量和文化品位不高的城市是注定没有生命力的。

3.城市品牌视觉形象设计激化地域文化的传承

当今，很多城市的建设表现为现代化的同时，城市自身的"人文情结"却在慢慢消失，"千城一面"的建设使城市越来越趋同，缺乏生命力，没有个性。个性化的城市文化特征，往往表现为某些方面的超前性。独特城市视觉形象设计的表现不仅对于城市品牌形象的塑造，而且对于城市文化的宣传和地域性文化的传承与创新都具有一定的渗透作用。城市品牌视觉形象的设计从历史传统文化中提取其精华，就是让传统文化的生命得以延续，保留城市的"历史记忆"，让更多的人真正认识和了解城市的历史，使城市的传统文化价值真正在人们的心中生成情结、情怀，把城市创造为市民心里的"家如城市的标志设计，城市建筑的整体色彩规划以及城市道路的标识导向指示设计等，其所带来的美好体验与享受，能够构成城市可持续发展的一种资源。

地域文化体现的核心是强调与国际城市发展的接轨，促使城市的发展走向一个新的舞台，机遇与挑战同在。"越是民族的就越是世界的"，地域文化特色的视觉符号表征及形象，作为城市发展的象征、历史文脉的体现和文化特色的反映，对观赏者、游览者具有独特的艺术魅力和审美作用。

事实上，一个好的视觉环境，不仅是为了满足公众日常的出行需求，或是承担已经拥有的意蕴和感情，而且更重要的是在新的探索中充当文化的导向和促进作用。毕竟，文化的意义也不仅在于传承历史，而更多的是一种在未来的指向性。

4.综合地域文化特色的城市大型活动

在城市品牌形象的塑造中，注重在盘整城市文化资源的基础上，创造出与大众市民文化和社会发展相适应的交流活动，并且在活动的城市内与城市之间区域的宣传中，视觉信息的传递上要注重突出表现地域性的文化特色，从整体上提升城市品牌的形象，争取创造一种城市独特的品牌文化。城市举办的大型活动如经济交流活动、体育、文艺活动等，是城市进行经济、文化等对外交流的绝好机遇。通过举办大型活动来大力提高城市知名度，提升城市形象，美化城市环境和氛围，促进城市发展的国际化，对加快城市自身品牌的发展具有重要的意义。

举办大型活动，正面推广、营销城市，是一个城市形象和城市文化水平、城市文化特色及城市文化整体性的体现和象征，但凡世界上一流城市都有世界一流的城市文化活动或者通过举办大型的国际活动而名声远扬，如戛纳电影节是世界上规模最大的电影盛会之一，它使戛纳这个法国南部的海滨小城被视作影坛圣地。

体育赛事更是推广和传播城市品牌的有效途径。例如，2008年的北京奥运会，不仅使北京市城市面貌焕然一新，而且使北京走进了世界人民的心中。青岛市在成为2008年北京奥运会帆船赛的唯一合作伙伴之后，借着奥运会的东风，青岛市政府除了为以海尔为代表的明星企业注入活力之外，还在《青岛奥运行动规划》中提出"利用青岛海、城一体，人和自然和谐共处的城市特点，做足海上运动的文章，高标准、高起点地规划、设计奥运场馆和配套设施，以使青岛成为帆船之都，成为中国乃至世界知名的海上运动教育、科研、运动、休闲中心"。为此政府成立了帆船之都品牌设计推广办公室，全力打造青岛的城市形象，青岛"帆船之都"的形象标志也就在此背景下诞生了。

在之后城市形象的推广中，通过国际帆船比赛等活动的举办，加强了城市品牌形象的宣传；同时，青岛城市凭借本身所拥有的优秀资源与巨大魅力，在海尔、海信、澳柯玛、双星、青岛啤酒等工业品牌与旅游品牌的基础上成功经营整个城市，极大地提高了青岛市城市品牌形象，使青岛市城市品牌更加深入人心。

第六章　体育赛事与城市旅游业互动发展研究

第一节　体育赛事与城市旅游经济的互动

一、体育赛事对旅游经济影响的产生

从传统的凯恩斯主义宏观经济学角度看，体育赛事对城市旅游经济的影响是一种需求冲击，它是指由于体育赛事的举办而引发的举办城市基础设施投资、宾馆餐饮消费、商业贸易等需求的变化（这种需求的变化直接带来了赛事举办城市新的资金流入），并通过直接效应和乘数效应对举办城市旅游业的产出和就业水平等经济指标产生的影响。所谓乘数效应原本是指当政府投资或公共支出扩大、税收减少时，对国民收入有加倍扩大的作用，从而产生宏观经济的扩张效应；当政府投资或公共支出削减、税收增加时，对国民收入有加倍收缩的作用，从而产生宏观经济的紧缩效应。在体育赛事对旅游经济影响的形成中，乘数效应主要体现为放大由体育赛事为举办城市带来的新资金所产生的经济方面的影响。

当一个国家或地区举办一项体育赛事，特别是一些超大型体育赛事或标志性体育赛事，势必会引起人们对体育赛事相关产业需求的变化，这样带来的一个最直接的影响就是引发举办地资金的流动，当然这种资金流动既包括正向的流动，也包括负向的流动，即体育赛事的举办无疑会带来一些新的资金流入举办地，但同样也会导致一些资金被"挤出"举办地的经济体系。总体而言，体育赛事的举办往往促进举办地资金的正向流动，即会给举办地带来一些新的资金流入（这些资金往往流入宾馆、餐饮、交通等城市旅游产业），这些新的资金会继续在举办地的经济体系中循环，从而对体育赛事举办地的旅游经济产生正面影响。不过，体育赛事的这种需求冲击在很大程度上是暂时性的和短期性的，尤其是会在体育赛

事举行期间集中爆发，形成需求的"峰聚效应"。

体育赛事对举办城市的经济影响与赛事为举办城市带来的新的资金成正相关关系，赛事为举办城市带来的新的资金量越大，对举办城市旅游经济影响就越大。相反，如果赛事为举办地带来的新的资金量很小，那么该赛事对举办城市的旅游经济影响就不会很大。体育赛事对举办城市旅游经济的影响共分为三个层级。直接影响、间接影响和引致影响。其中体育赛事对举办城市旅游经济的直接影响是指改变特定地区旅游经济活动的第一次花费，即体育赛事为举办地带来的新的资金流入（这些新的资金主要流入宾馆、餐饮、交通、中介服务等行业和部门）对当地旅游经济产生的第一次影响，例如，外来观众参加某地区举办的高尔夫赛事，或这些外来观众到本地的相关消费所导致的影响。其本意在于说明体育赛事第一波外来资金对于若干最终需求的投入所导致的经济活动变化程度。体育赛事对举办地经济的间接影响是指由于以上直接影响的结果对举办地旅游经济产生的影响，它是举办城市相关产业因为前述这些活动或者观众的外来资金投入所导致的旅游领域各行各业经济活动的变化。例如，宾馆、饭店从本地区的供应商购买实物和服务时，这些购买者在销售过程中产生的额外的经济增长。通常影响较大者有旅馆、餐饮、零售以及与娱乐相关的产业。在赛事举行期间或者结束后，在该地区仍会有各种相关产业持续发生买卖行为。简而言之间接影响在于衡量该特定地区的旅游领域各行各业依靠体育赛事所带来的间接经济利益。引致影响指某特定地区的家庭单位因为上述体育赛事的直接或间接旅游经济影响所增加的收入在当地的再消费，它是由体育赛事引起的本地区居民收入增加后，居民将部分增加的收入又在本地区经济系统中消费，从而对本地区旅游经济产生的影响。例如，某餐厅员工因外地观众参加本地高尔夫比赛的消费而增加收入，并因此促使这些员工花费这些收入去添购各类日常用品的现象。体育赛事的间接影响和引致影响通常也被称为二次影响。

二、体育赛事与城市旅游经济的互动方式

上文证明了体育赛事对城市旅游经济的贡献是显著的，因此为使体育赛事对城市旅游经济的贡献最大化，体育赛事对城市旅游经济的贡献可以通过以下四种互动方式来实现。

（一）刺激赛事观看者的消费

充分开发观看者在赛事期间的花费，除了门票、旅游纪念品和食物是赛事观看者要在赛事期间购买的之外，去当地的商店购物，当地的餐馆吃饭或者游览当地的名胜，都会带动城市旅游经济的发展。然而，关于赛事如何与当地旅游经济

进行互动就需要考虑通过赛事赞助者来刺激赛事观看者去当地购物，并增加当地餐饮收入及旅游名胜的观光收入。例如推出适应游客需求的，涉及旅游中"吃、住、行、游、购、娱"各个方面的门票打包、门票优惠产品。如谋划F1车迷嘉年华"一票通"路线，与F1大奖赛上海站的比赛互动，设计上赛场观赛、天马山竞速体验、F1主题交通接棒、F1主题酒店入住等特色活动及服务，打包各种类型的门票产品，搭配美食、旅游景点的优惠门票，将城市旅游与F1嘉年华活动串联起来，打造上海F1体育旅游季。

商业的目标客户是赛事观看者，它可以成功地刺激观看者在特殊促销品上的花费。他们的广告目标定位在赛事观看者，同时借助当地的媒体进行一些赛事相关的促销。无论在哪，它们开发的主要策略是通过搭卖赛事相关的广告，包括装饰和环境设计在内的主题策略来吸引赛事赞助者。同时，当地的商业协会、政府经济发展代理处和赛事的组织者通过组成必要的联盟从而产生联合促销策略和社区主题。这样在赛事举办期间有助于战略计划的形成和实施，同时也有利于配合必要的市场调查来确认合适的库存、菜单和陈列的策略，为主题、促销和销售的协调策略提出规模收益。

赛事期间的市场组成远不止赛事的参与者本身。其中还可能有伴随市场，例如配偶和孩子，他们更热衷于赛事相关的活动、购物或者旅行。赛前市场调查需要确定他们的市场人群及其偏好。一旦伴随市场的特征建立起来，为之设计的相关活动、购物或者旅游等一系列产品都将通过赛事媒体和赛事观看者住宿区来促销。

还有一个相关的市场是规避市场，也就是说观看者和当地的人们不喜欢赛事。如果一些旅游者不喜欢赛事不想到举办场地，那么经济的影响就会减弱。如果一些当地人在赛事举办期间离开当地，那么他们的花费也不会作用在当地经济上，因而会减少赛事的总的经济所得。因此如果有规避市场，建立无赛事区域让旅游者或者当地人在远离赛事的区域玩乐可能是有用的方法。2000年奥运会在澳大利亚悉尼举办的时候，这个国家的乡村地区通过将本身作为无奥运的区域进行促销，刺激了旅游业的繁荣发展。

（二）增加观看者的逗留时间

研究表明人们来观看一个赛事很有可能关注的是赛事本身，也可能在举办地从事其他活动或者旅游。如果赛事观看者可以被吸引在赛事举办地待更长的时间，他们的商业、食物及杂费就会增加。因此举办一个赛事的经济影响会因为吸引赛事观看者延长逗留时间而加强。

有以下三个策略。一是赛事的举办时间可以延长，这样就可以延长观看者逗留的时间以观看整个赛事。二是在赛前或赛后阶段可以为体育迷们创造机会增加在一块的时间来分享他们对体育的热爱。三是赛前或赛后的活动或者旅游可以和赛事挂钩，进行赛事的营销。

第一个策略现已越来越普遍。赛事的策划者通过创造增加物继续增加赛事举办的时间。一般来讲，汽车运动包括先于展示活动几天的比赛。事实上，在澳大利亚黄金海岸的印地车赛大赛就超过三天。一些其他汽车运动特征的项目还包括V8超级汽车赛、保时捷杯赛和拔河比赛。这些额外的运动延长了赛事的举办时间以及汽车运动爱好者待在黄金海岸的时间。

还有一个增加赛事时间的方法是增加赛后的活动和表演。普利克内斯大奖赛是一个五月的一天在美国马里兰州巴尔的摩举办的赛马比赛。尽管它是三冠王的赛事之一，但其经济影响一度受到短暂的举办时间的制约。为了加强赛事的影响和声望，赛事的组织者和马里兰州政府及巴尔的摩政府协商建立一个普利克内斯狂欢节。普利克内斯狂欢节在比赛期间的一周间由各种活动构成。在2002年，这些活动包括气球节、5公里跑和10公里跑、普利克内斯游行、酒吧活动（其中骑师担当投标者）、现场音乐节和乘船观看日落。通过一系列的活动和营销，现在普利克内斯在赛事期间的总体出席率增加很多的观看者会待上整整一周。赛事增加物就像普利克内斯狂欢节一样设计一系列的娱乐活动。形成增加物将会是很有帮助的，因为它为体育爱好者在赛前或赛后集合起来提供机会。

最后一个策略，把举办地整个的设施作为赛事本身潜在的补充物。厦门马拉松赛事就是个很好的例子，组委会通过营销管理将仅有三天赛程的赛事拓展到半年。厦门为国际马拉松赛设计了全国马拉松锦标赛，还进一步开发拓展赛事内容，使每年都有围绕厦门国际马拉松赛的各种配套活动在厦门展开，在给赛事组委会带来可观的经济效益的同时，更进一步推动了厦门旅游发展和商业繁荣。赛事主题活动。结合马拉松赛事，厦门举办了一系列和马拉松相关的主题活动。例如，以"让品牌与马拉松一起飞"为主题的马拉松摄影大赛、马拉松沙滩狂欢节、马拉松儿童节、七夕情侣马拉松、"感动厦门，感动马拉松"征文大赛、"万人笑脸征集总动员"等都使马拉松成为厦门城市品牌一道亮丽的风景线。

（三）留住赛事花费

只有将关于赛事的花费都留在举办城市，才能为旅游经济创造更多的利润。一些赛事旅游者的花费并没有留在举办地，这通常有两种形式。第一种形式是如果赛事的组织者、工作者和特许权经营者不居住在举办地，他们的所赚所得将会被带离举办地，这样则对举办地的经济没有影响。第二种形式是当地的商业或赛事举办者将钱花费在从举办地之外购买货物或者服务上。尽管提高效能就需要从举办地之外进行供给，赛事聚集效应要在一定程度上被加强则需要于举办地购买所需的物品及服务。

留住赛事花费并贡献给本地经济的策略是尽可能地利用好当地的商业服务。假如当地的管理者、劳动力及当地的特许权经营者也是可以获得的，那么赛事的所得将被留在当地的经济里。当地猎头公司、商业网络及就业机构可以帮助找到赛事所需的人才和公司。

在供给方面也是一样的，通过建立赛事举办地的需求链，与赛事相关的花费则可以保留在举办地经济中。当地的商业网络和经济发展机构则可为找到当地的供应者提供一定的帮助。从某种程度上说，一个赛事的需求可能会超过单一企业的供给能力。然而，如果两个或更多的企业联合起来供给更充足的产品，由活动主办方指定投标要求，允许企业间联合起来共谋发展，那么订单就被保留在当地经济里。

要实现这个目标同时也面临着诸多挑战。第一，确定当地人力和物力资源的供应来源。通常是建立网络和服务来完成这个目标。第二，当地的商业需要联合起来供给赛事。这个困难存在于建立和形成必要的战略联盟。然而，当地经济发展机构帮助找到必要的合作者，并建立必要的联盟，则保留供应合同在举办地的可能性就会加强

（四）　创造和加强商业伙伴关系

借助于赛事这个平台可以给企业创造更多的商机，使"吃""住""行""游""购""娱"相关的企业之间达成更多共识，实现互利互惠，并建立与赛事相关企业、赞助商等的合作伙伴关系。长期以来，赛事就常常被看作赞助商款待重要客户的场合。赞助商接待计划的目标是创造新的商业伙伴关系和加强已有的伙伴关系。赛事可以为举办地的商业提供建立和加强买卖双方关系的机会。

接待计划的价值不仅可惠于赞助商，举办地的管理者和市场营销者均可通过参加赛事赞助商的活动和聚会来创造和加强商业关系。例如在悉尼奥运会期间，七个澳大利亚的企业虽不是赞助商，但获得邀请参加赞助商的聚会从而最后成为赛事的供给商，他们通过当地的商业网络建立起了和赞助商的合作伙伴关系。

另外，当地企业可以和赞助商推行市场联合项目，又或者成为赞助商的当地供应商。在悉尼奥运会期间，悉尼会议奖励旅游局联合一家奥运赞助商为悉尼吸引会展产业。该奥运赞助商运用这样的关系将自身联系利润丰厚的会展产业，并增加与奥运举办城市关系的价值。悉尼大会和旅游局利用奥运赞助商吸引在该地举办会展的举办者。同时举办者也能从这样的联合之中获利，也会给当地旅游经济的发展创造更多的机遇。

最基本的挑战是帮助当地的企业找寻和挖掘机会，通过赛事来努力扩大他们的客户网。赛事为建立和加强企业关系（特别是企业间社会联系）提供便利。

无论如何，当地企业很可能需要帮助来充分利用赛事提供的交流机会。然而，赛事不仅仅是款待商业伙伴的场合，同时通过提供门票等也可以给予赛事相联系的节庆和活动的举办提供一个平台。赛事还可以为满足赛事需求的企业提供机会，这就联系着赛事参与者和为赛事提供服务的人们的需求。例如在悉尼奥运会期间，位于悉尼北部猎人谷区域的企业与奥运参与者的欧洲企业达成了新的出口合约及贸易展销邀请。

第二节　体育赛事与城市旅游形象的互动

一、体育赛事对城市旅游形象的影响

美国品牌专家凯文·莱恩·凯勒（Kevin Lane Keller）教授在《战略品牌管理》一书中指出，地理位置或某一空间区域像产品和服务一样，也可以成为品牌……与商品品牌一样，城市品牌也有其丰富内涵。要想使城市焕发独特的魅力和萌生鲜活的生命，要想在未来的城市商业化竞争中取胜，一个城市首先必须提炼出与众不同的核心价值，必须给予人们一种独特的体验，否则城市之间将缺乏本质上的差异性，失去吸引力，流于平凡。城市的魅力可以在不经意中形成，而城市品牌则需要刻意去塑造。

体育赛事因其具有的聚集性特征，在提升城市知名度、打造城市形象、塑造城市品牌方面具有十分重要的作用。芝加哥经济发展部门的研究报告指出，芝加哥熊队赢得超级杯赛为芝加哥带来的知名度相当于花3000万～4000万美元进行宣传活动所产生的知名度；澳大利亚阿德莱德市的一级方程式汽车锦标赛在很短的时间内改变了该地区的形象，并将南澳大利亚与一级方程式汽车锦标赛联系在一起。一项在梅博斯进行的市场调查也得出了这一结论，梅博斯的当地居民认为，在未来12个月内他们极有可能访问阿德莱德市，其中22%的人表示，他们访问的目的主要是一级方程式汽车锦标赛。在阿德莱德市可以明显感觉到，"阿德莱德有活动"的口号改变了该市长期以来的"寂静""乏味""教堂城市"的形象。阿德莱德市的原有形象无法让一些潜在的客人认为该地是一个旅游目的地。一级方程式锦标赛将该市的形象改变为旅游目的地，并为该市赢得了更广阔的市场。此外，体育赛事在提升城市知名度和城市形象上的有效性可以用以卡拉里市举办的冬奥会来加以说明。调查的样本为欧洲和美国的某些选定地点。调查者用3年的时间跟踪人们对卡拉里市关注程度的变化，其结果让人大吃一惊。将周边的埃德蒙顿

市作为对比卡拉里市知名度变化的参照系，在欧洲被调查者中，比赛前两年，不用做任何提示就可想起卡拉里市的比例分别为10.1%和12%，埃德蒙顿市的这一比例为5.3%和5%；在卡拉里市主办冬奥会的当年，上述比例升至40%，而埃德蒙顿仍然停留在6%的水平。在美国的调查中也观察到了类似的影响，但是其知名度只增加了23%，略逊于欧洲28%的纪录。调查结果还显示，该地区的城市形象发生了很大改变。在此次冬奥会之前，26%的被调查者提到每年一度的卡格利奔牛运动，而提到奥运会的只占17%。冬奥会当年，被调查者中有77%提及奥运会，而提到卡格利奔牛运动的只占11%。在如此短的时间内，卡格利树立了其奥运会城市的形象，而且从这一形象中获得了利益，它不再是一个主办奔牛赛的养牛小镇。

体育赛事主要通过以下途径提升城市知名度和城市形象：

（1）大量媒体报道；

（2）直接赛事旅游者的口碑效应；

（3）城市直接的广告和促销；

（4）间接知情者的形象传播。

当然，体育赛事对城市知名度和城市形象的提升一般都可以转换成经济影响。比如，德国的阿尔巴特维尔、瑞典的里勒汉默等城市都因主办冬奥会而长期受益。由于主办冬奥会，这两个城市的名声超过了奥地利和瑞士的阿尔卑斯滑雪胜地。奥运会也让全世界知道了巴塞罗那。加泰隆尼亚旅游委员会称："奥运会后，我们的城市写入了地图，从此以后变成了一个著名的旅游城市。"这项声明在该市举办奥运会的7年之后发表，可见其受益期不短。美洲杯赛在澳大利亚的弗里门特举办后，有人观察到，由夜以继日赶赴弗里门特的人群可以看出，自从被美洲杯"发现"后，它就成了本地人和外地人旅游的目的地。这也是本文将该指标放在经济影响一级指标下的一个重要原因。

至于怎样评估体育赛事为举办地城市知名度和城市形象带来的影响一直是学者们关心的热点问题。从国内外的研究看，目前主要从两个方面进行评估。第一，体育赛事的媒体曝光度，包括国内曝光度和国外曝光度两个部分，对于国内一些较为知名的城市，如北京、上海、广州等主要关注其国外曝光度。关于这一部分，目前国内外已经有很多科研机构在做体育赛事媒体曝光度的研究，如上海体育学院体育赛事研究中心等，但它们都是对体育赛事媒体曝光度的事后评估，当前要准确进行事前评估非常困难，甚至可以说是基本不能实现。基于这一点，要解决这个问题有两个途径。一是通过事后评估的数据及结果进行推算，但由于决定媒体曝光度的参数和变量较为复杂，在数据不充分的情况下，很难进行科学推算；二是事前获取可能参与的国家数、报道的媒体数量及直播和转播的媒体级别，用以近似地反映某一赛事的媒体曝光程度。第二，体育赛事媒体曝光对城市形象的影响。体育赛事的媒体曝光既可能对城市形象产生积极的影响，同时也有可能产生消极的影响。体育赛事对城市形象产生正面或负面影响取决于三不因素：一是举办地的城市形象，二是体育赛事的形象，三是举办地希望通过赛事所表达的城市形象。

从理论上讲，对体育赛事为举办地知名度和城市形象进行评估既要对媒体曝光度这一"量"的指标进行评估，同时还要对媒体曝光效果这一"质"的指标进行评估，但由于体育赛事对城市形象的影响取决于赛事组织运作过程中的很多方面，要在事前给予一个体育赛事媒体影响到底能够产生多大效果的评估基本不太可行。故本文假设赛事和举办地的城市形象吻合，而且赛事组织运作成功有了这两个假设，我们就近似认为，体育赛事的媒体曝光将不会对城市形象产生负面影响。最终，指标体系中"提升城市知名度和城市形象"这一二级指标共包含3个三级指标。参与赛事的国家数、参与报道的媒体数量、参与报道的媒体级别。通常情况下，当赛事确定后，这三个指标的具体情况就能够基本确定，因此，可以从赛事主办方或赛事组委会获取相关数据。

二、体育赛事与城市旅游形象的契合

体育赛事与举办城市的形象契合不仅能够帮助政府选择适合的体育赛事，同时还可以为赛事主办方评估体育赛事的效果提供依据。因此，体育赛事与举办城市的形象契合对于城市发展具有重要的意义，城市决策者必须充分了解体育赛事和举办城市的特点，寻找体育赛事形象与举办城市形象之间的契合点，构建与城市形象相契合的体育赛事形象，从而充分实现运用体育赛事进行城市营销的预期目标。

（一）形象契合

契合，又叫"适合"或"相似"，指的是事件（体育赛事）属性与品牌（举办城市）属性之间的相似度。事件与品牌之间的契合有很多种。国外学者吉维纳（Gwinner）将契合分为形象契合和功能契合。当事件形象与品牌形象相关联时两者间就是形象契合。除了这两种契合外，还有学者提出了另一种契合，叫作用户契合。在这一契合中，事件用户（旅游者）与品牌用户（消费者）是一致的。事实上，事件与品牌间的契合有时候不仅仅是其中的某一种，也可能是两种甚至三种契合关系兼有。

形象契合理论来源于体育赞助的文献，体育赛事与其赞助商之间的形象转移现象以及两者形象的契合度的研究十分广泛。吉维纳最先将形象契合的概念应用于名人品牌代言。从一项体育赛事与一个品牌间的个性契合、赞助感知契合、品牌和赛事的受欢迎程度等角度研究了两者的契合度，结果显示，当品牌个性与赛事更统一时，赞助的契合度更高。当顾客能够感知到赞助企业与体育赛事形象的契合时，便能影响顾客对于赞助行为的反应。顾客的态度、信念和行为会随着赞助企业与体育赛事形象契合度的高低而受到不同程度的影响。认为品牌与赛事形象契合的顾客会对赞助企业产生积极的情感和认知。因此，赞助企业与体育赛事之间形象的契合能够提升赞助企业的形象和顾客对于该企业的认可度，能够为品牌吸引更多的关注度，最后大大提高人们使用赞助企业产品的可能性。

（二）体育赛事与城市旅游形象契合

体育赛事具有促进城市发展的作用，但并不是所有的体育赛事都适合举办，也不是所有的体育赛事都能提升城市形象、推动城市发展。体育赛事能否提升其举办地的城市形象的一个关键性因素是体育赛事与其举办地的城市形象是否契合。体育赛事形象与城市形象的契合，是指赛事与其举办城市在规模、类型、受众群体、文化底蕴等方面的匹配程度，简言之，就是体育赛事属性与城市属性之间的相似程度。例如，上海作为一个国际性的大都市，其形象总是与"现代、时尚、国际化、品质"等联系在一起，这种情况下，上海就适合举办诸如高级别的网球、高尔夫等项目的赛事，而不太适合举办拳击、举重等传统项目的赛事。正如在研究城市与赛事的相容性与匹配度的问题时所发现的，动感十足的体育赛事对于人们心目中原本就充满活力的城市形象的提升作用尤其明显，而对于原本属于安静、悠闲风格的城市则可能不一定相容。

基于体育赛事形象与城市形象的构成（即情感因素和认知因素），它们可以被分为积极的和消极的两种。国外学者因奇（Inseh）将体育赛事与城市形象的契合分为四级。

（1）有利匹配体育赛事形象和城市形象均是积极的；

（2）不利匹配，赛事形象是积极的，但城市形象是消极的；

（3）有利错配，城市形象是积极的，但赛事形象是消极的；

（4）不利错配，体育赛事形象和城市形象均是消极的。

他们还指出，当一个城市拥有综合的积极形象同时它所举办的体育赛事也拥有积极的形象时，人们会更愿意参加这项赛事，而如果赛事形象与城市形象不匹配，则会破坏一方或者双方的形象，并在很长时间内损害赛事与城市的声誉。

尽管因奇的这一成果对赛事组织者和城市品牌经营者来说很有新意也很实用，但这仅仅是对整体形象的定性研究，缺乏定量研究始终难以估量体育赛事与举办城市之间形象契合的程度，也很难解释各自的内部构成因素间的相互关系。相比较而言，霍尔曼（Hallmann）的方法则更加符合当前研究的需要。他采用了基于属性的测量维度，找到一些能同时描述体育赛事形象和举办地形象特征的属性，并将这些特征作为测量两者形象契合度的变量，最后通过构建这些变量间的欧几里得距离获得体育赛事与举办城市间的形象契合结果。研究中共运用了10个变量，即体育赛事形象和举办城市形象的共同属性，其中五个属性属于情感形象范畴，依次为"对赛事城市的喜爱程度""兴奋的沉闷的""激动的无聊的""愉悦的不愉悦的""放松的压抑的"，另五个属性属于认知形象范畴依次为"现代化的传统的""国际性的区域性的""商业化程度高商业化程度低""知名度高知名度低""有独特氛围"。Hallmann 和 Breuer 将这一方法用于调查德国四项体育赛事与其举办城市形象契合的实证研究中，得到了不错的结果。本研究正是基于 Hallmann 和 Breuer 的方法进行的。

（三）体育赛事与城市旅游形象契合的作用

城市营销的目的在于提升城市的形象、竞争力和综合实力，直接表现形式便是吸引越来越多的旅游者到来。从这个角度来看，体育赛事与城市形象契合的作用在于这一契合在如何吸引潜在旅游者将该城市作为旅游目的地以及如何吸引旅游者再次选择该城市作为旅游目的地这两个目标上所做出的贡献。

对于吸引潜在旅游者，首先要明确旅游者是如何选择旅游目的地的。这是一个复杂的议题，本文将不做赘述，但在旅游研究领域中，城市形象在旅游目的地的选择中扮演着重要的角色。早前的研究基本达成共识，认为正面的形象（包括城市形象和赛事形象）能够对旅游者的满意度和旅游意向产生积极的影响。这种影响既可以是直接的，也可以是间接的。拥有强烈而积极的形象的城市或体育赛事更有可能在旅游者的决策过程中被选择作为其旅游目的地。如果举办一项体育赛事能够实现提升举办城市形象的某些预期的话，那么将会增加旅游者将该城市纳入考虑范围的可能性，即使日后在他们旅游期间该城市并不再举办这项体育赛事。有研究表明，当一座城市的形象越好时，它对潜在旅游者的吸引力则越大。

赛事营销者们也越来越意识到，一项赛事被一座城市所青睐与否，取决于这项赛事能够提升这座城市的品牌和形象的程度[1]。而正如前文所述，一项赛事提升其举办城市形象的效果取决于赛事与城市形象的契合程度。因此可以说，体育赛事与城市形象的契合能够更有效地提升城市形象，从而吸引更多的潜在旅游者。

对于在赛事举办期间来到举办城市的游客，体育赛事与城市形象契合的作用则通过影响旅游者的满意度和重访意向来实现。近年来学者们逐渐发现，形象契合对于游客的满意度具有进一步的积极影响。和形象契合的概念一样，这一观点最先是由研究品牌赞助和产品品牌的学者提出的。

重访意向是指旅游者再次造访相同目的地的意愿。理论研究学者认为重访意向是旅游者态度与行为的中介。实证研究学者则指出重访意向能够预测旅游者的行为。关于满意度与重访意向之间的关系，早前的学者认为旅游者的满意度是影响重访意向的关键因素。当旅行结束后，旅游者综合地评价他们的旅游经历时，满意度能够很大程度上反映他们的重访意向。在体育赛事研究领域，很多学者都提出，旅游者的满意度对重访意向具有积极的影响。一项以在佛罗里达举办的周期性体育赛事为对象的研究中，试图寻找体育旅游中影响旅游者重访意向的决定因素，他们发现，对体育赛事的满意度将直接影响旅游者的重访意向，并且将通过观众的态度间接地对重访意向产生再次的影响。

总之，体育赛事与城市形象的契合，一方面能够通过有效提升举办城市的形象来吸引更多的潜在旅游者，另一方面能够通过提高旅游者的满意度从而增加重访的可能性。

三、体育赛事与城市旅游形象的互动方式

（一）赛事与城市品牌合作

我们要利用赛事来打造城市品牌形象，首先所要面对的问题就是挑选何种类型的赛事来打造品牌。这主要是看赛事品牌形象与城市形象的契合程度。例如，世界杯、超级碗、奥运会和美洲杯都具有鲜明的赛事品牌形象。当一项赛事的品牌形象已经深入人心，那么它的赛事名、标志和口号就会激活赛事网络的节点和联系。通过赛事品牌和城市品牌的相互作用赛事品牌中的元素就会转换为城市品牌的元素，反之亦然。这就是品牌互动整合最重要的一种形式，即品牌合作。

品牌合作在近年来得到了格外的重视，因为这是加深和改变品牌形象极其有效的方式。从城市市场营销的角度来说，品牌合作的目的就在于将赛事品牌中的一部分转移到城市品牌中。在黄金海岸印地赛车比赛对于黄金海岸地区长期和短期市场形象的研究指出，赛事媒体宣传工作并没有在短时间内提高城市形象和增加旅游收益。更糟糕的是，不管是长期市场还是短期市场，赛事媒体的报道反而使观众对于黄金海岸的自然风景越发失望，而其自然风光却是其城市品牌中重要的一环。其原因就在于汽车比赛的喧闹和高科技形象与黄金海岸试图建立风景如画的品牌形象并不相符。

品牌合作的效益主要体现在赛事品牌与城市品牌的关联度。一般而言，需要这两个品牌在宣传过程中体现出相同的特征。然而，在宣传过程中即赛事举办前，能有效地将赛事与城市品牌相互联合合作的案例却少之又少，截至目前，在这方面唯一具有指导性的赛事就是悉尼奥运会。在赛事举办的过程中，赛事与城市有

效的品牌合作也较少。因为在赛事举办过程中，媒体的焦点通常都集中在比赛中，对主办城市的关注度则非常低。一项对美国女子大学生篮球比赛的研究发现，在11小时45分钟的电视转播中，主办城市出现的画面少于3.5分钟，即使主办城市的画面出现在电视中，城市名称也并不会被提及，因此大多数的电视观众并不能分辨出画面所拍摄的是主办城市。相比而言，赛事标志在电视画面中出现28.6分钟，这为赛事举办城市获得了更多的曝光率，因为赛事标志中包括了城市名称和标志性旅游景点的轮廓。

从黄金海岸印地赛车比赛和美国女子大学生篮球比赛这两项研究中，我们可以发现仅仅在城市举办一项赛事对提高主办城市品牌效益并不会有很大帮助，有时甚至还会起到相反的作用。为了提高两者合作的效益，必须将品牌转移这一方式加入城市市场营销战略中。这需要在城市市场营销中加入赛事这一元素，同时，在赛事营销广告策略中加入主办城市这一元素。为了增加城市和赛事的契合度，在赛事标志中可以加入城市名称和城市标志，并且必须将主办城市视觉化地呈现在赛事媒体中。这就需要签署媒体合同及条款，明确摄像机的位置、角度从而使主办城市达到推广品牌形象的目的，同时也可以在条款中加入在城市画面播放中必须配以相应的解说，从而增加观众的印象。消费者很难有效地意识到赛事和城市的契合度。赛事和城市契合度感知方式是由两者品牌可感知契合度的程度所决定的。因此，即使这两个品牌单独形象都良好，但是，当两者的品牌契合度更高时，各自的品牌价值还会远远高于两者契合度低的时候。这种契合可以将城市和赛事品牌合二为一。如果一位游客的城市图式和在这个城市举办赛事图式不一致，那么两者将在该游客的记忆中没有任何关联。因此，赛事和城市的关联作用没有体现，那么赛事在城市品牌的打造过程中也是毫无意义。这种关联的失败可能会导致一些负面影响，例如城市和赛事的品牌估值及影响力的下降。

从理论和专业实践的角度来说，想要两者完美契合需要解决两个问题。第一，没有明确的证据基础表明契合概念真实存在。在目前的研究中，契合仅仅是一个辅助条件，就好像化妆品广告需要一个美女做代言人，或者说契合之说仅仅是一家之辞，就像有人并不认为赛事和城市品牌会互相契合。虽然图式理论可以解释契合所需具备的条件，但是图式理论并未明确指出契合的标准定义。第二，由契合的需求可知品牌合作可以加强人们对于品牌形象的认知，但是其可以在何种程度上改变品牌形象仍不得而知。但是，改变城市形象是城市举办赛事的一个重要原因。有时，赛事品牌和城市品牌的不一致还会对两者的品牌合作带来负面影响。唯一可以得到验证的是，良好的赛事宣传对改变城市形象具有一定的作用。图式理论提出，如果赛事和城市的契合度曝光过多，那么最初的感知契合可能会慢慢减少。从某种程度上来说，契合也不都是正向契合。总的来说，赛事和城市的契合度是需要通过人为解释和阐述才能够得到体现的。赛事组织方和城市政府的沟通是实现这一解释的唯一途径,这两方主导了节点的属性和消费者的关注度。当赛事试图改变举办地城市品牌时,双方可以通过沟通为消费者增加接纳新节点的路径,创造出赛事和城市共有的新节点。

赛事的品牌越复杂,那么可被转移至城市节点的赛事节点就越多。因此,从理论上来说,可以通过赛事创造出许多独特的城市品牌形象,一旦品牌元素之间的转移被认同,那么赛事和城市的关联就可以通过语言和视觉广告媒体宣传得到加强。

(二) 赛事与城市品牌延伸

大部分赛事并没有很明显的品牌形象,一些赛事的品牌形象与主办城市的品牌形象十分相近,因此很难从主办城市固有的品牌形象中解脱出来。这些赛事在主办城市品牌的影响之下渐渐成长,赛事名称通常都包含城市名称。例如,纽约马拉松比赛是目前世界上规模最大的马拉松赛事之一,其引以为豪的是高达3.6万的参赛人数和大量本地及国际媒体的报道。但是,1977年第一届纽约马拉松赛只有区区55位参赛者完成了比赛,预算也只有1000美元,关注度远远无法和现在相提并论。该项赛事品牌的发展与纽约城市品牌的发展紧密联系在一起,1976年主办方改变了原有路线,将马拉松路线设定在纽约的五个自治区。史坦顿岛、布鲁克林区、皇后区、布朗克斯区和曼哈顿区 (赛事原有的路线仅仅在中央公园内)。包括环法、墨尔本赛马节和亨利皇家赛船赛在内,还有很多赛事品牌是由城市品牌催生,并紧密相连的。

这种赛事与城市的关系我们称其为品牌延伸,而不再是品牌合作,这是体育赛事与城市品牌互动整合的第二种形式。因为赛事与主办城市紧密相关,禁锢于主办地的品牌之中。品牌延伸的重点并不在于赛事名中包含主办地名,而是赛事已经成为城市品牌的一部分。事实上,即使赛事名不包含主办地名,其也可以作为城市的品牌延伸。例如,玫瑰碗是美国高校橄榄球季后赛非常重要的赛事之一。该项赛事的品牌与帕萨迪娜即其举办地紧密相连。其一,赛事举办会场也被称为"玫瑰碗体育场"。其二,每年参赛队伍都会在赛前进行横跨帕萨迪娜的玫瑰巡游,这种巡游活动获得的国内外媒体关注度并不比正式比赛少。这种赛事与其主办地相关场所和巡游活动的联系是品牌延伸的一种表现形式,品牌延伸最好的诠释就是每个产品的概念和特征彼此相一致,并且具有共同的品牌意义。换句话说,如果赛事的市场开发是基于城市品牌,那么赛事的品牌更容易被大众所接受。这就表示赛事的概念元素已经和城市产品服务融为一体,或者说城市与赛事的特征相一致。对于玫瑰碗来说,相同的体育场和赛事名加强了两者之间的联系,同时,其赛前在城市各区的巡游使城市与赛事更为紧密相关，两者已合二为一。

一项赛事的基本优势在于它与主办地区品牌的关联性，可以被视为主办地的品牌延伸。赛事与主办地之间的这种内在联系就是当赛事得到市场的青睐时，城市市场的游客感知价值就会增长，城市品牌形象和价值也得到提升。作为城市品牌延伸的一部分，任何游客在赛事中感知到的效益都会成为城市品牌的效益。品牌延伸中品牌形象提升的原理与品牌合作的原理是十分相近的，因为两者都是从游客的心理机制来研究的。但是，品牌合作和品牌延伸两者的市场挑战是不同的。品牌合作是指两个独立的品牌相互关联，品牌延伸是指赛事作为城市产品服务的一部分，两者合二为一。品牌延伸需要赛事与主办地的活动和景点特征保持一致。在城市品牌延伸中，当赛事逐渐形成自己品牌特色时城市品牌就要承担一定的风险。一项大型赛事将会获得大量的媒体关注，游客更乐于来到城市观看这项赛事，有些赛事品牌效益已经超越了城市品牌效益。例如，"温布尔登"这个名字在国际上作为一项顶级网球赛事被人们所熟知，大家并没有意识到其主办地温布尔登是伦敦西南部的一个小镇。同样，勒芒24小时耐力赛自1923年在法国小镇勒芒举办以来，该项汽车赛的品牌价值已经远远超过了勒芒小镇的品牌价值，即使该项赛事一开始深受城市品牌的影响，并且赛事还被冠以城市名称，但现在只要说到"勒芒"，人们自然而然就会想到汽车耐力赛而不是法国的一个小镇，该项赛事已经完全不是城市品牌的延伸。

从"温布尔登"和"勒芒"的案例中可以看出，城市品牌与赛事品牌的一致性十分重要，赛事品牌价值的提升同样也要表现城市品牌价值的提升。随着赛事的成长，城市品牌营销需要将赛事加入其营销战略中，利用赛事的品牌优势来提高城市品牌价值。如果赛事能够与城市品牌共同发展，那么赛事对于城市品牌打造的作用是不可限量的。换句话说，如果城市品牌营销中没有抓住赛事特色，那么城市品牌价值则会出现负效应。

（三）赛事与城市品牌特色

在赛事与城市营销策略中，如果赛事想要成为城市品牌打造的重要工具，那么赛事就需要具备鲜明的品牌特色，其为赛事与城市品牌第三种互动整合方式。但是，就目前各大赛事的整体情况而言，大部分赛事在旅游市场中并没有获得较高的曝光度，也没有创造出其鲜明的品牌特色，即使有，其代价也是巨大的。部分研究城市品牌的学者认为鲜明的赛事品牌对城市品牌的打造并不是十分重要，因为赛事可以成为城市品牌的特色。

在这种情况下，赛事在市场中的特色并不鲜明，但是赛事是城市品牌中的有形资产。例如，斯托克顿堡（位于得克萨斯州西部）每年都会举办"水狂欢节"，该节日包括各项水上运动。该项赛事的品牌价值远远低于斯托克顿堡的品牌价值，但是对于来到斯托克顿堡旅游的游客来说，赛事的愉悦氛围会成为该地区的标签——"德州友好小镇"。像斯托克顿堡的"水狂欢节"之类的赛事在其主办地并没有获得足够的媒体关注。这类赛事对于城市品牌的价值在于赛事所具有的属性和优势正是城市市场想要形成品牌特色中的一部分。在城市广告和宣传中加入这类赛事的属性使其与城市特色相一致从而提高城市品牌的价值。

第三节　体育赛事与城市旅游空间的互动

一般意义上的空间，可以理解为物质存在的一种客观形式，它通过长度、宽度、高度表现出来，这个定义从数学和哲学的角度解释了空间的概念。但是从城市旅游的角度来看，本文认为，空间更具有其社会学的属性。社会学重要的奠基人之一涂尔干从社会差异性的角度对空间进行了划分；他认为空间不仅仅作为一个物质的环境存在，它还是具有情感价值的，蕴含了特定的社会情感价值，是特定的社会组织形式的投射。本文认为，城市旅游空间是城市旅游活动在城市地域上的投影及空间表现形式。它是一种包含了具有旅游意义的实体（如自然生成物、人为构筑物）与旅游文化的实体空间，为旅游者提供休闲、娱乐、旅游的服务，也是城市空间主要的人流聚集场和扩散场。当城市空间通过利用某种旅游资源，被赋予了旅游的情感价值，它就具有了旅游意义，就成为城市旅游空间。

城市旅游空间的发展受城市旅游经济活动的影响，呈现持续动态发展的过程。从外部动力来看，大型体育赛事作为城市特殊事件的重要组成部分，对城市旅游空间成长具有极大的刺激作用。奥运会、世界杯足球赛、F1大奖赛等大型体育赛事的举办会形成外部突发驱动力刺激举办地城市旅游发展，并对城市规划、城市管理、城市旅游空间演进轨迹有着长期的、深远的影响。

赛事旅游空间是指在城市范围内包含了具有赛事旅游意义的实体（如大型体育赛事场馆、赛事主题公园、赛事主题酒店等）与赛事文化的实体空间，为旅游者提供观赛体验、体育休闲、场馆参观等服务。赛事旅游空间根据其发展阶段与发展程度的不同，其内涵及范围也有所区别。当赛事旅游空间处于萌芽、初级阶段时，赛事旅游空间指的是体育赛事场馆所在地，它由体育场馆本身及其基本的配套设施组成。当赛事旅游空间成长到发展、成熟阶段时，赛事旅游空间的外延不断扩大，其成为以体育场馆为中心，以赛事文化为主线的，具有赛事特色的空间总和。

一、赛事旅游空间的形成条件

（一）地理位置的聚集

在全球化时代，地理位置与业务发展并没有直接的联系。全球市场的开放性、交通的快捷性和交流的高效性使人们相信在任何时间、任何地点都可以找到属于企业自身的竞争力。但是，理论上一个企业的竞争力是由其所处的区域所决定的，在某种程度上而言，企业周边环境决定了其是否能够获得成功。例如，高质量的员工、完善的基础设施和便捷的公共交通都会对企业表现具有重要的影响。企业的地理位置和其与相关产业的地理距离为它们提供了一定的竞争力。对于赛事运作商来说，赛事非本地观众的参与人数很大程度上由当地餐饮、住宿、交通所决定。同样，赛事举办场馆周边平时收入平平的旅游景点、商业、服务业的利润也会随着赛事举办得到大范围的增加。可见，一个成功的赛事旅游空间，在其周边还需要有其他景点和相关服务。所以，在赛事旅游空间的打造中，赛事举办场馆周边需要提供与其规模相辅的奢侈品服务，如餐馆、酒吧、咖啡馆和商场，形成地理位置的聚集。

（二）产业聚集及空间的延伸

产业空间长时间被认为是地区经济发展的工具，其具有一定的潜在益处（见表6-1）。按照波特的思想，产业集聚空间是指相互关联的企业群体由于地理空间上的接近而形成的组织结构。在空间定义这个问题上，理论学家和经济学家一直存在着一定的争论，"空间"和"网络"经常交换使用。普遍认同的观点是地理位置上的毗邻具有重要的意义。在大多数的文献中，只有当很多同类型的企业聚集在一起的时候，才把它称为空间。但是，空间还可以用来形容本地、地方和国家组织团体的联动作用，这就指出除了在地理聚集之外，纵向联系也格外重要。

表6-1　产业空间潜在益处总结

序号	潜在的益处	原因
1	降低风险和减少不确定因素	大量科技技术、市场信息、人才和经济资源的聚集，使公司对于突发事件的准备会更充分
2	打造良性的竞争合作环境	更强大的实务能力和共同的合作关系，竞争者对战略资源获得的有效性得到加强
3	创建更大的经济规模	强大的全方位覆盖（购买、预订、销售）降低了各企业联系交流的成本。例如，大量订购原材料或者共享市场将会有一定的折扣优惠

序号	潜在的益处	原因
4	增加经济发展机会	产业空间合作精神能够促进更大规模的专业化分工，同时，由于内部竞争的减少，市场的可经营空间变大
5	提高市场控制力	各企业之间的合作关系使市场规模越来越大
6	加速科学技术的发展	知识体系的完善加强了技术的传播和辐射面加速了新兴科学技术的发展
7	提高产业空间整体形象	对消费者和供应商来说，产业空间品牌形象加强了人们对企业整体和空间整体的印象
8	提高企业的产品质量和生产效率	合作关系的形成促进了企业之间良性竞争的格局，从而提高了企业的产品质量和市场手段
9	增加产业间的协同关系	产业空间的形成促进了专业的基础设施建设，加快了产业间服务平台的打造
10	促进当地整体经济的发展	产业空间的聚集吸引了其他产业进入已初具规模的产业空间，因此形成了多产业空间相互竞争及合作的环境。同时，多产业之间的相互联动关系也加速了当地经济的发展

（三）区域特色赛事品牌的形成

在产品促销理念中，品牌是产品的特征和附加值（由旅游资源引起的游客情感的释放）的结合体。赛事旅游空间作为一种旅游产品，游客也会对其产品的品牌进行理性的选择。特色主题品牌战略不仅仅是世界发达国家旅游促销的成功经验，也是发展中国家创建自己新的旅游产品的重要战略。对赛事旅游空间而言，需要良好的共同市场和品牌，促进具有强烈区域特色旅游空间的形成。以一级方程式旅游空间为例，其作为赛车比赛、赛车企业和赛车文化的聚集地，赛车产业空间都已经初具规模。区域内拥有高科技性能产品、设计工程、赛车产品研发、基础设施、创新服务等企业和大量专业车队、赛车场。整个赛车产业空间，通过内部技术转变创新、系统生产等紧密相连。这个密集的赛车产业空间为一级方程式旅游空间的发展提供了良好的品牌基础。这个产业空间的品牌名称对一级方程式旅游空间的打造大有益处。借F1大奖赛举办之机，以产业空间品牌为基础，及时推出自己的旅游空间品牌是赛车场主题旅游空间效益最大化的有效手段。

（四）多产业的合作联动

赛事相关部门几乎不会想要从旅游效益里分一杯羹，即使这种效益是来自赛事活动。其原因是赛事活动很难直接在旅游效益中去寻找其所占的比重。体育赛事所带来的经济效益最后通常都归于其他产业的效益，例如，酒店业、交通业、零售业、餐饮业。但是，旅游业不同于其他产业在旅游业中，各子产业之间的相互依赖性较高，它们共同的目标就是满足游客的需要。旅游景点可以吸引许多游客，但是如果景点地处偏僻，周围没有公共交通、住房设施，那么这个景点则没有长久的竞争力。由此可见，旅游景点、服务业、交通业相互联动依赖，它们之间的合作尤为重要。同时，游客体验质量也带动了旅游业各子产业相互联动依赖。游客体验是指其对旅游所经过地方的整体印象，包括对地区酒店、餐馆、商场的印象，它并不仅仅局限于对某个主要旅游景点的印象。由于旅游整体印象越来越重要，未来地区旅游产业将很有可能被某个子产业的低效服务所摧毁。例如，即使酒店的服务令游客十分满意，但是酒店路口餐馆不尽如人意，那么这位游客就很有可能再也不会入住这家酒店。各产业之间是相互联动依赖的，某个产业的良好发展可以带动其他产业的成功。想要形成合作意识和相互联动效益，各产业之间的相依性必须得到一定的认识。一些赛事运作商会为观赛者提供赛场周边食宿信息，虽然在赛事举办期间住宿费会有所上涨，但是通常观众只要手持观赛票还是可以得到一定的优惠的。除此之外，赛事运作商还会为游客规划观赛前后的当地旅游出行计划，同样游客只要手持赛事票根就可以在当地的旅游景点得到相应的折扣，以此来增加旅游景点的游客数量。

（五）基础设施服务的完善

旅游业发展利益的最大化，离不开基础设施的建设和完善，旅游业基础设施是旅游空间形成和发展的基础支撑之一，其主要是由政府部门和社会企业协同投资和开发的。这些基础设施包括交通设施、住房设施、商场配套设施和娱乐设施。其中，交通设施最为重要。一般来说，场馆以外的交通，主要由政府投资，是公共工程。场馆内部的交通，由场馆运作单位进行自主投资开发。住房设施主要是指床位数量，是旅游空间接待容量的关键门槛，一般是由社会投资商进行投资。而商场配套设施在旅游空间中作为游客体验又一场所，将通过政府的规划，引导其集约化、特色化、休闲化发展。娱乐设施是旅游空间吸引力的重要方面，需要由政府结合商场配套设施进行系统规划开发。由此可见，良好的旅游基础设施离不开政府的协助，其为赛事旅游空间发展创造了优越的条件。如果没有这些基础设施和政府的协助，赛事旅游空间中的旅游收益将会大大缩水。

二、体育赛事对城市旅游空间发展影响的表现

大型体育赛事对城市旅游空间发展的影响主要体现在城市旅游空间的客源地市场和旅游目的地市场两方面。大型体育赛事的举办对城市旅游空间发展的影响主要体现在五个方面。第一，为旅游目的地增添了一个新的旅游节点；第二，从客源地吸引了更多的游客前往目的地参观游览；第三，旅游需求的旺盛，推动旅游空间基础设施的建设及区内路径的改善；第四，随着体育赛事知名度与影响力的不断扩大，以体育赛事为主要旅游资源的旅游节点不断壮大，城市旅游空间结构将不断优化；第五，随着赛事旅游空间的不断优化，其影响力与知名度不断提高，推动旅游空间的形象提升。

（一）增添新的城市旅游节点

大型体育赛事的举办，往往伴随着体育场馆的建设。体育场馆是体育赛事的重要遗产内容和空间体现。当今的体育场馆朝着标识化、规模化、综合化和多功能化方向发展。体育场馆往往成为举办城市标志性景观建筑物和城市专业化的休闲中心，是城市旅游和市民休闲的重要吸引物，为城市旅游空间增添城市旅游节点。纽约、伦敦和东京等很多国际赛事中心城市都在推动赛事场馆空间和城市旅游空间之间转化和融合。通过开发相应的体育旅游产品，对场馆进行旅游功能衍生和转型，可以将场馆及其周边区域发展成城市的旅游景区，吸引大批专程而来的游客。一方面优化与整合城市旅游目的地的空间结构，形成城市旅游新增长极。另一方面，也很好地解决了场馆的后续利用和维护问题。例如，美国网球公开赛（简称"美网"）举行的场地就修建在纽约的法拉盛公园内。公园内绿树成荫、环境宜人。在每年美网举办期间，这里是网球的乐园，而在赛事之后，良好的生态环境又使这里成为纽约市民和外地游客的休闲度假旅游胜地。而温布尔登网球锦标赛（简称"温网"）所在的温布尔登只是伦敦北部的一个宁静的小镇，每年六月的温布尔登让这里成为网球的圣地，在两周的温网赛事之余，这里的温网场地、网球博物馆都是温布尔登镇的重要旅游景点

而F1大奖赛阿布扎比站为了举办F1大奖赛，用了两年的时间新建了亚斯玛瑞纳车道，并在亚斯玛瑞纳车道旁建设了世界上最早、最大的法拉利主题公园。每年的赛季，亚斯玛瑞纳车道是F1车迷的狂欢场所，赛季中及赛季后，亚斯玛瑞纳车道通过举办一系列赛车赛事，为赛车爱好者提供赛道体验、为体育运动爱好者提供健身服务等活动，逐步将F1大奖赛在阿联酋城市旅游中的作用保温、升级。同时，亚斯玛瑞纳车道所在地是位于距离阿联酋首都30分钟车程的亚斯岛。亚斯岛是阿联酋新兴的以娱乐休闲为主的旅游胜地。目前已经逐步形成以亚斯玛瑞纳

车道为中心，各类高端体育休闲、娱乐设施配套齐全的中东地区旅游休闲的重要集聚地。

（二）改善旅游节点的基础设施条件

大型体育赛事的举办推动城市基础设施的超前建设，其中城市交通设施和城市旅游设施的增加尤为明显。城市对外交通系统和城市内部交通系统往往在大型体育赛事举办的过程中发生结构性的变化，这种变化既满足了大型体育赛事举办的要求，同时也符合城市旅游业长远的发展要求。基础设施是城市旅游业发展的基础，也是体育赛事发展的必要条件。体育赛事具有集聚效应，对于大规模、国际化和强影响的体育赛事活动来说，其旅游功能作用的发挥需要配套的较为现代和完备的基础设施和旅游设施，且对举办地城市在短时间内应对大客流的旅游接待提出了极高的要求。这就促使举办地城市改善旅游节点的基础设施条件，不断提高旅游节点在交通、住宿、餐饮、购物、信息等方面的管理水平，提升赛事旅游接待服务能力。例如，雅典为了满足奥运会的举办要求，投入了大量的资金在轨道交通建设上，从四个方面对城市交通进行了升级。改造了海伦尼克铁路的市郊路网，扩建城市内部地铁，更新了电气化铁路的车辆并开通了两条新的轻轨线路。这都为解决奥运会期间的交通问题发挥了重要的作用。而F1大奖赛阿布扎·比站在举办吸引全世界目光的F1大奖赛的同时，其基础配套设施也不断升级，完全以符合F1赛车特征的高科技、顶级、奢华的标准配套建设。不仅建设有世界上唯一一间一半建在水上，一半跨越F1赛车道的五星级奢华酒店；同时，还吸引了从澳大利亚远道而来的超级游艇，建设有亚斯玛瑞纳及游艇俱乐部，使阿布扎比有希望与地中海及加勒比海等传统赛艇地有一争之力。在亚斯岛的西岸，还建设有世界上最杰出的高尔夫球建筑师设计的获奖级高尔夫球场——阿布扎比亚斯林克。2004年雅典奥运会，希腊政府也借助举办奥运会的机会，完成了原本打算花20~30年时间开展的城市建设工程，极大地改善了雅典的市容市貌，也解决了让雅典城市一直饱受困扰的交通问题。

（三）催生大量体育旅游者

一个国家或地区举办一项体育赛事，特别是一些重大体育赛事，势必吸引大量外埠和境外观众、媒体和运动员等相关主体前往赛事举办地，从而引起体育赛事举办地相关产业需求的变化，推动城市旅游空间的发展。2011年F1大奖赛新加坡站举办期间，游客人数比以往上升303%，宾馆平均入住率达到73%。在举办F1大奖赛之前，阿布扎比在中国游客和中国旅游业界的知名度远不如迪拜。从当时各大出境游旅行社的数据可以看到，旅游市场上涉及阿布扎比的旅游线路中，在阿布扎比的停留时间一般不超过一天，游客主要还是由此中转去迪拜，阿布扎比对游客的吸引力还不够大，不能让旅游者滞留旅行。而F1大奖赛阿布扎比站的举办为阿布扎比的旅游业注入了活力，以F1观赛游为契机，为阿布扎比吸引了大量的体育旅游者，逐步使阿布扎比成为一个集体育竞赛、旅游观光、健身休闲于一体的体育旅游活动集聚地。

（四）影响城市旅游空间布局

大型体育赛事对城市旅游空间布局的影响主要体现在三个方面。首先，大型体育赛事的举办打破了原有城市旅游空间的格局，促使城市旅游空间形态内敛及重构。如北京奥运会的举办使北京城市旅游空间的核心轮廓进行了重构，进一步提升了北京奥林匹克公园区域在旅游发展中的轴功能。其次，体育赛事的举办推动了城市旅游空间的扩展。赛事旅游的不断发展，赛事旅游空间逐渐扩散，城市游憩带在这个过程中"生地熟化"，形成赛事旅游空间与城市游憩带外延空间的耦合，进一步加速了城市游憩空间的外延与成长。如上海国际赛车场、旗忠网球中心、崇明岛自行车主题公园、金山城市沙滩、东方体育中心和八万人体育场等，它们都是目前上海因体育赛事而逐渐成长、扩散出的新兴城市旅游空间。最后，体育赛事的举办促进城市旅游空间的联动发展。体育赛事，特别是持续性体育赛事的举办，有利于特色的新旅游增长极的形成，并可以以特色旅游资源带动城市其他旅游空间的发展，从而达到城市旅游空间的联动发展。F1大奖赛新加坡站作为世界上唯一一个F1大奖赛夜间公路赛道，备受F1车迷的关注。其赛道途经新加坡的一些著名地标如滨海湾巨型浮动舞台、滨海艺术中心、浮尔顿酒店、政府大厦和新达城等。新加坡在F1大奖赛举办的同时，也为新加坡传统的旅游空间做了宣传及推广，形成特色赛事旅游空间与传统旅游空间的联动发展。

（五）提升城市旅游空间影响力

体育赛事，尤其是奥运会、F1大奖赛、ATP系列赛等大型体育赛事的举办会在短时间内吸引大量的境内外游客、媒体和业内人士，同时，体育赛事赛前和赛时声势浩大的推广活动和众多媒体大规模、长时间的报道能够大大地提升赛事举办城市的知名度，而知名度的提升则会显著提高赛事举办城市作为旅游目的地的概率，不仅在赛事举办期间给举办城市带来大量的客源，而且对于举办城市旅游业的可持续发展产生重大积极的影响。芝加哥经济发展部门的研究报告指出，芝加哥熊队赢得超级杯赛为芝加哥带来的知名度相当于花3000万～4000万美元进行宣传活动所产生的知名度；澳大利亚阿德莱德市的一级方程式汽车锦标赛在很短的时间内改变了该地区的旅游形象，并将南澳大利亚与一级方程式汽车锦标赛联系在一起。

三、大型体育赛事与城市旅游空间的内在相关性

（一）地域空间角度的分析

从物质空间概念的角度来看，城市是大型体育赛事与城市旅游空间发展的共同依托条件，是两者互动结合的物质载体。随着社会、经济的发展，越来越多的城市意识到体育赛事对社会的影响力，城市的发展为体育赛事的兴起提供了广阔的平台，并逐渐成为大型体育赛事的聚集地。而城市旅游空间是城市旅游在空间概念上的一种物质表现，离开了城市的发展，城市旅游空间就没有存在和发展的基础。

城市成为大型体育赛事的最主要举办地。首先，大型体育赛事的举办离不开城市经济的支持及交通、餐饮、住宿、都市旅游与购物、法律服务相关服务业的辅助支持。而这些对大型体育赛事的举办起支撑作用的服务业，只有在城市尤其是大都市才能得到充分发展。其次，随着城市的不断发展，越来越多的城市认识到体育是城市魅力展示的有效途径，有助于城市其他政策的目标实现。体育赛事具有极强的集聚效应，能在短时间内吸引大量的人流及社会的关注，对拉动城市的经济发展及展示举办地的城市形象是极佳的平台。巴塞罗那通过举办1992年夏季奥运会兴建了大批高质量的体育基础设施，同时将巴塞罗那塑造成了一个极具体育魅力的城市，极大地推动了巴塞罗那的城市发展。此外，纽约、伦敦、巴黎、墨尔本等著名体育城市也通过举办国际顶级的周期性体育赛事及不定期地举办一次性的大型国际体育赛事抓住全球体育爱好者的眼球，持续、定期地引起全球关注。在城市和大型体育赛事发展的共同需求下，越来越多的城市以举办体育赛事作为刺激城市发展的契机，城市也成为大型体育赛事的最主要举办地。

城市是城市旅游空间存在和发展的前提。任何一个城市都具有旅游功能，区别在于各类城市吸引范围、吸引规模不同。随着城市的综合实力不断提升，功能不断完善，旅游功能逐渐凸显，城市具有了旅游管理、接待、集散和辐射中心的功能，同时城市能提供非城市地区所没有的娱乐、文化设施，提供独特的旅游体验。由此，旅游开始"城市化"，城市旅游应运而生。城市旅游是在空间上依托城市作为载体，在内容上以城市自然环境、城市的传统文化积淀、城市的生产生活以及城市的基本功能所提供的服务为主体，兼有物质形态和非物质形态的一种旅游形式。因此，城市是城市旅游空间的物质载体，城市的存在和发展是城市旅游空间产生和发展的前提。

（二）发展机制角度的分析

城市旅游空间结构演进的动力机制是城市旅游内、外部各种力量相互作用的

空间反映，各种动力在相互作用之后的耦合力推动城市旅游空间的成长或扩展。一般的城市旅游空间结构演进的动力机制是受到常规机制和非常规机制两方面共同作用，由内部动力和外部动力综合推动的结果。而大型体育赛事是城市旅游空间发展的重要动力条件。

城市旅游空间结构演进的内部动力是旅游业规模的增长。体育赛事旅游属于高端的城市旅游业态，是城市旅游业发展到一定阶段的产业。从大型体育赛事对城市旅游空间影响的表现上也可以看出，大型体育赛事的举办为城市增添了新的城市旅游节点，催生了大量体育旅游者，提升了城市旅游空间的影响力，体育赛事旅游的发展、壮大对旅游业规模的增长有很大的推动作用，大型体育赛事是城市旅游空间发展的内部动力。

城市旅游空间结构演进的外部动力离不开旅游（城市）规划、政府行为、客源市场变动、交通网络完善、大型旅游项目建设、特殊事件、特殊政策的影响，大型体育赛事的举办往往带来大量的基础设施建设，并为服务业带来一定的特殊政策支持，成为城市旅游空间结构演进的重要外部动力。

四、大型体育赛事旅游空间发展路径

不同的节日活动，其对城市旅游空间发展的影响是不同的，这体现在表现形式、发展路径、影响因素、发展模式等各个方面。本文认为目前大型体育赛事旅游空间发展路径主要有多中心主副协同发展路径与单中心辐射发展路径两种。

（一）多中心主副协同发展路径

多中心主副协同发展路径是指，体育赛事旅游空间由多个主中心与多个副中心组成。主中心在赛事旅游空间中起主导与统领的作用，副中心补充主中心的赛事旅游空间功能。副中心与主中心之间建有完善的交通网络，方便旅游者流动。

这类发展路径一般体现在超大型体育赛事的举办中。超大型体育赛事影响力极为广泛，广为世界关注，它们在一定的时间内，在举办地只可能举办一次，如奥运会、亚运会等。虽然超大型体育赛事在短期内只能举办一次，但其影响力、推广力是巨大的。这类节日活动的举办往往伴随着城市大片场馆的建设，如北京奥运会的举办，在北京兴建了鸟巢（国家体育场）、水立方（国家体育馆）、北京射击场、老山自行车馆等众多的场馆。因此，超大型体育赛事旅游空间的发展路径往往是围绕多中心场馆发展，不断形成各个中心之间的功能集聚与巴塞罗那开创了奥运会新的举办模式，充分利用奥运设施为城市自身发展服务。将奥运赛区分出蒙杰伊克区，作为主赛区，并设对角线区、沃迪布朗区和帕克迪马区三个分赛区，这就是超大型体育赛事场馆建设中典型的主中心+多个次中心的布局模式。

同时，为了奥运会的举办，还修建了40公里的环路，为分布在城市不同方向的四个赛区提供便捷的交通。奥运会后，这条环路成为城市的高速环路，最终形成的城市交通网络北至法国，南到西班牙南部城市，不仅加强了赛事旅游空间与城市内部各旅游空间的联系，还将大型体育赛事对城市旅游空间的影响扩张到邻近城市。

（二）单中心辐射发展路径

单中心辐射发展路径是指，围绕单个赛事旅游空间发展，通过该旅游空间基础设施、活动体系等建设，不断壮大该旅游空间，推动该旅游空间成为地区重要的旅游节点，同时，将赛事旅游空间的影响力辐射到周边的旅游空间中，以点促线，以线带面，共同发展。

这类发展路径一般体现在标志性体育赛事旅游空间的发展中。标志性体育赛事是定期地在某一地举办，定期地为该举办地吸引较为固定的旅游流。对于定期举办的大型节日活动，其旅游空间的发展与更新，往往是围绕一个旅游空间为中心发展，最终形成城市的一个新的旅游增长极，最终达到城市旅游空间更新、发展的目的目前，标志性体育赛事对城市旅游空间的影响有两类。一是体育赛事的举办，需要建设大型体育场馆，在赛事举办后，大型体育场馆会逐渐发展成为旅游目的地；二是体育赛事的举办本身不需要建设大型体育场馆，但是通过举办大型体育赛事，举办地看到了体育赛事对举办地的积极影响，希望通过建设相关的场馆来保持体育赛事对城市旅游空间的带动作用。例如，上海在举办了女子自行车公路赛后，打算在崇明依托女子自行车公路赛建设自行车主题公园。虽然，标志性体育赛事对城市旅游空间影响分为两种类型，但是从城市旅游空间的成长路径来看，它们的发展还是具有一致性的。标志性体育赛事空间的成长路径是以赛事核心场馆空间为中心，不断将赛事影响扩散、外延。

F1大奖赛新加坡站作为世界上唯一一个F1大奖赛夜间公路赛道，备受F1车迷的关注。其赛道途经新加坡的一些著名地标如滨海湾巨型浮动舞台、滨海艺术中心、浮尔顿酒店、政府大厦和新达城等。新加坡在F1大奖赛举办的同时，也为新加坡传统的旅游空间做了宣传及推广，形成特色赛事旅游空间与传统旅游空间的联动发展。

五、体育赛事旅游空间发展的影响因素

大型体育赛事旅游空间发展受到内部、外部因素的综合作用，与体育赛事资源的特色、体育场馆及周边旅游资源的分布和旅游相关产业的介入有着千丝万缕的联系。

（一）内部因素

1.赛事资源特色

体育赛事的级别是国际体育组织为了区分各种赛事的重要性而对赛事进行的划分，通常情况下，同一个运动项目的竞赛，赛事的级别越高，参赛的优秀运动员越多，赛事的精彩程度越高，对媒体与观众的吸引力越大。例如，每四年一届的奥运会毋庸置疑是综合性大型体育赛事中级别最高的一个，世界各国都以自己的城市能成功申办一届奥运会为荣，每一位运动员都以能够参加奥运会为毕生的梦想。奥运会作为一个集体育、教育、文化于一体的综合性、持续性、世界性的体育赛事，无论是赛事申办期间还是赛事举办期间都引起全世界体育爱好者、媒体的关注。而对单项大型体育赛事来说，F1大奖赛、世界杯足球赛则是世界三大体育赛事中单项大型体育赛事级别最高的，无论是参加赛事的运动员素质还是世界的关注度都是极高的。这对大型体育赛事旅游空间的宣传及影响力的扩大有着至关重要的作用。特别是对于旅游吸引力不太大的城市，举办高级别的体育赛事是为其注入强大活力的有效途径之一。因此，体育赛事的级别高低对赛事旅游空间的形成与发展有着十分重要的作用。

观众喜好度是指体育爱好者对该赛事项目喜爱的程度不同的人对体育赛事项目的偏好不同，若赛事旅游空间举办的体育赛事是不受体育爱好者欢迎的运动项目，体育爱好者就不会对该赛事给予关注，就更不可能前往赛事旅游空间观赛或进行旅游休闲活动；反之，当赛事旅游空间举办体育爱好者喜爱项目的赛事的时候，体育爱好者可能不仅仅通过身体力行的锻炼、观看电视转播等方式接触与了解该体育项目。因此，体育爱好者对赛事项目的喜好程度越高，赛事旅游空间对体育爱好者的吸引力越大，可以将体育爱好者吸引到现场观赛，提高赛事旅游空间的曝光率，推动赛事旅游空间的成长壮大。

体育赛事的知名度是指一项体育赛事被公众知晓、了解的程度，以及这一赛事社会影响的广度和深度，它是评价一项体育赛事名气大小的客观尺度。根据影响区域的不同，体育赛事的知名度可再细分为赛事的区域知名度、全国知名度和国际知名度。一项体育赛事的区域知名度高，并不表示全国知名度就高，更不能表示该赛事的国际知名度高；相反，一项体育赛事的国际知名度高，也并不代表它的全国知名度或区域知名度就高。体育赛事，尤其是奥运会、F1大奖赛等大型体育赛事的举办会在短时间内吸引大量的境内外游客、媒体和业内人士的到来。同时，体育赛事赛前和赛时声势浩大的推广活动和众多媒体大规模、长时间的报道能够大大地提升赛事旅游空间的知名度，而知名度的提升则会显著提高赛事旅游空间作为人们旅游目的地的概率，不仅在赛事举办期间给赛事旅游空间带来大量的客源，而且对于赛事旅游空间的可持续发展也产生了重大积极的影响。

体育赛事的规模是指一个体育赛事项目所包含的范围。通常情况下，人们用参与赛事组织和筹备的人数、参与赛事及相关活动的居民人数、运动员人数、现场观众人数以及所动用的资源数量等来描述一项体育赛事的规模。体育赛事的规模越大，其对观赛者的吸引力越大，吸引的观众群体越多，为体育赛事旅游空间的客源打下一定的基础。

赛事文化是指体育赛事在举办的过程中，融合赛事特点，将体育赛事作为一种文化，丰富城市文化核心竞争力的内涵。提升赛事文化内涵必将是赛事及赛事旅游空间的重要长期目标，没有文化内涵的体育赛事是没有生命力的，只有提升体育文化内涵，将我国体育文化融合到相应的体育赛事组织中去，从而加大民众对体育文化的认识，才能打造具有世界影响力的赛事旅游空间。

赛事与旅游产品的结合还需要考虑赛事旅游产品开发的适宜性。开发的适宜性除了一般旅游业，主要包括气候条件对旅游业的影响（表现为旅游的节律性变化）、环境质量现状、交通条件，配套设施建设情况，旅游资源区位与中心城区的距离，区域经济发展水平之外，还包括周边市场竞争下的市场前景、产品链条完整性、产品综合效益、产品开发条件、产品开发适宜性等。一般来说，参与度与观赏性较高的体育赛事，其赛事旅游产品开发的适宜性较高，不仅可以满足观众观赛的需求，同时还可以将观赛、度假及体验性旅游融为一体，开发具有丰富内涵的赛事旅游产品，推动赛事旅游空间的可持续发展。

2.体育场馆

体育赛事旅游空间及体育赛事的发展离不开配套设施的基础支持。体育赛事具有集聚效应，对体育赛事旅游空间在短时间内应对大客流的旅游接待提出了极高的要求。对于大规模、国际化和强影响的体育赛事活动来说，其旅游功能作用的发挥需要配套较为现代和完备的基础设施和旅游设施，没有这些硬件的强力保证，赛事对旅游产业带动作用将大打折扣。若赛事旅游空间配套旅游服务基础设施较为完善，各部门在应对短时间、大客流的旅游接待时，在旅游交通、旅游住宿、旅游餐饮、旅游购物、旅游信息等方面就能协调配合，赛事旅游接待服务能力得到提升，这对体育赛事旅游空间的发展具有重要意义。

以简单的形态和极少的笔画就可以使人想起的建筑被称为标志性建筑，如埃及金字塔、悉尼歌剧院、巴黎埃菲尔铁塔、天坛祈年殿等。标志性建筑在整个城市所有建筑中处于主角地位，不仅需要在外形上具有创新性，同时还应具备超前性和包容性的功能。标志性建筑应具有一定的社会影响力，是集合文化、经济活动的平台，推动城市功能的完善。当体育场馆被称为标志性建筑时，意味着它已经不仅仅是因为举办了特殊的体育赛事活动，更重要的是它在功能上、运作上具有印上了赛事独树一帜的烙印。成为一个城市的标志性建筑是体育赛事旅游空间发挥自身特色，与其他旅游空间差异化竞争力的重要因素之一。一般情况下，标志性建筑的体育场馆，其在赛事旅游空间的发展上占有更多的优势。例如，巴塞罗那的奥运场馆在赛事举办后成为巴塞罗那的标志性建筑，举办了4000余场包括各种赛事活动如世界杯以及其他形式的活动如音乐会、展销会等，在一定程度上成为当地的旅游客源支持，拉动了城市旅游业的发展。

体育赛事旅游空间的活动体系是增强空间活力，丰富赛事旅游空间内容的重要部分。大型体育赛事是赛事旅游空间的重要吸引物，但是只依靠体育赛事的旅游空间发展是有缺陷的。通过不断组织赛事相关活动，形成有机的活动体系，才能进一步扩大体育赛事旅游空间的影响，放大及延长赛事的集聚效应。F1大奖赛阿布扎比站的亚斯玛瑞纳赛道不仅是F1大奖赛阿布扎比站的赛场，在非赛季还定期组织一系列的赛车竞速活动、全民健身活动，逐步建立了一套有机的活动体系，将赛车运动、体育休闲的观念不断地注入城市居民与旅游观光者的脑中，将体育赛事旅游的文化与观念在赛季后不断强化与放大。亚斯赛车俱乐部是亚斯玛瑞纳车道上赛车竞速赛事与活动的主要主办组织，其在F1赛道非赛季期间组织了亚斯系列赛、漂移阿联酋、亚斯飙车之夜等赛车竞速赛事，还组织了杜卡迪骑行体验课程、亚斯三项等体育休闲体验活动，逐步形成了一套吸引城市居民参与、聚集城市旅游者目光的活动体系。

另外，场馆区位条件也不容忽视。场馆区位是指体育赛事场馆所占据的场所，场馆由于空间位置的不同会存在不同的市场约束、成本约束和资源约束。场馆区位具体表现为它在旅游经济体系中出空间地理坐标所决定的旅游经济利益的差别。场馆区位条件的优劣直接影响到旅游者活动的选择及赞助商投资的选择。区位可及性较高，市场吸引力较大，宣传较为积极的场馆，其往往受到旅游者和赞助商的青睐，对推动体育赛事旅游空间的发展具有重要的作用。

（二）外部因素

1.旅游资源分布

大型体育赛事旅游空间周围的旅游资源分布情况对旅游空间的建设、发展具有一定的影响。首先，旅游资源的数量是旅游空间发展的前提条件，充足的旅游资源为旅游者提供多样化的选择，为旅游空间的发展吸引了更多的游客。其次，旅游资源分布的合理性是旅游空间科学化，可持续发展的重要因素。较小区域的旅游资源的重复建设和集聚容易造成低成本重复性建设，造成恶性竞争。合理的旅游资源空间安排，各类旅游资源形成主、次节点，发挥各自特色，有利于形成错位竞争，共同促进发展。

2.相关企业的介入

旅行社是体育赛事旅游发展的重要媒介与桥梁。旅行社的介入是体育赛事服务创新的重要依托。旅行社作为专业性的旅游服务机构，拥有充足的目的地和旅游资源信息，在信息的来源上和相关机构的协作关系上具有优势。体育赛事旅游资源的产品化开发也依赖旅行社，旅行社利用其专业优势，根据掌握的赛事活动及其相关信息，进行旅游线路设计，把赛事旅游资源和其他要素（住宿、交通等）组合在一起，形成赛事旅游产品。只有当旅行社逐渐成为赛事旅游的主导者，才能真正实现体育赛事与城市旅游的互动发展。当然这个过程是复杂而漫长的，并非一朝一夕可以实现，必须采取循序渐进、不断演进的方式，阶段递进式地最终实现旅行社在体育赛事与城市旅游业互动发展中的主导作用。例如，2010年新加坡旅游局与当地两大旅行社进行合作，为来自世界各地的方程式爱好者打造了新加坡一级方程式旅游套餐，其中包括往返新加坡的飞机票、酒店住宿费、一级方程式门票、赛场周边演出门票、新加坡特色景点旅游门票等。这一旅游套餐一经推出就获得了良好的销售成绩，而良性的销售成绩也促进了新加坡旅游局与各国旅行社推出更多系列的旅游套餐。

酒店业与交通运输业的能动性参与是体育赛事旅游发展的重要途径。例如，为迎合F1大奖赛期间入住游客的需求，促进车迷们在非比赛期间的交流与活动，新加坡赛事组委会选择与酒店业进行合作，制定了三日F1大奖赛酒店特别套餐将酒店客房与F1大奖赛门票打包销售，既可以进入赛场观看娱乐演出又可以在酒店的空调房中观看现场F1大奖赛，享受与众不同的观赛体验。

六、体育赛事旅游空间互动发展模式

大型体育赛事根据其赛事特性、地理区位、周边产业特色的不同，其体育赛事旅游空间发展模式可分为单核外溢、多核联动、核带面、能量分层、网格链态五个发展模式。

（一）单核外溢发展模式

单核外溢发展模式是旅游目的地空间结构核心边缘理论模型的一种特殊形式。国外学者希尔斯（Hills）、朗德格仁（Lundgren）认为在旅游目的地空间结构中边缘地区对核心地区具有一定的依赖关系。当核心地区的影响力达到一定级别的时候，城市旅游空间的结构表现为单核外溢的发展模式。当城市举办知名度、认同度高的顶级赛事时，其赛事旅游空间在城市旅游空间中占有十分重要的地位，对边缘其他相关产业空间有巨大的影响，因此，举办城市充分利用顶级赛事的号召力及影响力，围绕赛事特点，对赛事旅游空间区域进行长期的战略论证与规划，建设赛事场馆，丰富赛事旅游功能需求的服务设施，打造具有鲜明赛事特色的赛事旅游增长极。在利益的驱动下，体育产业、旅游业等相关市场主体围绕赛事需求修建相关设施。空间布局上呈现其他相关主体附属核心赛事旅游空间的结构。赛事旅游空间外溢的效果取决于经济社会发展阶段和实力的差异，从品牌外溢、资本外溢、人才外溢三个方面表现出来。顶级赛事高端的品牌效应会吸引相关产业围绕赛事设计、开发赛事特色产品，利用赛事平台进行公关营销活动；并以顶级赛事为核心，进行场馆、配套基础服务设施的规划建设，形成赛事资本的外溢；顶级赛事的举办吸引相关产业的人才在城市旅游空间流动扩展，形成人才的外溢。

（二）多核联动发展模式

赛事旅游空间发展模式中较为普遍的是多核联动发展模式。当赛事及其相关产业呈现差异性的能量效应，赛事旅游空间的发展呈现多核联动的模式。赛事旅游效应明显的空间为主功能核，为一级，其次为二级，以此类推。不同等级的空间之间通过产业交叉互动发展，产生产业带动的效应。一级空间是赛事旅游空间的核心主体，集中了空间中的主要旅游要素，并对二级空间及其他空间有着辐射与带动的作用。而边缘的其他空间也为主体空间提供基础旅游要素的支持。一级、二级及边缘空间有着便利的交通联系，便于各空间多核联动发展。如F1大奖赛上海站的主功能核是汽车生产研发和F1大奖赛，区域平面中分布的是其他能量较小的功能点，随着功能点的成长、壮大，逐渐形成新的功能核时，就形成了多核联动的状态。

（三）核带面发展模式

随着赛事旅游空间的发展，增长极数量不断增多，各增长极之间联动发展的需求日益加强，建立了完善的交通联系，逐渐从点状的增长极形式汇集成赛事旅游增长带，具有了高于增长极的功能。赛事旅游增长带具有增长极的所有特点，作用范围更大。赛事旅游空间中，依据空间自身地理特点，如沿江、沿海、沿高速公路等地理自然带，以重大赛事及其相关产业为核心，发展具有体育特色与优势的旅游、度假、地产等功能带，逐步形成多个功能集面的发展路径。如蒙特卡洛赛事旅游空间的核心为博彩业和赛车业，围绕核心产业发展沿海旅游休闲度假、滨海旅游地产及邮轮母港延伸带，银行产业集群面，港口产业集群面，旅游休闲产业集群面和高端房地产业集群面。

（四）能量分层发展模式

为了充分发挥赛事在举办地的作用，赛事举办地政府会从城市规划的角度，对赛事的发展进行长期规划。甚至会舍弃短期内获得暴利的行业而围绕赛事进行特色产业布局。经过长期的历史积淀，该赛事旅游空间将形成国际著名的以重大赛事为中心的赛事旅游空间。如温布尔登网球城即以百年著名的国际四大网球公开赛——温布尔登网球公开赛为核心，发展网球旅游、网球观战、网球博物馆、网球购物和网球在线购物平台等产业模式，形成以网球产业为核心的中心圈层，而其他配套服务产业围绕这个中心产业圈进行布局，形成众星拱月态势的能量圈布局。

（五）网格链态发展模式

在效益的引导下，旅游目的地的人口和产业布局会逐步形成点轴空间结构，最终形成网络空间结构。大型体育赛事的发展，推动赛事旅游空间的成长，赛事空间主体数量不断增加，促进了赛事旅游空间出现具有性质差异的功能亚区。各个赛事空间节点间通信与交通技术发达，设备设施完善，打破了地理空间的交流障碍。各赛事旅游空间联动发展，既存在竞争关系，又有合作的可能性，空间结构上形成网格链态的布局。例如，意大利足球甲级联赛的举办产生了多个世界著名的顶级足球俱乐部。各个俱乐部所在的区域构成足球主体功能亚区，亚区之间分庭抗礼、相互竞争与合作。足球旅游空间与其他相关产业空间之间并行不悖、相互融合，呈现多节点、多链条的网格链态发展模式。

第七章 体育赛事与城市互动发展的建议

体育赛事能够为举办城市带来诸如经济增长、投资增加、社会文明的进步等积极方面的影响另一方面，盲目地举办体育赛事也会城市发展带来消极方面的影响，包括增加政府财政负担、造成交通拥堵、破坏城市生态环境等。因此，体育赛事与城市发展是一种综合的关系，有着自身特有的发展规律，并不是任何一座城市都适合举办各种类型的体育赛事，也不是任何体育赛事都能为城市发展带来积极的影响。因此，体育赛事与城市发展相互促进推动体育赛事与城市的发展就显得尤为重要。

第一节 根据城市自身条件，选择适合的体育赛事

现如今，我国对体育赛事的举办权的争夺还是以政府主导为主，而我国各级政府对举办体育赛事充满了热情，忽视了体育赛事与城市耦合发展的客观规律由于体育赛事发展的客观规律及城市特有的资源环境，可能造成二者发展的不相适应，一方面，体育赛事对城市经济、社会、环境等方面影响较小，另一方面，城市很难为体育赛事发展提供良好的发展环境，体育赛事发展面临着巨大的困难，进而对举办城市带来极大的压力。城市在选择申办体育赛事的过程中，应根据城市发展系统中的综合经济实力、基础服务设施、政府管理水平、人力资源与市民素质、对外开放程度等条件选择适合自身发展的体育赛事例如在北京、上海、广州等综合经济实力较强、人才资源丰富的城市，适合举办大型综合体育赛事，像青岛、海南、大连等城市，拥有独特的自然环境优势及沿海风景旅游线开发，适合举办帆船比赛、自行车比赛等体育赛事同时应该考虑体育赛事对城市经济、人口、社会、环境的影响程度，有些体育赛事对城市综合经济、环境等方面的影响较小，容易被当地政府忽视，造成政府对赛事支持力度不够，从而影响了体育赛

事在当地的发展。

因而，城市在选择体育赛事的过程中，应综合考虑二者自身的特点及发展规律，促进体育赛事与城市的耦合协调发展，最终使得体育赛事促进城市经济、社会、环境的发展，使得城市的发展进一步为体育赛事的发展提供条件支撑。

第二节　把握体育赛事机遇，进行城市品牌营销

伴随着改革开放的进行，我国越来越多的城市开始走出国门，参与全球化竞争——在越来越激烈的竞争环境中、城市的核心竞争力决定着城市在国际竞争中的地位，城市品牌在城市核心竞争力中发挥着尤为重要的作用。城市一旦获得大型体育赛事的举办权，在大型体育赛事从筹备到举办的漫长过程中都将获得全球新闻媒体的关注。政府部门为体育赛事成功举办所付出的所有努力都容易被宣传、推广，这就要求政府部门努力提升自身组织能力，保证政府信息公开，增加沟通交流。另一方面，通过举办体育赛事，举办城市能够将城市的历史文化、城市旅游风光、经济实力、高效的政府形象向外界集中展示，从而将城市的特点展现在世人面前，增进外界对城市的了解。最终提升了城市的知名度，增强了城市的核心竞争力。城市在举办体育赛事的过程中，不仅仅要保证体育赛事的成功举办，还应提前做好城市发展规划，成立专门的管理部门，协调体育赛事与城市发展的关系选择城市发展中重要的及与体育赛事紧密相连的因素，把握举办体育赛事的机遇，全面宣传，进行城市品牌的营销。

第三节　加快基础设施建设，保障体育赛事发展

城市基础设施的建设与发展可以促进城市经济和社会的快速发展。城市要发展，首先要建设基础设施。基础设施是城市发展的基础，集中体现了城市建设的水平。只有将基础设施建设好，人民的生活才有了应有的物质基础，城市社会经济活动才能顺利进行。不过体育赛事的举办也能够获得国内外资金的投入，政府和民间也会对体育赛事的举办进行资助，这其实是体育赛事的一种融资，这些投入为城市交通基础设施的改造和建设提供了资金，有力地推动了城市基础设施的改进和提升。在筹备赛事的过程中，为保障基础设施建设的有序进行，举办方城市政府要做好交通规划。首先相关部门要做好赛事期间交通流量的估算工作，比如最大交通流量为多少，这是交通规划的依据；其次根据实际情况和估算结果制定合理有效的长期发展计划并且制定出对应的发展战略；最后根据制定的长期计划和战略估算投资资金，制定投资计划，以达到以最小的投资获得最大的社会效

益。只有做好交通基础设施的规划工作，北京才能在通过体育赛事改善交通的同时优化人居环境，改观城市面貌，进而促进中国网球公开赛与北京市的耦合发展

第四节 加大赛事扶持力度，增强政府部门间合作

体育赛事在筹备的过程中，自身不能创造利润以供自身独立生存，需要政府的大力支持，例如，在场馆的建设过程中，需要大量的财政支持以保证施工建设的顺利进行，在举办赛事的过程中，需要宣传部门的大力推广，保证体育赛事的文化能够融入当地的社会文化环境中，增强市民对体育赛事的认知度。由于现在体育协会对举办城市的环境要求越来越高，需要政府增加城市环境建设投资，以达到相关部门的要求，进而促进体育赛事的长期可持续发展等，因而体育赛事的举办是一项系统、复杂的过程，包括了城市经济、文化、环境等方方面面的问题，任何一个部门都很难独立承担起成功举办体育赛事的责任，需要体育局、卫生局、宣传部门、建设部门加强沟通协作，并与赛事的组织者积极加强合作交流，共同打造赛事品牌。在体育赛事与城市耦合发展的要求中，体育赛事发展初期需要政府部门加人扶持力度，以促进体育赛事达到有序健康的发展阶段，并通过赛事自身的成长，逐步增大体育赛事对城市发展的影响，进而达到体育赛事与城市发展之间相互促进、互为条件的协调发展目的。

第五节 加强城市生态系统建设，促进城市科学发展

城市生态系统是生命系统（生活）和环境系统在城市空间的组合，指的是基于人类自身的愿望以改造城市环境所建立的人工生态系统。这是一个"社会—经济—自然"复合生态系统，具有规模庞大、组成结构复杂、功能综合的特点，随着中国网球公开赛在北京市的不断举办，北京市新建了一系列设施，既有体育场馆等体育场所设施，也有城市交通等配套基础设施。体育场馆及配套设施的建设是一个难题，如何保证赛后对这些设施的持续利用是世界各国都面临的一个问题，而体育场馆和配套设施的建造设计对其今后的持续利用至关重要。在中国网球公开赛举办期间，就要做好科学布局和规划设计工作。第一，要分析北京市对中国网球公开赛赛事资源的吸收能力，考虑体育赛事场馆对多种体育活动的吸引力和可承受力。第二，要将体育设施建设与城市的生态系统相结合，如建设主题公园等。第三，除了体育设施资源，赛事期间还要注重培养体育赛事经营管理人才，保存赛事资料以用于赛后管理。这些有助于实现北京市赛后体育相关资源的可持续利用，减少资源流失，形成可持续发展的城市生态系统。

参考文献

［1］庹继光，张晁宾，李缨.体育与城市互动提升论［M］.北京：社会科学文献出版社，2020.

［2］李建臣.冬奥会推动北京建设世界体育城市研究［M］.北京：化学工业出版社，2019.

［3］赵均，张建敏.我国城市体育空间生产研究［M］.南京：东南大学出版社，2022.

［4］胡家镜，曹兴平，周格粉等.体育赛事与城市耦合发展研究［M］.成都：西南财经大学出版社，2021.

［5］柴王军.体育赛事与城市营销［M］.北京：中国财政经济出版社，2015.

［6］张继周.体育赛事产业与城市发展研究［M］.北京：光明日报出版社，2017.

［7］郑志强.中国赛事产业链与城市发展研究［M］.北京：中国财政经济出版社，2019.

［8］张林，黄海燕.体育赛事与城市发展［M］.北京：人民体育出版社，2013.

［9］彭代斌.大型体育赛事与城市发展互动效应研究［M］.吉林出版集团股份有限公司，2017.06.

［10］黄海燕.体育赛事与城市旅游业互动发展研究［M］.北京：社会科学文献出版社，2017.

［11］李慧.大型体育赛事与城市品牌形象塑造 以全运会为例［M］.天津：南开大学出版社，2014.

［12］齐书春.城市体育和谐发展研究［M］.西安：西北工业大学出版社，2015.

［13］樊炳有.城市体育文化记忆研究［M］.苏州：苏州大学出版社，2017.

［14］马东跃，何伟，张明.文化符号与城市旅游品牌管理研究［M］.北京：中国环境科学出版社，2015.07.

［15］黄武胜.不同视域下大型体育赛事运作管理研究.北京：中国书籍出版社，2019.

［16］项蔓，覃湘庸.区域体育赛事社会文化环境指标体系构建［M］.杭州：浙江大学出版社，2017.

［17］李小娟.文化生态视野下体育赛事对武汉城市可持续发展影响的研究［M］.西安：陕西人民教育出版社，2018.

［18］邹统钎，关秋红.大型文体活动区域合作机制研究［M］.北京：旅游教育出版社，2020.

［19］张丰豪，周玉达.社会体育赛事运作及其全面管理［M］.上海：上海交通大学出版社，2019.

［20］谭康.体育赛事转播权的营销与法律保护研究［M］.北京：中国广播影视出版社，2021.

［21］陶卫宁.体育赛事策划与管理［M］.重庆：重庆大学出版社，2015.

［22］李实.新常态背景下我国综合性体育赛事组织管理及运行模式研究［M］.天津：天津社会科学院出版社，2020.

［23］张业安.大型体育赛事媒介传播效果理论与实践［M］.上海：上海人民出版社，2017.

［24］张林.体育赛事申办决策［M］.上海：复旦大学出版社，2013.03.

［25］方旭东，邹新娴，罗天一.世界著名体育赛事［M］.北京：中国社会出版社，2008.

［26］李南筑，袁刚.体育赛事经济学［M］.上海：复旦大学出版社，2006.

［27］曾静平.商业体育赛事论［M］.西安：陕西师范大学出版社，2016.